交有道之朋，防无义之友

明枪易躲，暗箭难防；知人知面，更要知心

别让身边朋友害了你

不怕真敌人
就怕假朋友

BIERANG SHENBIAN PENGYOU HAILENI

谢国计◎著

北京时代华文书局

图书在版编目（CIP）数据

别让身边朋友害了你 / 谢国计著 . -- 北京 : 北京时代华文书局 , 2015.1（2023.10 重印）
ISBN 978-7-80769-983-5

Ⅰ . ①别… Ⅱ . ①谢… Ⅲ . ①人际关系学－通俗读物
Ⅳ . ① C912.1-49

中国版本图书馆 CIP 数据核字 (2014) 第 291993 号

别让身边朋友害了你

著　　者 | 谢国计

出 版 人 | 陈　涛
责任编辑 | 徐敏峰
装帧设计 | 天下装帧设计
责任印制 | 訾　敬

出版发行 | 北京时代华文书局 http://www.bjsdsj.com.cn
北京市东城区安定门外大街 138 号皇城国际大厦 A 座 8 楼
邮编：100011　电话：010－64267120　64267397
印　　刷 | 三河市天润建兴印务有限公司　0316-3654596
（如发现印装质量问题，请与印刷厂联系调换）
开　　本 | 710mm×1000mm　1/16
印　　张 | 16
字　　数 | 220 千字
版　　次 | 2015 年 3 月第 1 版　　2023 年 10 月第 2 次印刷
书　　号 | ISBN 978-7-80769-983-5

定　　价 | 35. 00 元

前言
PREFACE

作家莫里哀说过："这个世界上，你可以缺少情人，但朋友始终是不可或缺的。"在莫里哀看来，朋友是生活中的催化剂和调色板，有了朋友，我们的生活才会多姿多彩；有了朋友，我们才不至于显得太过孤单；有了朋友，我们才有更大的勇气去面对生活，才能把握更多的快乐和幸福。

可以说，朋友是我们构建生活的基础之一，作家梁实秋在他的《谈友谊》一文中说道："所谓友谊实即人与人之间的一种良好的关系，其中包括了解、欣赏、信任、容忍、牺牲……诸多美德。如果以友谊作基础，则其他的各种关系如父子夫妇兄弟之类均可圆满地建立起来。"由此可见友谊在日常生活中的重要性。

不过在我们的印象中，朋友都是能够帮助我们、支持我们的人，都是一些给予我们正面作用的人，可现实并非总是如此。在朋友当中，也会有一些"灰色的身影"，他们不仅不会帮助你，还可能会在暗地里陷害你；他们不仅不会关怀你、保护你，还可能会伤害你；他们也许看起来慈眉善目，对你保持微笑，但是很可能笑里藏刀。

在生活中，我们在和别人交往的时候需要讲究诚信，需要信任和理解对方，需要坦诚相对。不过做人也应该拥有良好的自我保护意识，应该懂得防备外在制造的伤害，我们需要及时防备一些不良朋友。如果轻易信任他们，将他们当成可以推心置腹的人来对待，那么我们可能会因此而受到伤害，可能会因此而被朋友欺骗和利用。

我们常说："离你最近的人，往往对你的危害最大；你最信任的人，往往伤害你最深。"这其实是生活中的一个非常常见的现象，有时候你的朋友也会利用这种亲密关系对你制造麻烦，也会利用这份友情来打击和伤害你。朋友之中也会有害群之马，也会有口是心非之人，也会有麻烦制造者，也会有叛徒，也会有自私自利的人。面对这些"坏"朋友，你需要及时予以防备或反击，需要尽可能地保持谨慎和理性的态度，需要挑出那些问题朋友，以免朋友会伤害你。

《别让身边朋友害了你》这本书从现实的角度出发，对各种各样的损友、问题朋友进行揭露，对那些问题友情的虚伪性进行披露，这对我们在结交朋友的时候有重要的指导意义和参考价值，也能够有效督促和警示我们注意交友的方式，注意去辨别真假朋友。这样就可以帮助我们有效避免落入朋友的陷阱之中，可以帮助我们以更加成熟的心态来面对朋友。与此同时，本书也对如何和朋友交往提出一些建议，对改善和提升朋友关系很有效果。

目录

CONTENTS

第一章
当你真心实意的时候，朋友为什么会伤害你

我们每个人都需要朋友，因为朋友是可以随时帮助你且不用说谢谢的人，是打扰了不用说对不起的人，是高兴时和烦恼时都想见到的人，没有朋友我们的生活就缺少了阳光、温暖和快乐。但是，我们在结交朋友的时候也要擦亮眼睛，因为你的真心实意，换来的或许是他对你的伤害，所以朋友也要分成三六九等，该掏心的就掏，不该掏的还是防着点好。

第二章
真心交朋友，小心那些形式主义

什么是朋友？称兄道弟的就是朋友？两肋插刀的就是朋友？一起混日子的就是朋友？很多时候我们并没有真正理解朋友的含义，也不知道“朋友”这两个字的分量，不知道它意味着什么。我们更多时候都注重形式主义，只要表面上看起来够义气，只要表面上对我们好，我们就认为这样的人适合交朋友，可是却不知道有些人正是打着形式主义的招牌骗取我们的信任，最终反而会让我们受到伤害。

第三章
认清伪朋友，别在他们身上浪费精力和感情

生活离不开朋友，因为朋友对我们的帮助往往很大，即便对方身无长处，往往也会成为我们生活中不可缺少的一部分。可是我们需要的是真心朋友，需要那些能够真诚对待我们的朋友，而不是那些伪朋友。事实上，生活中有很多伪朋友，他们打着“朋友”的招牌，却总是做一些伤害朋友的事情，他们的所作所为和那些真正的朋友大相径庭，待人接物的态度也不相同。面对这些人，我们一定要保持距离，千万不要过于靠近他们，更不要在他们身上浪费时间和精力，以免自己受伤。

第四章
近墨者黑，远离那些不能给你带来任何价值的朋友

俗话说：“近朱者赤，近墨者黑。”环境对人的影响往往很大，一个人在什么样的环境中成长，那么往往就会成为什么样的人，一个人的朋友怎么样，那么他们往往就会变成什么样。我们不能够因此而对自己的朋友心怀偏见，但是从个人发展的角度来说，多结交一些有助于自己成长的朋友无疑很重要，而那些不能够带来价值和帮助，甚至可能带来麻烦的人，我们在与之相处的时候，最好要保持适当的距离，不能够过于亲近和信任。

第五章
宁有神一样的对手，不要猪一样的朋友

提起对手和朋友，我们都会期盼自己的朋友越多越好，而对手越少越好，可是在日常生活中，有时候对手对我们的帮助可能要比朋友带来的帮助更大，比如那些强大的对手往往能够磨砺我们，而那些很垃圾的朋友很有可能会拖累并毁掉我们的生活。在很多时候，我们都会遭遇一些“无价值”的朋友，甚至是带来负面价值的朋友，这些人不仅不能够帮助和支持我们，反而只会让我们丧失更多的竞争优势，因此我们在选择朋友的时候，一定要懂得剔除这样的“损友”。

第六章
当友情有了利益的牵扯，你该何去何从

在谈到朋友的时候，我们常常会记起一句话：“君子之交淡如水。”很多人都认为好朋友之间的感情应该是纯粹的，就像是亲情一样，不应该掺杂任何物质和利益，不应该被物质生活所干扰。不过在现实生活中想要做到纯洁的友情似乎很难，毕竟人与人相交往往具有一定的功利性。那么，我们又该如何协调好友情和利益的关系呢？毕竟当利益的成分增加的时候，友情往往会褪色，甚至会变质，而这应当引起所有人的关注。

第七章

会说更要会听，懂得哪些话是真心哪些话是假意

人活着全凭一张嘴，嘴是自我表达的一种最常用的工具，比起肢体语言来说，说话无疑是最直接的表现方式，然而说出来的话并不意味着就是心里的意思，因为话可以正着来说，也可以反着来说，可以表达不同的意思，也可以进行掩饰。因此用说话来进行沟通的时候，一定要注意一些基本原则，在自己主动沟通交流的时候，要懂得去倾听别人的话，但我们不能轻信别人所说的话，哪怕是那些所谓的朋友，我们也要善于分辨话的真假。

第八章

小心处处跟你对比的人，别让他们在你背后捅一刀

我们每一个人都有一个固定的生活群体，尤其是朋友圈，更是我们生活中必不可少的人脉网络。在朋友圈中，我们不仅仅是有着共同的兴趣爱好，有很多共同语言和目标，有互助合作的传统，我们还有着竞争意识，有着相互对比的现象。即便是再亲密的人，长时间待在一起也免不了要相互对比，只不过这种对比应该限制在一定的程度内，如果有朋友总是想要和你一较高下，那么这个朋友很可能在妒忌你，而对于这样的人，你需要保持距离，因为嫉妒很可能会产生仇恨，到时候，朋友很可能会在暗中向你下毒手。

第九章
当朋友不仅仅是朋友了，你就要把他角色化

在生活中，我们常常扮演着多重角色，既是孩子的父母亲，又是父母的孩子；既是工作中的职员和同事，又是家庭中的支柱。我们的社会关系非常复杂，这就导致我们扮演着各种各样的生活角色，而且这些角色往往会出现重叠，比如当我们和别人是朋友时，同时也可能是上下级关系，是同事关系，是恋人关系，或者是合作伙伴和竞争对手的关系。那么在扮演这些不同角色的时候，我们又该如何去衡量友情和这些角色化的关系呢？实际上，厘清这一层关系对我们的生活和工作往往影响深远。

第十章
进行自我防备，别让“损友”带你入歧途

生活中有好朋友，但是也会有一些损友甚至是坏朋友，他们不仅无法给你支持，无法成为你的左膀右臂，无法帮助你得到提高，反而会处处给你增加麻烦，反而会处处与你为难，让你感到痛苦。对于这样的朋友，我们一定要识破他们虚伪的表象，一定要保持高度的警惕和戒备之心，防止被对方算计和利用，防止成为不良友情的牺牲品。

第十一章
多好的朋友都免不了发生冲突，如何化解才是关键

朋友关系往往是最亲密的，双方之间常常会相互支持、相互理解、相互帮助，可是两人之间也会出现矛盾和冲突，毕竟每个人的性格和个性不一样，生活习惯以及个人生活目标不一样，因此朋友之间难免会出现一些分歧，在生活中也会有一些摩擦。不过当朋友之间出现矛盾和冲突的时候，我们需要采取适当的措施来缓和矛盾，需要采用适当的方法来解决分歧，一旦处理不当，裂痕可能会扩大，分歧和矛盾也会容易激化，这样可能会破坏彼此之间的感情。

第十二章
保持清醒，及时消灭问题友情

与朋友相交，最大的问题就是遇到一些问题朋友，遇到一些心术不正的朋友，遇到这样的人，我们常常会受到不良影响，甚至误入歧途。在日常生活中，因为交友不慎而做出错事的人不在少数，这些人不是被这些坏朋友误导，就是被对方利用，从而让自己的生活遭遇风险，可以说这样的友情往往是不正常的。而在面对这种情况时，我们需要保持清醒，要懂得远离不良朋友，需要及时去消灭那些问题友情从而减少自己受到误导和伤害的可能性。

第十三章
做好友情规划大师，让朋友都能成为真心朋友

常常有人会说："一生得一知己足矣！"好朋友生活中总是不可或缺的，但是好朋友同样可遇不可求，想要获得一个能够体谅自己、关心自己、爱护自己、信任自己、尊重自己的朋友，往往很困难。正因为如此，我们需要懂得及时去做好友情规划，需要掌握一些人际交往的技巧和方式，从而打造出最纯粹、最值得信任的朋友。

第一章

DI YI ZHANG

当你真心实意的时候，朋友为什么会伤害你

我们每个人都需要朋友，因为朋友是可以随时帮助你且不用说谢谢的人，是打扰了不用说对不起的人，是高兴时和烦恼时都想见到的人，没有朋友我们的生活就缺少了阳光、温暖和快乐。但是，我们在结交朋友的时候也要擦亮眼睛，因为你的真心实意，换来的或许是他对你的伤害，所以朋友也要分成三六九等，该掏心的就掏，不该掏的还是防着点好。

1

最亲近的人最容易受伤害，你无处可逃

在日常生活中，我们会发现一件事，那就是一旦我们受到了伤害，这些伤害恰恰来自身边的人，恰恰来自我们最信任的那些朋友。有个美国作家曾经写过一篇文章，叫《不可不知的生活秘密》，在文章中，他揭露了生活中那些让人感到难堪的内幕，其中一条就是“亲人和朋友的伤害”，作者说这个世界上对你危害最大的人其实就是身边的人，最爱你的人最终可能会成为最恨你的人。

心理学家认为朋友之间的伤害通常是不可避免的，这就像刺猬一样，无论刺猬之间的感情有多好，一旦它们试图靠得更近时，就可能会有意无意地伤害到对方。因此，在很多时候，相互伤害是注定的，比如说，朋友之间因为彼此信任和熟悉，说话的时候常常会口无遮拦，有什么就说什么，而正是这种过分的自信和过低的警惕，才会导致说错话，才会在不经意中对别人造成伤害。

在一份犯罪研究报告中，有一组研究数据绝对让人感到恐惧：17%的凶杀案发生在朋友兄弟之间，21%的指控来源于你最信任的那些人。而在那些反贪腐的案子中，大约有67%的犯罪者都是被身边的人供出来的，其中那些称兄道弟的朋友占了绝大多数。而随着社会的进步，随着经济的发展，朋友几乎慢慢成为我们身边的一个“危险分子”。

我们之所以总是被身边的人算计，总是被身边的朋友攻击和伤害，原因就在于联系得太过紧密，你的一切他都知晓，他对你知根知底，所以才会抓住你的把柄。也许现在你们可以相安无事，可以称兄道弟，可以相互帮助和扶持，但是说不定哪天，他就会背叛你，就会将你当成交换利益的工具。

科研学者会发现自己的朋友往往会盗用自己的研究成果；职场中的人

也会发现同事和朋友往往要抢走自己的功劳；恋爱中的人会发现自己最爱的人竟然会被最好的朋友抢走。这就是因为朋友对我们的一切都太熟悉了，对我们的生活都了如指掌。在关系好的时候，这是一种增进感情的因素，在关系不好的时候，往往会成为一种潜在的威胁，因为朋友总能够找到你的弱点，并大肆进行攻击。

罗杰斯是华尔街的风云人物，他甚至被人认为是世界上最富远见的国际投资家。在1984年，由于奥地利股市大跌，很多人纷纷撤走投资，但罗杰斯认为奥地利的行情必定大涨，于是乘虚而入，几乎买空了奥地利的股票和债券。结果到了第二年，奥地利股市开始升温，指数上升了145%，罗杰斯大赚特赚，而他也因此被誉为“奥地利股市之父”。

另一个金融大鳄索罗斯早就发现了罗杰斯的投资天赋，1970年就和他创立量子基金。在罗杰斯的指引下，基金连续十年的平均收益超过了50%，创造了不可复制的奇迹，这也让两个人赚得盆满钵满。可是，当两个人在股市上大展拳脚、风光无限的时候，1979年，美国证券交易委员会（SEC）在纽约的美国联邦地方法院起诉了索罗斯，指控他操纵股市，有欺诈行为，违反了《联邦证券法》有关的反操纵条款。

罗杰斯是一个非常注重名声的人，而且他坚信自己的公司是合法经营的，所以让索罗斯不要承认这样的事情。可是就在出庭之前，索罗斯却在没有告知罗杰斯的前提下签订了《同意判决书》，这意味着索罗斯接受了指控，并且同意赔款。罗杰斯听后非常失望，意识到索罗斯只是在利用自己而已，于是打算离开量子基金。

几个月之后，索罗斯在伦敦花大价钱找了一家公司，利用虚假账户“帮”罗杰斯申购了英国公债。而罗杰斯对此完全不知情，他明白英国政府发行的公债对每一个申购账户都有极为严苛的限制，而像这种弄虚作假的事情只会败坏自己的名誉和人格。罗杰斯算是彻底看穿了朋友的面目，认为继续和索罗斯合作只会让自己遭受更大的伤害。最后，两个人大吵了一架，罗杰斯离开了量子基金。

尽管我们一直都在说人生需要朋友，都在赞美朋友对于我们的帮助，但是由于经常在一起，由于彼此知根知底，很多时候，这种关系会成为我们的噩梦。我们应该记住一句话，伤你最深的人，往往是离你最近的人。一方面，离你最近的人最好下手；另一方面，离你最近的人最容易俘获你的信任。

法国作家雨果曾经说过："要么是最好的朋友，要么就是最可怕的敌人。"所以你还是需要小心防备，即便是那些最好的朋友，你也要懂得保持距离，也要懂得守住自己的秘密，不能放下应有的戒备之心。因为一旦你和盘托出，那么你身上所有的缺点都会聚焦在朋友的眼睛里，等到出现了分歧和矛盾，那么你就会失去任何的保护。

2 一时的分歧，会成为让你受伤的导火线

在和朋友交流沟通的时候，难免会发生一些矛盾冲突，毕竟每个人的思维方式、生活习惯、价值观念、生活背景、文化程度都会存在一定程度的差异。这种差异可能会引发矛盾和冲突，有人说朋友之间的战争要么是水一样的平静，要么就如同火一样的炽烈，这句话非常形象地描述了朋友之间可能出现的纷争。在出现分歧的时候，有的朋友会采取比较柔和的方式进行沟通，因此彼此之间并不会发生什么不快，而是在平静中达成共识。不过朋友间也可能会发生激烈的争吵，双方会因为观点不一致而争得面红耳赤，甚至直接让两个人大打出手。

我们不能指望每次都能和平解决问题，毕竟一些大的分歧很可能会引发严重的冲突，只不过我们多数时候可能并未意识到这一点，你觉得那些只是小问题，可是分歧往往会让你们走向对抗，它会成为你受伤的导火线。实际上很多朋友可能会比较自私，他们渴望得到你的理解，希望自己的观点能够被你接受，而当你提出不同看法的时候，可能会让他们感觉自己受到了轻视和侮辱，这样可能会招致对方的反感和敌视。此外，朋友之间往往比较随意，双方的谈话容易直来直去，说话的时候不免会加重口

气，这样可能会加深矛盾和分歧。

北宋时期，有个叫赵玉成的文人非常喜欢玩弄古董，而他的朋友要么是一些收藏古董的有钱人，要么就是有闲情逸致的文人墨客。几个人经常在一起研究古董，分享彼此的收藏，关系自然也处得很不错。不过在这些收藏者当中，赵玉成自认为算得上博古通今，对于古董的研究更是比其他人要高出一个层次，据说只要他看上一眼，就能够知道古董的年份、价值以及出土时间。

有一次，他听说隔壁的一个大商人弄到了一件西周时期的青铜器，于是就和朋友一起去鉴赏一下。可是看到宝贝之后，赵玉成却隐约感觉到这根本不是西周的文物，朋友也认为这是后世仿制的一个青铜器。不过两人在具体的时间推算上出现了分歧，赵玉成认为这件青铜器虽然不是西周的，但应该是东汉时期的工匠仿制的，实际上仍然非常有价值。而赵玉成的朋友则认为这个东西根本就是一个赝品，至多不超过50年，至于那些青铜锈也是那些造假者故意弄上去蒙人的。

赵玉成凭借自己多年的收藏经验据理力争，他觉得自己的眼光从来不会出错，而朋友则认为自己不久前也见过类似的青铜器，后来证明是人为造假的。两个人为此争执不下，这让赵玉成觉得很没有面子，觉得方圆百里之内的人也许都知道他赵玉成的名声，都知道他在古董这一行业中的地位，而且赵玉成很少看走眼，像此类青铜器，他更是研究得很透彻。所以他觉得自己说得一定是正确的，而朋友却知之甚少，只不过是进行一个最简单的推理而已，这样做简直就是儿戏。

朋友原本并不想和赵玉成有太过激烈的争吵，他虽然没有赵玉成那样通晓古董，但是也是据实而说，并没有什么不妥之处。可是随着赵玉成的火气越来越大，他也忍不住回击几句，这样一来，两个人的矛盾冲突越来越大。到了后来，双方从口角之争，发展成为大打出手，赵玉成甚至还打伤了朋友的眼睛。

朋友受伤后，非常伤心，于是就将赵玉成告到了县衙之中，认为赵玉成殴打他人，并且还举报赵玉成，说他曾经非法骗取他人的古董。结果事情越闹越大，赵玉成和朋友两个人相互拆台，捅出了很多不为人知的秘密，最后赵玉成和朋友被各打30大板。而经过这件事之后，两个人就此绝交，再也没有联系过。

其实，因为分歧而彼此造成伤害的朋友有很多，有些人甚至因此而绝交，比如说列宁和斯大林、比尔·盖茨和保罗·艾伦，这些人其实都是因为分歧而受到彼此的伤害，都是因为拥有不同的想法而分开。所以这应该是一个比较常见的现象，而为了缓解冲突，防止自己受到伤害，我们就要懂得主动去化解分歧，而化解的方法可以归结为两点：信任和理解。

朋友之间的那些分歧根本就没有想象中的那么严重，而我们在面对这些分歧时，常常抱着一种“我是对的，他是错的”的想法，结果双方由于寸步不让而不断激化矛盾，最终可能会引火烧身。

对于我们而言，尽量减少分歧，尽量回避可能的矛盾非常重要，我们需要将潜在的风险降低到最低水平，应该尽量在妥协中达成一种共识。很多时候，我们太过于注重朋友之间的那种纯粹的共性，却不知道对于差异性的包容才是朋友之间真正需要的东西，才能够真正构架起坚固的友情防线。当对方和你的意见不一致的时候，为什么不想办法认真倾听对方说了些什么，然后再进行沟通交流，这样实际上可以有效减少分歧。如果每个人都可以包容一些，都能够体谅对方的想法，都愿意进行换位思考，站在对方的角度想一想问题，那么实际上冲突可以尽可能地缓解，矛盾可以尽可能地减少。

当你发现朋友身上带刺的时候，实际上，也许自己身上也带着刺，为了让彼此靠得更近，为了让彼此不至于伤害自己，我们需要拔掉这些刺，如此一来，相互之间才能够真正地融洽相处，才能够在分歧中继续携手并进。这个世界上没有两个从来不争吵的朋友，也没有两个从来都和和气气的朋友，有问题、有矛盾都是正常现象，但关键是要懂得克制自己的情绪，要懂得包容对方，这样才能尽可能消除彼此之间的分歧与隔阂。

3

朋友的嫉妒心越重，你就越容易成为受害人

有个人有幸遇见了上帝，上帝许诺满足他一个愿望，而且在满足这个愿望的时候，他的朋友也可以同时得到双份的报酬。这个人听了有些为难：如果我得到一份田产，那么朋友就会得到两份；如果我要一箱金子，那么我的朋友会得到两箱金子；如果我想要一个绝色美女，那么就意味着我那个打了一辈子光棍的朋友一下子会有两个绝世美女相伴。这个人越想越生气，他实在不甘心就这样被朋友占便宜，不甘心朋友过得比自己好，于是狠一狠心对上帝说："您还是挖掉我一只眼珠吧！"因为这样一来，朋友也会因此而失去双眼。

不得不说，嫉妒心真的很可怕，嫉妒的人容易心理扭曲，被嫉妒的人则注定了要受到伤害，而这种伤害很可能就来自你的朋友。对于朋友而言，由于经常在一起，因此很容易出现相互比较、相互竞争的情形。正因为如此，他们常常会在暗地里做手脚，会对你的生活和工作造成破坏。当你想要找一份好工作时，他会站出来告诉你千万别去染指这样的工作，会告诉你这份工作并不是轻易能做好的，或者这份工作可能根本没有任何前途；当你快要接近成功的时候，他就会跳出来进行破坏。当你想要结交一个美丽大方的女朋友时，他会以朋友的身份在你耳边说她的坏话，会不时提醒你"这样的女孩不适合你"。

有人说世界上最危险的事就是遭人嫉妒，而世界上最最危险的事情就是被身边的朋友嫉妒，因为最亲近你的人往往是最难以防备的，你不知道他何时会向你下手，你甚至从来不会去刻意防备他。所以对于那些嫉妒心很强的朋友，你应该小心防范，以免被他们陷害。

对于那些嫉妒心很强的人来说，他们永远都会是一颗定时炸弹，往往会做出一些利己损人甚至是损人不利己的事情，因为对他们来说，让你从

成功的舞台上摔下来，就是最终的目的，他们绝对不会让你好过。德国作家歌德说：“憎恨是积极的不快，妒忌是消极的不快。所以嫉妒很容易转化成为憎恨，那就不足为怪了。”一旦嫉妒心转化为憎恨，朋友就不再是朋友，而是敌人了。

在中国历史上，因为嫉妒而产生仇恨的莫过于那位庞涓大将军了，原先他和师兄孙膑一起师从鬼谷子，可是因为他羡慕世间名利，所以提前下山，并且很快在魏国当上了大将军，可以说是功成名就。可是就在这个时候，他得知自己的师兄也将要下山，更要命的是魏王也听说过孙膑的大名，魏王认为庞涓已经如此厉害，那么他的师兄也不会差到哪里去。

没过多久，魏王就亲自派人将孙膑请来，而且许以高官侯爵。这让庞涓心里很不舒服，他从小就嫉妒孙膑的悟性比自己强，不过当时是在师父身边学习，所以他压抑住了自己的不满，仍旧把孙膑当成很好的朋友来对待。可是现在情况完全不同了，孙膑可能会危及到自己在魏王心中的地位，会危及他的前程。所以这份嫉妒心很快转化成为仇恨，结果这位一直被孙膑所敬重的好兄弟、好朋友，竟然暗中要阴谋，诬陷他下了大狱。不仅如此，庞涓还对孙膑施以膑刑，挖掉了膝盖上的髌骨，使得孙膑终生残疾。

尽管孙膑后来在牢里装疯卖傻，逃过了一劫，可是这一生却只能永远坐在轮椅上了。此时，相信他对于心存嫉妒的朋友一定是敬而远之，也一定产生了很大的心理阴影。

正因为如此，我们一定不能对那些心态不好、喜欢嫉妒别人的朋友放松警惕，因为在他们笑容满面的背后，也许是一颗严重失衡和变形的心，而一旦他们决定向你发动攻击，你的处境可能会非常不利。所以当你还在抱怨朋友总是伤害自己时，你应该及早去发现和疏远那些喜欢嫉妒别人的人。当然，还有很重要的一点，那就是你不要过多地在朋友面前炫耀自己的功绩，不要总是有事没事拿自己的成功说事，要保持低调，这样可以最大限度地消除朋友内心的失衡。

4

否定带来存在感，你的存在对他来说可能无关紧要

著名诗人梭罗小时候交过一个朋友，可是对方总是想办法贬低和否定他，只要梭罗一开口说话，对方就必定会提出很多反对的理由。这让梭罗感到不可理解，因为好朋友不是应该相互理解、相互支持的吗？怎么会有朋友动不动就把别人否定得一无是处。长大之后，梭罗了解了一些心理学的知识，并渐渐明白那个孩子原来具有强烈的自卑感，对他而言，否定别人能带来最大的快乐，因为通过这样的否定可以给自己带来更多的存在感，而“朋友”这样的字眼，在那个孩子看来是根本没有任何意义的，唯一存在的好处就是方便自己进行挖苦和否定。

很多时候，我们也可能会遭遇梭罗这样的苦恼，无论是公共场合还是私底下，总有一些朋友会毫不客气地否定我们，让人感到非常尴尬。当然，当你遭遇到这样的朋友时，应该明确一点，那就是这样的朋友完全没有结交的必要，因为对方可能压根没有把你当成朋友来对待，他只是将你当成一个受气包，一个可以打击的对象。这种朋友往往非常自卑，而且为了掩饰这一点，他需要不断来否定和打击你，需要不断抹杀你的价值，似乎这样他才能凸显出自己的价值和地位。

在很久以前，有人就发现了这种非常奇特的心理学现象，著名的心理学家弗莱曾经做过一项调查，发现大约有23%的人都具有否定朋友的倾向，而其中的5%则显得比较严重。这些人通常都有一个共同点，那就是自卑，平时得不到或者害怕得不到别人的认可，所以才会将自己的朋友当成一个发泄的对象，通过贬低朋友向别人传达一种意思：“我比身边的人都要好一些，强一些。”

弗莱将这种心理现象称为“华生效应”，一些自卑的人总想成为福尔

摩斯，而成为福尔摩斯的前提，就是替自己找一个华生。所以他们总是迫切地想要寻找一个比自己弱的人，而且也会有意无意地让自己的朋友更加弱一些，这样他才有机会受到更多人的关注和认可。

“华生效应”往往会破坏友情，毫不客气地说，那些经常否定朋友的人，通常都不会真正在乎朋友，也不会有什么真的友情。在他们看来，朋友只是一个工具，一个能够用来称量自己的工具，一个用来点缀自己、包装自己的工具，他可以随时否定朋友，可以随时抹杀朋友的价值，你跟在他们身边，只会变得一无是处。

周雪和玉敏是大学同学，两个人的学习成绩都很不错，不过家庭条件却大相径庭。周雪的老家在农村，家里的生活条件非常艰苦，她所有的学费都是从亲戚朋友那儿借来的，而且还依靠助学贷款和奖学金来维持学业。而玉敏则是城里人，父母都是公司的高层，家庭富裕，自己从小就是名牌加身。

周雪了解玉敏的脾气，知道对方向来就喜欢炫耀自己，总是有意无意地想要在别人面前炫富，而且为此有很多人都不太愿意和玉敏成为朋友。但是周雪觉得这根本没什么，而且玉敏还非常照顾自己，总是将一些好吃的留给自己吃，还将一些穿过的衣服留给她。这让出身贫寒的她很感动，所以她是真心与玉敏交好的，也愿意成为她的朋友，哪怕只是唯一的朋友。

到了大三的时候，玉敏开始有意无意地带周雪出去参加聚会，尽管周雪并不愿意去，但是为了玉敏，她还是做出了妥协。可是参加几次聚会之后，周雪觉得有些不舒服，原因在于玉敏常常在别人面前损自己，要么就喜欢拿自己开玩笑。比如说吃东西的时候，玉敏会直接脱口而出：“周雪你先吃吧，你们家估计只能吃萝卜干，到了这里，你可以多吃点。”而当大家说起首饰、衣服和化妆品，玉敏也毫不在乎周雪的自尊，常常说：“你们别说些没用的，周雪可没有用过这些，她们村里的孩子连饭也吃不饱，怎么能用得起这些奢侈品呢？”有时候干脆当着周雪面说：“我送给你穿的衣服不是挺好看的吗？我家里还有一件，我下次带来给你穿。”

这样的话未免太伤人心，这让周雪常常在同学面前抬不起头来。有一次，有个同学好心劝告周雪，说玉敏这个人心眼太坏，她就是因为看中周雪这个人老实，所以常常会在别人面前奚落她。这个同学还说玉敏不止一次在别人面前说周雪偷偷使用她的化妆品呢。周雪听后终于恍然大悟，明白自己只是玉敏用来炫耀自己的一颗棋子，而所谓的那些朋友和真心全都是假的。想到这儿，周雪果断和对方绝交了，从此两个人不再说一句话。

这种否定人的心理或许是心理策略，往往和电影的拍摄手法相同，有些导演为了衬托主演的美貌和智慧，常常会找一个丑陋、愚蠢的配角，为了衬托主角的能力和勇气，那么配角则可能被设计成为某个“二货”形象。这种形象上的巨大反差的确能够起到一定的反衬效果，但是对于很多配角来说却很不公平。而在朋友圈中，这种主次之分、高大和卑微之分通常会损害友情。如果朋友为了突出自己的形象和地位，总是当别人面否定你，让你出洋相，或者刻意打击你，那么你实在没有必要将这段友情继续下去。

在面对这样的朋友时，你会发现自己常常处于被动的地位，你只会被对方不断剥削和利用，而等到你被贬得一无是处的时候，等到他成功达到了证明自己的目的，你的利用价值就被消耗殆尽了，最终你只会被无情地抛弃。

真正的朋友应该是相互扶持、相互鼓励的，那种将幸福快乐建立在朋友痛苦之上的人，那些用别人的无能来衬托自己能力的人，根本就不值得你去用心结交和对待，你应该主动远离这样的人，以免成为被利用、被踩在脚底的垫脚石。

5

追求强势，你的弱小让他感到颜面无光

我们都了解这样一个简单的道理，在动物世界中，狮子和羊从来不会在同一个群体内生活，因为狮子的强势会轻易就要了羊的命，可以说狮子和羊的搭配是一种失衡的生活方式，对于狮子和羊来说，都可能带来一些麻烦。

都说“物以类聚，人以群分”，每一个群体的形成几乎都遵循这样的规律，比如那些强势的人通常和强势的人在一起，那些优秀的人则会选择和优秀的人聚在一起，而那些积贫积弱、处于底层的人通常会和能力平

平、实力弱小的人待在一起。这样的搭配方式往往显得比较合理，因为这样才能维持好群体内部的平衡，才能保证群体成员都相安无事。

很多时候，我们会发现那些比自己社会地位更高、生活条件更好的朋友常常会刻意排斥自己，尤其是在一些重要场合的时候，对方常常有意无意地冷落你，和你保持距离，甚至装作不认识你。其实这种“偏心”和“势利眼”在当今的社会非常常见，很显然，这种地位和声望上的落差影响了你们之间的正常交流，你的朋友开始向往更高层次的人群，他渴望和那些更加成功的人交往，而你留在身边只会拖累他成为阻碍他向上攀登的累赘，或者说你的卑微可能会损害他在高层人士心中的形象。他不想让别人知道自己和你这样一个穷朋友在一起，不想让别人知道自己有你一个这样没用的朋友，因此他一定会想办法疏远你，甚至毫不留情地将你一脚踹开。

对于这些追求强势的朋友来说，他们需要得到更多更为强势的助手，也需要有更多的强人来衬托自己，而一个弱小的朋友只会让他感到颜面无光，只会让他失去信心。尤其是那些已经功成名就的朋友，他们为了显示出自己的与众不同，非常注意保护自己的形象和身份，当你这样的穷朋友出现在他们身边时，他们可能会非常在意你是否会打破他生活的平静。

事实上，你能够明显感觉到社会地位差距所带来的那种隔阂，对方曾经或许非常乐意和你在一起，可是现在他不会让你去他家，不会请你去高档酒店吃饭，不会带你去会见他的朋友，更不会领你去参加什么高级宴会。他渴望不断向上攀登，渴望成为更高社会阶层的人，而你显然已经不适合出现在他的交际圈内了，你的出现只会让他的身份和形象受到影响。将你这种不入流的朋友赶走，那是迟早的事。

朱元璋曾经有过很多好兄弟，他们都是朱元璋从小玩到大的朋友，而且关系一直都非常好，毕竟这些人都是穷苦人家出生，都在生活中相互扶持。可是当朱元璋努力追求权力的时候，这些朋友却一个个被他遗忘和抛弃，原因就在于这些人对他根本没有任何利用的价值。

尤其是当朱元璋成为皇帝之后，很多朋友曾经前来投奔他，虽然他表面上和和气气，可是却并不想接待这些朋友，因为这些人的出现意味着揭露他的老底，而过去的帝王非常看重血统，因此朱元璋总是想尽办法抬高身价，而尽量忽略和抹杀自己并不光彩的过去。对朱元璋来说，过去那些农民朋友、乞丐兄弟是他人生中的污点，他是绝对不允许别人知道自己也曾当过农民、乞丐、和尚，所以朱元璋总是要拒绝那些穷苦朋友。

有些朋友为了和朱元璋拉关系、套近乎，还和别人讲起了当年和“朱重八”（朱元璋以前的名字）一起放羊放牛的事情，说起了自己和朱元璋一起偷豆子的经历。而这些不堪的经历对于朱元璋来说就像是一个抹不掉的黑色印记，他是没有办法容忍自己过去的污点被人反反复复搬出来细说的。所以朱元璋非常生气地怒斥那些人在胡说八道，并且装作不认识对方，最后还杀了他们。其实这一切就是因为他已经不需要那些弱势的朋友了，那些弱小的人只会成为自己的累赘。

当然，朱元璋同时也提拔了徐达，他也是朱元璋曾经的好朋友，只不过是因为徐达和那些农民朋友不同，他的军事能力出众，战斗素养很高，是一个不可多得的人才，和这样的人在一起，朱元璋并不会担心自己会折了面子，担心别人看不起自己。由此可见，朱元璋是有选择性地对待朋友的，谁的能力越强，谁就越能够体现出他的能力和地位，相反，那些没有地位和价值的朋友只会拖他后腿。

美国心理学家埃里克认为朋友是具有时效性和阶级性的，而很多人将这种阶级性放大了，这就催生出了一些尊卑思想。尽管这是一种不健康的交际观念，但不可否认的是多数人可能都会存在这样的想法，也就是说随着个人的发展，我们在前进道路上也会不断更换朋友，不断提升朋友的“质量”。至于那些弱小的伙伴，则会在发展的道路上慢慢被淘汰掉。

正因为如此，有时候，你不能太过天真，如果你的朋友妄图攀高枝，妄图变得越来越成功，那么你要做好被对方淘汰的准备，尤其是当对方出现那种嫌弃你的表情时，你要识趣地离开，不要等到关系弄僵之后才被迫离开，那样只会让你更加难堪。毕竟像毕加索那样在功成名就之后依然愿意和一个地位卑微的理发师相交的情况并不多见，那样的珍贵友情在现代社会更是非常罕见。毫不客气地说，如果你是一个理发师，而你的朋友妄图成为毕加索，那么你要做的就是努力成为毕加索一样的伟人，如果你做不到，那么只能安然地当那个理发师，然后主动离开，以免受到不必要的伤害。

⟀6 狂妄自大的人，通常都会拿身边的人开刀

生活中总会遭遇一些自大狂，这些人通常都有一个特点，那就是喜欢说大话，喜欢自吹自擂。由于过分自信，他们常常会认为自己是无所不能的，认为自己比所有人都要强。当然，在体现和宣传自己“强势”的那一面时，他们自然而然会先从身边的人开刀。作为他们的亲人、朋友或者同事，你不得不忍受那种目中无人的性格，忍受那种刚愎自用、骄傲自满的态度，甚至常常要受到无礼的嘲讽和指责。

为什么这种人会先从身边的人入手呢？原因在于狂妄的人非常渴望得到他人的认同，所以他会在自己所处的交际圈内尽量表现得很强势，并且迫切地希望成为这个圈子中的核心人物，或者说要让圈子里所有的人都意识到他的存在。而亲人和朋友刚好是非常理想的对象，是他展示“肌肉”和强势“表演”的对象。

而对于他们身边的朋友来说，自然会承受巨大的冲击和伤害。因为作为朋友，你很可能会选择隐忍对方的狂妄，会选择一次次地给予对方更多的包容，而这在无形中更助长了对方的自大。你甚至都没有办法给他们一些必要的忠告，因为对方会觉得自己的事情根本轮不到别人来说三道四，弄不好，你很有可能会遭到对方的责骂和忌恨。对于这样的朋友，你不用心生幻想，不用过度委曲求全，及时远离才是好方法，否则你只会受到更大的羞辱。

在历史上，有一个比较明显的例子就是西楚霸王项羽。项羽能力出众，在将士的心目中也很有威望，但是为人刚愎自用，过于狂妄自大，以至于常常听不进别人的好话，而且还因为猜忌、误会而导致身边的朋友一个个远离自己。范增就是最明显的例子，作为项羽的“亚父”，他一直以来都忠心耿耿，而且也的确给了项羽很多的帮助，可以说他更多时候扮演的是一个朋友的角色。

项羽在还未成名、还未起势的时候，一直都很听从范增的话，基本上

范增说什么，项羽就会严格按照要求去做，根本不会有什么怀疑。可是随着项羽日益强大，他的野心、欲望以及自信心都极大地膨胀起来。这个时候他不再愿意听从别人的意见，不再愿意有人对自己的想法说三道四，因为在他看来，自己就是最强的人，自己说的话就是最正确的。

正因为如此，范增和项羽之间的关系渐渐变得疏远了，虽然他依然恭恭敬敬地称范增为“亚父”，可是这种关系已经仅仅限于一种亲情了。最著名的一段发生在鸿门宴上，当时范增极力劝说项羽杀掉刘邦，结果项羽优柔寡断，过分自负，放走了刘邦，而之后的事实证明了项羽的确是放虎归山。

在鸿门宴后，范增非常生气地说了一句：“竖子不足与谋。”范增由此还感慨道夺取项羽天下的人一定就是沛公刘邦无疑了，后来这句话也一语成谶。鸿门宴后项羽仍旧我行我素，而刘邦和陈平很快用离间计成功离间了项羽和范增。范增感到绝望，于是主动请辞回家，结果这个堪称项羽最忠实可靠的老朋友病死在回乡的路途中。

很多历史学家都认为，范增之所以不受重用，原因并不在于陈平的离间计，而在于项羽的自大，因为在他看来自己根本就用不着别人“指指点点”，也用不着在耳边“唠唠叨叨”。他甚至觉得范增的威信太高，人也太聪明，已经超过了自己，这是他不愿意看到的，所以干脆辞掉了这个朋友，并间接害死了他。

狂妄的人往往比较自负，他们不允许有人在耳边说一些不喜欢听的话，绝对不允许别人提出什么反对性的意见，不允许别人的表现超过自己。一旦你触及这些底线，他一定会表现得很敏感，从而想办法给予严厉的打击。可以说，与狂妄的人结交朋友，你常常会有“伴君如伴虎”的危险，因为在对方心里，任何朋友都只是跟班，都只是围绕在自己身边的小角色，都是无足轻重的，在他眼里，只有自己是最重要的，只有自己是最核心的人物。

对于那些狂妄的人，我们要保持理智，即便你将对方当成真心朋友，对方也不会真正将你放在眼里，你甚至很有可能因为尽了朋友的义务而遭到对方的伤害。既然如此，我们应该有自知之明，应该主动远离这些朋友，尽量不要插手他们的生活和工作，因为你的好心很可能会被对方误解，从而给自己带来不必要的麻烦。只有尽量远离，只有尽量保持沉默，你才能避免被狂妄的“利刃”伤害。

第二章

DI ER ZHANG

真心交朋友，小心那些形式主义

什么是朋友？称兄道弟的就是朋友？两肋插刀的就是朋友？一起混日子的就是朋友？很多时候我们并没有真正理解朋友的含义，也不知道“朋友”这两个字的分量，不知道它意味着什么。我们更多时候都注重形式主义，只要表面上看起来够义气，只要表面上对我们好，我们就认为这样的人适合交朋友，可是却不知道有些人正是打着形式主义的招牌骗取我们的信任，最终反而会让我们受到伤害。

1

都说感情深一口闷，这样的感情未必能走远

酒桌文化是一个非常普遍的文化现象，酒桌文化早就超出了吃饭的范畴，而是更多地涉及交际活动，比如商业谈判、朋友聚会以及一些娱乐活动，而在酒桌上自然免不了要相互接触，这种交际活动的确有助于增强彼此的联系，也有很多人是通过酒桌上来相互认识、相互了解的。

可是，现如今，很多人会片面地认为酒桌上适合交朋友，而且也非常乐意在酒桌上结交朋友。我们常常说“感情深一口闷”，似乎在酒桌上那些和我们推杯换盏不醉不归的人，可以称得上是真正的朋友，可事实上这样的朋友真的可靠吗，那些像《水浒传》里一样，陪你大口喝酒、大口吃肉的人真的适合当朋友吗？

虽然酒桌上的交往的确是促进交流、增强感情的一种方式，但是酒桌朋友未必就是真心朋友，除非你天真地相信喝酒真的可以喝出真感情，你天真地以为对方真的会和你在酒桌上吐露真情。

简单来说，酒桌朋友具有很多特点：一是暂时性，也就是说这样的朋友是暂时性的，也许只是酒桌上一时冲动而形成的，可能时间一长，感情就会慢慢变淡；二是地域局限性，酒桌朋友顾名思义就是酒桌上的朋友，一旦离开了酒桌，对方很可能就装作不认识你了；三是娱乐性，也就是说酒桌上的朋友往往是为了烘托某种气氛或者在某种气氛下形成的，比如很多人在酒桌上说了几句好听的话，说了几句恭维的话，对方很可能会将其当成贴心人，可是这样的友谊往往缺乏足够的感情基础，而且只不过是掺杂了娱乐性，因此并不能太过当真。

“如果认真，那么你就输了”，这句话用在酒桌朋友或者酒肉朋友身上再适合不过了，实际上酒桌朋友往往有很多不良习惯，最明显的一点就是说话

不算数，有个作家曾经说过：“这个世界上有两样东西是不能兑现的，一种是烧给死人的冥币，一种是酒肉朋友的许诺。”我们常常有这样的经历，当我们在酒桌或者聚会上认识新朋友时，对方为了拉近关系，常常会豪爽地拍拍胸脯说“有事说一声就行”“有事来找我”“这事包在我身上了”之类的客套话，可是当你真的前去求助时，对方反而推三阻四，不愿意帮忙。

马克·吐温曾经参加一个酒会，有几个州议员得知他的大名，于是前来敬酒，几个人很快聊到了一块。马克·吐温于是提出了一个请求，就是希望议会可以授意相关部门给一些地方学校的图书馆增加一些图书。当时这些议员都满口答应下来，马克·吐温听了很高兴，可是到了半年之后，他当初的这个提议也没有被落实好。

到了年底，马克·吐温因为发布了新书，就连州长也亲自前来祝贺，这时候他再一次遇到了这几个议员，一见面议员就表现得很亲密，看上去和马克·吐温就像是多年的好朋友一样。可是马克·吐温故意装作很惊讶的样子，告诉州长说：“真是抱歉，我好像并不认为这几个人。”那几个人听了，感觉自讨没趣，于是灰溜溜地离开了。

赵本山曾经在小品上说过一句话：“酒桌上的话不算数。”以此来推理，酒桌上的朋友也应该是不算数的，我们一定要注意留个心眼，不能轻信于人。如果说说话不算数只是其中的一个弊端，那么有些酒桌朋友可能真的会让你受到伤害。

有些年轻人常常好面子，喜欢抢着付饭钱，结果这刚好被某些酒桌朋友、酒肉朋友所利用，于是有些人经常以结交朋友为由，在酒桌上尽量奉承你、亲近你，给你灌迷魂汤，听上去好像巴不得和你成为好朋友一样，可是一到付钱的时候，不是借机开溜，就是保持沉默，装聋作哑。这样的酒肉朋友对你好的原因只有一个，那就是希望从你身上免费吃上几顿，这些饭钱就是你结交朋友的成本费，而且吃完后，又有几个人会真心对你好呢？

俄国诗人普希金很早就成名了，那时候很多人都愿意和他交朋友，可是普希金渐渐发现这些人虽然表面上说得很好听，可是每次自己一有什么事都会躲得远远的，更重要的是，这些人基本上吃饭的时候都不带钱，显而易见，他们就是冲着自己的钱包来的。正因为如此，普希金决定和他们彻底绝交，彼此也不再往来。

蹭饭吃的人往往比较精明，好在这种人顶多只是让你出点血汗钱，而有一种朋友则更加可恶，很可能会在暗地里给你下套。毫不客气地说，很多酒桌朋友都是一群狐朋狗友，这些人品行不端，而且手脚也不那么干净。他们之所以愿意和你在酒桌上称兄道弟，目的往往在于同化你，或者要将你拉下水。举一个最简单的例子，在过去十年中，大约有67%的吸毒者认为自己是在饭局或者聚会上认识的“毒友”，而正是因为这些人的教唆和鼓动，自己才会染上毒品的。

这样的朋友在生活中有很多，他们常常在潜移默化地影响你，或者直接给你设陷阱，让你往里面钻，这样他们才能从你身上捞到更多的好处，所以你一定要保持谨慎的态度和必要的防备之心，不能被那些酒桌上的不法分子利用和陷害。

有人很早就说过一句话：“酒桌朋友，只是一张空头支票，看着非常美好，实际上只能让你空欢喜一场。”其实酒桌朋友更像是一张假钞，仅仅是看上去很像而已，但是假的就是假的，永远不可能带来任何价值，弄不好还会将你拖下水，毕竟使用假钞本身也会给自己带来麻烦。我们如果真的想要交朋友，首先一定要交心，而不能被一些外在的形式主义所蒙蔽，不能被那些表面文章所迷惑，你一定要记住：像俞伯牙和钟子期那样的好关系，可不是几杯酒就能够喝出来的。

2

朋友也需要礼尚往来，一味索取的人不适合做朋友

2009年，全球首富比尔·盖茨在印度新德里的一次会议上突然对全世界宣布，自己不再使用Facebook，很多人一开始以为盖茨和Facebook的创

始人扎克伯格之间是不是产生了什么矛盾。但是盖茨很快澄清了这个谣言，其实他之所以不再使用Facebook，原因非常简单，那就是他想要和那些网友绝交。因为比尔·盖茨在网站上结交了很多朋友，可是其中的多数人都在向他索取，都在想办法从这个首富身上占一点小便宜，这让盖茨突然觉得人情冷漠，他非常感慨地说为什么没有人愿意主动给予他一些好处呢？很显然，盖茨根本分不清哪一些人适合真正用来交朋友，或者说多数人都是不合格的，都是为了某种目的而来。比如有些人一天之内发出好几个请求，或者干脆发出一些求救信，这让盖茨不胜其扰，他觉得自己不仅浪费了时间，而且自己的生活也因此而受到了影响，所以干脆关闭Facebook，并宣布和那些网友正式绝交。

有关友情，中国最看重的是“君子之交淡如水”的境界和状态，但对于多数人而言，尚且缺乏那种境界和掌控力，所以多数时候我们仍旧需要遵从世俗的规律和原则。对于我们来说，和朋友时常往来是很有必要的，因为一旦很少交流，感情很容易变淡，这样就可能会变成没有感情，因此需要平时多走动一下，通过各种各样的沟通交流方式来促进友情的升华。送礼则是一个非常传统的方法，也是一个比较常见的增进友谊的方法，比如说很多人会在逢年过节的时候给朋友送去礼物，特别是有求于人时，也必定会捎上一些东西。

礼尚往来几乎成为一种交际的定式，而且的确可以起到增进感情的作用。当然在礼尚往来的时候，也有一些不那么愉快的事情发生，比如有很多人则是打着朋友的幌子专门收取别人的礼物，这样的人结交和认识朋友，唯一的目的就是为了捞一点好处，所以他们总是盼望着有人给自己送礼，而自己对待朋友则是一毛不拔，什么也不肯付出。这样的人，只会寄生在你身上，将你慢慢榨干。

古人很早就有“投之以桃，报之以李”的说法，认为一个人如果受人恩惠，那么必须要做出相应的回应，其实朋友之间更应该如此。有人认为朋友之间可以免俗，一些细枝末节的东西可以不计较，也没有必要太过计较得失，但是最基本的礼数还是应该要具备的。当朋友给你送礼的时候，你也应该有一些表示和馈赠。如果有人成天想着索取而不肯付出，那么你就要小心了，对方很可能会无情地剥削你。

举个简单的例子，如果你的朋友总是让你请客吃饭，自己从来都不会掏钱的话，那么你就要小心了，因为对方很有可能只是在挥霍你的钱财而已，对他而言，你只是一个送饭吃的人，只是一个喜欢送礼的人，而不是什么真心的朋友。像这样的朋友也许永远不会记住你的生日，永远不会给你准备一个礼物，永远不会给你一些温馨的祝福，对他们而言，付出是没有必要的，或者说他们压根就没有想过要为你付出什么，相反地觉得从你这儿拿走一些东西是天经地义的，一次两次之后，你可能再也喂不饱他们的欲望和野心。

法国社会行为学家巴杜尔有一个关于人际关系的弹性理论，他认为人与人交往的时候，彼此之间的正常交往通常都会有一定的弹性，这就像是一根弹簧一样，只要还在弹性的范围之内，那么多一点、少一点都不会有什么太大的问题，因为彼此之间会进行自我调整。可是一旦彼此之间的关系超出了这个弹性的范围，那么这段关系很有可能会崩裂，因为彼此都无法去承受超出的那一部分负重。

在这个弹性理论中，最常见的一种现象就是索取和付出的关系，巴杜尔认为生活中总是会存在一些感情投机的人，他们只想用最小的回报收获最大的利益，甚至于想着用空钩子钓上大鱼。他们往往能够成功一次、两次，可是一旦次数多了，就超出了这段感情应有的限度和承受能力，那么最终的结果就是没有人再愿意和这样的人交往了。

巴杜尔举了个例子，他说如果有个朋友总是想着你给他一些东西，而且也从来没有想过回赠给你一些礼物，那么按道理来说，他接受别人送礼的机会只会越来越少，因为别人并不会每次都愿意那么大方，换句话说，这种大方实际上是有限度的。

不过巴杜尔也认为由于碍于情面，很多人并不好意思直接说出口，因为几顿饭，因为几件礼物，因为对方没有及时给自己返还一点好处，就刻意疏远别人，这听上去似乎有些小气。正因为这样，很多人为了面子而继续容忍对方在自己身上占小便宜，而这样一来，更是让那些善于把握心机的人乘虚而入，不断进行索取。

人的欲望一旦被激发，往往很难被压抑住。当你的朋友认为向你索取是合情合理的，尤其是当他意识到你默许了这种行为后，只会变本加厉，索取的东西会越来越多，而你能够忍受一次两次的“剥削”，却没有办法一直忍受下去，总有一天你会发现对方是一个难缠的家伙，他甚至会像一个寄生虫一样，牢牢寄生在你身上，直到你再也负担不起这种无止境的索取。

面对这些人，你不能给予对方太多的机会，可以说一旦发现，就应该立即保持警惕，应该想办法疏远对方，至少下一次当对方再次要求你付出的时候，你要么找一个借口搪塞过去，要么就直接拒绝。当然，你最好还是应该坚决地远离他们，像这种自私自利的家伙，也许并没有替自己的朋友考虑过，也没有真正在乎过朋友的感受。

“朋友”并不是一个空洞的名词，礼尚往来的人也并非就能够称得上真正的朋友，但礼尚往来至少代表了一种态度，一种尊重朋友、关爱朋友的态度。多数时候这种物质上的交流很轻，有时候只是一些小礼品，一点水果，一些日常用品，但是礼轻情义重。可以说这样的交流方式只是一种辅助手段，目的是促进和巩固彼此双方的感情。可是如果有些人连这样的态度也没有，连这份心也没有，那么就没有继续交往的必要了。

3 讲义气也要注意分寸，过分讲义气很伤人

“义”是中国文化史上一种重要的意识形态和价值观念，在很多时候，“义”甚至比爱情、亲情更加重要，一个人背叛了自己的爱人、亲人，他往往不会背负什么道德压力，因为感情的事外人不好评判。可是一旦背叛

了朋友，一旦违背了“道义”，那么很有可能就会遭到整个社会的挞伐，会承受巨大的舆论压力。

但很多时候义气的存在实际上更多地具有一种“匪气”，所谓的义气往往是一种感性的情感趋同行为，几个人聚在一起做某一件事，这就是义气的表现，但这些朋友却从来不去理会这件事情是否正确。也就是说，讲义气往往是合情的，但是未必合理合法，毕竟这种感情在很多时候都是草率冲动的，缺乏理性的认知，缺乏必要的社会规范，纯粹就是群体内部的一种约定俗成的东西。简单来说就是流氓气，因此讲义气的人容易会被朋友抹黑。

在某些时刻，义气能够促进感情的交流，但讲义气和现代社会并不相容，因为多数的义气通常都具有一种狭义的道德观，这与整个社会的格调是有出入的。比方说讲义气的人通常都是贼寇，要么就是一些不守礼法的江湖人士，像《水浒传》中的108位兄弟，实际上就是依靠义气来凝聚成一个集体的，这种组织和群体的存在方式实际上并不合法，而且缺乏一种强大的约束，这也是为什么里面的成员最后反而很容易就被义气所伤，成为最大的受害者。

在现实生活中，义气兄弟仍然非常普遍，很多不谙世事的青少年，容易受到朋友的蛊惑和影视剧的影响，幼稚地认为那些为自己出头，为自己两肋插刀的人就是朋友，认为那些敢于帮助自己解决疑难杂症却连眼睛也不眨一下的人是最适合当朋友的人。实际上这是一种错误的观念，尽管那些讲义气的人常常毫不犹豫就站出来为你解决困难，但是对方往往也是有目的性的，他们对你伸出的双手上已经沾满了毒，他们的内心无时无刻不在算计你、利用你。而你还在为之感动，还在认为这样的人非常有心，结果到了最后，你就会发现自己最终会被义气绑架，最终成为别人可悲的棋子。义气往往具有很大的欺骗性和虚伪性，往往会让你承受巨大的风险。

首先，在义气的支配下，你很有可能误入歧途，比如在现实生活中，就不乏有人替朋友出头，替兄弟报仇之类的事情，你为了证明自己是讲义气的人，常常也会头脑一热就做出一些糊涂事。这种情况一般在青少年中比较常见，可以说义气往往是青少年走上犯罪道路的重要原因，毕竟青少年心智发育不成熟，他们认为如果朋友们都讲义气，而自己却罔顾道义，那么就会被大家所排斥，这种自尊心就会受到义气的驱使，心甘情愿地为那些朋友“两肋插刀”，心甘情愿地做一些违心、违背道德和法律的事。最后发现被刀子插的人永远是自己，会发现插刀子的是自己最信任的义气朋友。

比如宋江原本可以安安稳稳地当个地方官，但他为了兄弟情义而杀了阎婆惜，触犯了国法，最后落草为寇。可以说他是一个典型的被朋友拖累，被义气拖累的江湖人物，一场及时雨救了别人，却终究救不了自己。他自己被义气所伤，其他人则是被他的义气所伤，当他放走高俅的时候，把顾全兄弟情义的林冲活活气死；当他决定效忠朝廷时，让数百个死心塌地跟着自己的兄弟白白丧命。所以，严格来说整个《水浒传》就是活生生的“义气”伤人的典型故事，将其说成古代版的《古惑仔》也不为过。

除了被义气诱导走上歧途之外，义气会让你心甘情愿地受他人支配和利用。实际上很多人宣扬义气就是因为义气能够为他带来更多的利益，对于这些人来说义气只不过就是一个高尚的幌子，是一个收买人心的手段。他们会先故意给予你一些小恩小惠，以此来赢得你的信任，让你死心塌地地跟着他。结果一旦出了大事，对方很有可能拉你当垫背，让你一个人去背黑锅。生活中被义气朋友出卖的现象并不在少数。

在唐朝的时候，某个高官的小儿子为了帮助当强盗的朋友脱身，竟然同意将所有的赃物放在自己家中藏起来，结果后来那位强盗朋友被抓，这位高官的儿子也受到了牵连。为了保命，那个强盗竟然撒了个谎，说自己受到了某个朝廷大员之子的委托，才去抢劫这批金银财宝的，结果官府很快查到这位高官的儿子身上，并且很快带走了他。最后连这位高官竟然也受到了牵连，被捕入狱。虽然没过多久，官府查清了他和强盗并无什么联系，可是因为他的儿子和对方有密切的联系，且窝藏巨款，这位高官最终还是被革职削位。

朋友之间固然需要讲义气，可是这种义气并不是江湖义气，这份情义应该接受社会道德和法律的约束，应该是建立在遵纪守法，维护道德良知的基础上的，如果你的朋友本身就是违法乱纪之人，如果你所承担的朋友道义是为了不惜一切手段帮助对方，那么还不如直接放手，放弃这份畸形的友情。毕竟这种江湖义气往往害人不浅，这样的义气朋友也害人不浅，你最好还是保持距离，不要和对方往来为好。

伟大的画家达·芬奇一直以来就喜欢和穷人打交道，在他的朋友圈中，有很多人是手脚不干净的小偷，但是达·芬奇从来没有因此而嫌弃他们，但是达·芬奇也从来不曾帮他们辩解，更没有因此而助纣为虐。他曾经说过："从朋友的角度来说，如果他们吃不上饭了，我会给他们钱，但是如果他们依靠偷东西来维持生计并且被抓了，那么我只会去牢里探视，而不是尽力去担保。"达·芬奇是一个是非分明的人，他重视朋友关系，但是绝不是盲目地维护自己的朋友。因为在他看来，朋友和义气并不是完全统一的，他不会过分讲义气。

我们在日常生活中也应该如此，要懂得去帮助朋友，但不是盲目地帮助他们，只要朋友做错了，那么你就要尽量帮他们矫正过来，如果对方只想用江湖义气来要求你，那么你就应该趁早远离，不能被那些义气所误导，以免让自己陷入到不必要的麻烦之中。

4

朋友的朋友，不要指望真的会帮助你

汽车销售大王乔·吉拉德有一条著名的"250 定律"，在他看来每一个人的身后大约有 250 个可利用的人际关系资源，这些人包括亲戚、朋友、邻居、同事。此外，朋友的朋友也可以成为这一交际生态圈内的成员，乔·吉拉德认为一个人想要成功，不要轻易忽视任何一个顾客，不能忽视任何一个朋友，甚至连朋友的朋友也不能轻易放弃，因为这些人完全可以成为自己的人脉资源。

乔·吉拉德的话有一定的道理，不过对于“朋友的朋友也是朋友”这样的理论来说，在现实生活中并不一定行得通。很多时候，朋友的朋友并没有想象中的那样“助人为乐”。在日常生活中，我们常常会陷入一种惯性思维当中，认为只要是好朋友的亲戚或者是朋友，那么一定会愿意帮助自己，而自己又是好朋友比较信任的伙伴，那么其他人也一定会帮助自己，一定会愿意和自己结为朋友。可现实情况并没有这么理想，因为每个人都是多面性的，他会有不同的交际圈，会结交各种各样不同的朋友。举个简单的道理，如果某人的工作很出色，那么在他的专业技能之内，一定会有类似的朋友。可是另一方面这位朋友又是一个电脑游戏迷，那么他还会有很多研究游戏的朋友，如果他喜欢做生意，那么生意圈中也会有一些朋友。可是这些不同圈子的朋友和你往往不是同一路的人，他们对你的帮助也实在是有限的。

美国行为学家马克博士曾经说过：“每个人都有自己的交际范围，而且每一个人的交际实际上都会存在一定的距离限制，这些限制实际上和感情的亲疏有很大的关系。”比方说我们和自己的亲人或者朋友会靠得比较近，可是关系再远一些的话，这种相互之间的作用力就会减弱，彼此之间的感情也会慢慢失去存在的基础。简单来说，那些你越感到陌生的人，建立起感情交流的机会越小，这种感情的作用力也会越小。从这个方面来说，朋友的朋友未必真的愿意把你当成朋友来对待，也未必真的会帮助你，如果你认为这样的人也值得交朋友，那么只能说你太天真了。

当然，经过朋友的介绍，你可能会认识对方更多的人，可你应该明白，自己和那些人是存在着隔阂和差距的，他们不会将你当成自己人看待。对于这样的人，你需要保持一定的陌生感和距离感，也许有时候为了顾及情面，对方会在酒桌上或者在你朋友面前夸下海口，承诺帮你解决困难，可问题是，多数人只是随口这么一说而已，毕竟他与你非亲非故，根本没有什么理由来无偿帮助你。所以如果一旦对方这么说了，你要么当成一种客套话来听不必当真，要么就要注意对方是不是有什么企图和利益诉求。

北宋文学家欧阳修是一个非常善于交际的人，平生的朋友有很多，彼此的关系也都很融洽，因此欧阳修才能够在文坛和政界都可以吃得开，成为人人敬仰的人物。在欧阳修去洛阳当官的时候，朝中的一个好朋友告诉欧阳修说自己有一个发小一直在洛阳为官，此人和他的关系非常亲密，自己每次去洛阳都会得到盛情的款待，因此他对欧阳修说只要有什么事情就可以去找他帮忙，至少人生地不熟的，有个人照应着也是一件好事。

欧阳修听了后千恩万谢，他知道那些官场文化，想自己这样一个初来乍到的人，如果没有当地人来指引和照应的话，往往很难真正融入地方的官场，也就很难将自己的工作展开了。此外，若是有人照应，自己也可以有一个依靠，尤其是遇到一些难以解决的问题，至少也可以求人帮忙。朋友为了帮助他，还写了一封亲笔书信，让欧阳修带着书信去洛阳后找这位故人。

数天之后，欧阳修去洛阳上任，然后带着书信去拜访朋友的这位故人，见面之后，对方果然客客气气地款待了他，而且还告诉欧阳修说自己在这洛阳城中也算是有头有脸的人物，以后欧阳修若是有什么麻烦，那么只管提出来，自己一定会尽力办到。欧阳修自然是非常感激，于是拜别而去。

没过多久，欧阳修遇到了一个比较棘手的案子，他本想亲自办理，可是由于人手不够，根本就难以成事，这时候他想到了朋友的那位故人，于是让人送去书信，并详细说明了事情的原委，希望能够得到一臂之力。可是书信送出去好几天也没有什么回信。欧阳修实在等不住了，于是就主动登门拜访，对方解释说自己最近太忙了，根本无暇顾及，等过一段时间有空了再来帮忙。欧阳修只能怏怏而回，又过了几天，对方还是没有给自己回复，欧阳修彻底觉悟了，他知道洛阳城根本就没有那么多的繁杂事务，再说了对方也不是掌管什么重要部门，根本就不会很忙，很显然这只是对方的托词而已。想到了这里，欧阳修只能暗自苦笑。后来他再也没有去过朋友的故人家中，自己也和对方彻彻底底划清了界限。

我们常常说朋友多了路好走，可是有些人是并不适合做朋友的，尤其是朋友的朋友。他们并不真正属于你的朋友圈，你并不了解他们，因此不能轻易就信任对方。如果你因为有过一面之缘，有过几次喝酒聊天的经历，就坚信朋友的朋友对自己也是真心实意的，那么到头来很有可能会空欢喜一场，而你被对方利用和诈骗的可能性绝对不会很低。

公安人员发现，最近几年以朋友为轴的发生在第一方和第三方之间的诈骗案越来越多，这种案件有一个明显的特点就是，当事人都有一个共同的朋友，可是当事人彼此之间却并不熟悉，而是通过朋友的介绍和牵线进行合作，结果因为信息不够透明，反而上当受骗，成为友情连线下的牺牲品和受害者。实际上，这种存在间隔的合作方式和友情往往不够牢靠，因为当事人双方的感情基础非常薄弱，仅仅依靠朋友的信誉或者感情来做担保，这样很容易被那些不法分子钻了空子。

所以我们在结交朋友的时候，一定要注意保持警惕，在进行合作或者交流的时候，至少要保证自己能够真正了解对方，不能因为朋友的关系而认定朋友的朋友也适合做朋友。其实你只要保持理性，只要多花时间去接触对方，就会发现那些人也许并不是自己所喜欢的一类人，就会发现对方实际上并没有朋友说得那么可靠。

5

敌人的敌人可能是你的敌人，切勿称兄道弟

在生活中，我们会比较肤浅地理解那些人际关系，比如说朋友的朋友就是朋友，敌人的敌人也一定是朋友，我们永远都在从自身的角度，从自身的利益选择来评判别人和自己的关系。可实际情况往往要更加复杂一些，虽然与敌人的对手强强联手往往是一种绝佳的竞争策略，可是这种联

合并不意味着你们就是朋友，并不意味着你们就可以形成很好的同盟关系。这样的结盟关系多数时候都是暂时的，而且隐藏着极大的风险，因为在你们有着共同利益的时候，个人的利益实际上很有可能是对立的，而且这种对立和冲突迟早会爆发出来。

就像是三国时期魏国、蜀国、吴国的对立竞争一样，在这三个国家中，它们都是相互敌对的，都渴望从对方身上捞到更多的好处。尽管在反抗魏国南下的战争时，吴国和蜀国有过联合作战的经历，可是从本质上来说，蜀国和吴国也是死对头，这两个国家对此也是心知肚明。当两个国家在赤壁之战中打败曹操之后，就开始窝里反，围绕着荆州问题开始了斗智斗勇，兵戈相向，最终出现三足鼎立的局面。

三国鼎立的局面出现后，各国的合作机会显然变少了，更多时候是一种相互牵制，相互对抗，比如蜀国的敌人是吴国和魏国，但是吴国和魏国不可能联合起来，因为吴国的敌人还包括魏国，而魏国也是一样，它根本不可能和蜀国或者吴国站在同一阵线上。这种复杂的局面恰恰证明了一个道理：敌人的敌人往往就是你的敌人。

19 世纪英国首相帕麦斯顿有一句话："没有永远的朋友，也没有永远的敌人，只有永远的利益。"有了共同的利益来做保障，敌人的敌人自然会是朋友，可是我们忽略了一个问题，竞争永远都是从自己的利益出发的，你在合作之后仍然会和对方为敌。

正因为如此，如果你从形式上进行理解，认为敌人的敌人和自己拥有共同的利益选择而会愿意与你结盟的话，那么就要小心谨慎一些了，因为当你和一匹狼一起狩猎的时候，一定要小心这匹狼会反过来咬你一口，将你当成猎物来看待。所以最好不要用那种简单的推理性思维来理解谁是朋友、谁是敌人，在人际关系上，这种"否定之否定就是肯定"的想法往往行不通，你要是按照这样简单的推理来交朋友，那么只会成为对方成功路上的垫脚石。

在北宋时期，女真族的首领完颜阿骨打建立起金国，当时金国最大的敌人是辽国的契丹人。虽然金国实力雄厚，但还没有办法同辽国相抗衡，为此金国期待着能与北宋联合，双方结为盟友，以此来对抗辽国，并且金国同意灭掉辽国后，将辽国侵占北宋的土地返还给北宋。宋徽宗听了很高兴，首先他认为自己最大的敌人是辽国，而辽国的敌人是金国，那么金国就可以成为自己的朋友。于是他答应了阿骨打的请求，宋金两国开始联手，并最终灭掉了辽国。可是正当双方准备按照协议瓜分利益时，金国却以宋徽宗收留辽国遗臣和金国叛将为由，挥军南下，北宋只能妥协，宋徽宗也被迫退位。可是到了第二年，金国再次南下，这一次，宋徽宗和宋钦宗都成了俘虏，北宋由此灭亡。

100 年后，宋理宗决定伐金，当时的金哀宗认为金国和南宋最大的敌人是蒙古，双方应该联起手来抗击蒙古人，可是宋理宗坚持认为消灭金国进行复仇才是大事，而且金人和蒙古向来不和，这样南宋就可以和金国的敌人蒙古成为盟友，而蒙古也许诺给南宋很多好处。结果蒙宋很快就站到了同一阵线上，宋理宗也依靠这个强大的新朋友，轻易就灭掉了金国。可是好日子并不长久，因为当金国被消灭后，宋朝很快失去了屏障，以至于直接面对蒙古人的威胁，最终很快被蒙古人消灭。宋朝的几任皇帝三番两次都被自己所谓的“朋友”出卖和伤害，真正的原因就在于盲目地相信“敌人的敌人就是朋友”，最终反而被人算计，吃了大亏。

我们都渴望能够结交到更多的朋友，希望自己能够得到更多的帮助和支持，可是真正的朋友应该是用心结交的，应该是彼此真诚相对、相互尊重和理解的。如果你认为敌人的敌人就是朋友，那么你就犯了一个唯心主义的错误，你只是按照自己主观上的理解，想当然地认为这件事应当如此，想当然地认为朋友就是一种利益共生体，那么你最终只会落入对方的陷阱，只会成为任人摆布的棋子。

当然，能够将敌人的敌人拉拢过来也许会是一件好事，可是你千万不能简单地将其理解为朋友，因为尽管你们有一个共同的敌人，可是你们的着眼点和立足点完全不一样，你们的目标也不一样。而每个人都是自利的，都以自己个人的利益为先，当你们拥有一个共同的敌人时，反而会产生新的矛盾：那就是当两匹狼都盯上同一只猎物时，你不要指望这两匹狼能够分享猎物，最终它们之间会爆发激烈的冲突。

所以，如果你是一个聪明人，那么就不要对敌人的敌人抱有太大的希望，当你意识到敌人的敌人和你盯上同样的目标时，你不应该感到庆幸，而应该感到棘手，你不应该放松警惕，而应该努力保持危机感，因为敌人的敌人一定就是你的敌人。

6

志同道合的人，有时候也会站在你的对立面

俗话说“道不同不相为谋”，志同道合已经成为一个朋友的基本准则和要求，而“志同道合的才是朋友”这样的观念已经深入人心，正因为这样，很多人在找朋友的时候，总是会乐于和那些有着共同的兴趣爱好、共同的理想、共同的目标的人相处，在他们看来，那些和自己志同道合的人往往有着更多的共同语言，因此在沟通和交流的时候会更加有默契。

不过在现实生活中，有很多看上去志同道合的人，往往是面和心不和，当你和对方称兄道弟的时候，对方可能正想办法对你捅刀子。比如说列宁和斯大林、索罗斯和罗杰斯、扎克伯格和爱德华，这些人原先都是有着共同理想和目标的伙伴，都曾经在一起经历过苦难和挫折，也都曾携手并进，可是他们最终都在同一条路上走散，有的甚至成了对手和仇敌。很显然，单纯的志同道合无法完全将两个人紧紧捆绑在一起，因为志向相同的人也容易出现分歧和矛盾，你忽视了这一点，那么最终被出卖的人只会

是你。

有人说，想要找一个志同道合的人很难，而保证那些志同道合的人能够坚持走下去更是难上加难，因为尽管两个人有着同样的理想和目标，可是在实现这一目标的过程中，也许彼此之间会出现分歧，比如说方法的不同，策略的不同，具体落实的措施也不相同。此外，志同道合的人往往会出现利益上的纠纷。这些都可能会成为影响朋友关系的导火索，都可能会让志同道合的朋友转眼成为对立相向的仇人。

刘邦和项羽原先也是一对志同道合的朋友，他们的目的都是为了推翻暴秦的统治，但是两个人之间的理念又有着细微的差别。比如当他们看到秦始皇巡游的时候，刘邦非常羡慕地说："大丈夫当如是也。"意思是做人就应该像秦始皇一样，成为一国之君。而项羽则说："彼将取而代之。"在项羽看来，自己应该取代秦始皇的地位。从这一个方面来说，就可以看出他们并非是同一路人，他们的性格也并不相同，而且他们的利益也是相互冲突的。

正因为这样，这两个人一方面为了起义大业，分别和秦国交战，是名义上的盟军。可是从另一个方面来说，两个人又是对手，毕竟皇帝永远只有一个，站在权力巅峰的人只有一个，可以说虽然两个人志同道合，可最终还是免不了要走向对抗。

志同道合的确是交朋友所要考量的一个重要指标，那些志趣相投的知己或者知音向来就是朋友之间的典范，而从心理学的角度来说，当两个人的志向、兴趣爱好相同的时候，很有可能会增加彼此的好感，很有可能会增加彼此的吸引力，这就为友情构建了一定的情感基础。我们可以发现，生活中那些志同道合的人，因为有了共同的语言，因此在交流沟通的时候会更加顺畅一些。

中国古代志同道合的典范就是俞伯牙和钟子期，这两个人堪称知音，所以很快建立起深厚的感情，但是很多时候，志同道合并不意味着就可以成为朋友，志同道合并不意味着就能够携手并进，因为维持朋友关系的因素有很多，而相同的兴趣爱好、共同语言以及价值观和理想只是其中之一。很多人即便没有相同的理想和思维，最终也成为很要好的朋友，就是因为他们是真诚和坦率地面对彼此的，就是因为他们的内心始终是相互包容、相互谅解的。而那些志同道合的人并不一定真诚，并不一定懂得包容，相反地，因为利益之争，对方很可能会成为贪婪而自私的狼。

正因为这样，我们不能草率地认为那些志同道合的人就适合当朋友，认为那些志同道合的人就是和自己站在同一战线上的。实际上有些人可能会打着志同道合的招牌故意接近你，或者说你可能会因此而受到诱骗。在现实生活中，我们常常可以看见很多人在创业之初因为利益而故意接近别人，会利用共同的志向和利益大打感情牌，赢得别人的信任，等到利益得到满足之后，他们很快会露出自己贪婪虚伪的本性，到那时上当受骗的一方注定会吃亏。

袁世凯原先只是大臣荣禄底下的一个官员，当时维新派准备发动变法行动，结果康有为和梁启超等人发现袁世凯也有意附和变法，可以说是一个非常理想的伙伴，毕竟在当时那样的封建环境下，像张之洞那样明确支持变法的官员并不多。而维新派想要让变法顺利实施下去，就应当多争取一些朝廷官员的支持，因此维新派非常重视袁世凯，而且袁世凯也经常和他们谈论变法事宜，看上去是一个志同道合的伙伴。

正因为如此，参与维新变法的人都纷纷相信袁世凯，而且也决定委以袁世凯重任，可是就在大家准备变法事宜的时候，慈禧太后发现苗头不对，于是决定囚禁光绪皇帝。康有为、梁启超等人立即和袁世凯商量，密谋造反，趁机围攻颐和园，控制住慈禧太后，然后夺取政权。结果袁世凯向荣禄告密，导致了维新派的政治计划受到破坏，也直接导致了“戊戌六君子”的被杀。可以说，正是因为康梁等人轻信志同道合的袁世凯，才会导致维新派的失败，事实上维新派从未意识到自己最信任的伙伴竟然会是自己最大的敌人，这就体现了他们对于志同道合者的盲目信任。

形式上的志同道合并不能真正完全代表友情，也无法决定友情是否足够巩固。正因为如此，我们在交朋友的时候，一定要慎重，不能轻易相信别人，也不能轻易就认为志同道合的人就适合当朋友。都说知人知面不知心，想要交朋友，就需要懂得交心，需要懂得用心去对待朋友，如果心意相通，且能够真心相对，那么即便是差距很大的两个人也能够成为莫逆之交。而两个人如果不够交心，即便有很多共同语言，也依然无法真正走到一起。

第三章
DI SAN ZHANG

认清伪朋友，别在他们身上浪费精力和感情

生活离不开朋友，因为朋友对我们的帮助往往很大，即便对方身无长处，往往也会成为我们生活中不可缺少的一部分。可是我们需要的是真心朋友，需要那些能够真诚对待我们的朋友，而不是那些伪朋友。事实上，生活中有很多伪朋友，他们打着“朋友”的招牌，却总是做一些伤害朋友的事情，他们的所作所为和那些真正的朋友大相径庭，待人接物的态度也不相同。面对这些人，我们一定要保持距离，千万不要过于靠近他们，更不要在他们身上浪费时间和精力，以免自己受伤。

⩗1

有事才来串门的朋友，往往来者不善

中国有句古话叫“无事不登三宝殿”，意思就是说平时根本就很少来走动，只有出现了事情，只有遇到了麻烦，才会想着主动来登门拜访。这样的人在很多时候就是典型的“务实派”，他们只有有求于人的时候，才会纡尊降贵主动来请求你。毫无疑问，这些人走到哪儿，哪儿可能就会出现麻烦，作为朋友，你不得不防。

在朋友圈中，最忌讳的也常常是那些“平时不烧香，临时抱佛脚”的人，这样的人缺乏一种最基本的朋友相交的礼数，缺乏一种诚恳和尊重，他将朋友当成一个急救箱来对待，平时心里根本装不下朋友，只有麻烦缠身的时候才会想到去朋友那儿找点门路，才会想到如何让朋友来帮自己减轻压力。其实，登门拜访不仅仅只是一种简单的拜访，更多时候表现了朋友之间的一种亲密和尊重的方式，毕竟有人愿意经常到家里来看你，就证明你这个人具有一定的吸引力和个人魅力。对于朋友之间的关系来说，经常串门也能够有效促进感情的交流。而无事不登门，有事才来求人的朋友通常都比较自私自利，这样的朋友对于你来说，不过是一个麻烦制造者，你最好还是敬而远之。

明朝有个官员叫张广轻，他曾经因为弹劾上级官员而被迫丢掉了乌纱帽，在那个时候很多朋友都开始刻意疏远他，甚至在大马路上也装作不认识他，张广轻自然知道树倒猢狲散的道理，何况通过这件事，他也早已看透了人情冷暖，所以他也毫不在意，成天将自己锁在房间里，练练书法，读读书，以排遣内心的郁闷。

就在这无官无职的三年半时间里，几乎没有一个朋友来看他，曾经那些官场上称兄道弟的人也没有再和他联系。可是随着那个被弹劾的官员落马，张广轻很快官复原职，而为了奖赏他对贪官的抗争和举报，朝廷还提升了他的官职。就在这个时候，开始有人三三两两地来找他，而且来人多半是有事相求的，不是让他帮忙解决官司，就是让他帮忙谋个差事，张广轻一概拒绝掉。很多人认为张广轻是出于报复心理，认为当时没人在他落魄的时候关心他、支持他，没人敢替他说话。但是他却说："有事才想到朋友的人，有事才会登门拜访朋友的人，通常都是来者不善，过河拆桥，我可不想卷入那些不必要的是非之中。"

其实人与人之间的交往更看重常态化，常态化的交往才能确保常态化的感情维系，所以朋友之间就应该多串门多走动，朋友之间多聚一聚就能够很好地促进感情，毕竟这样的人会让对方觉得你始终都在关怀他，从而为双方以后的交往打下坚实的基础。以后只要你有什么困难，朋友就一定会主动挺身而出，帮助你解决困难。

有人曾做过一个很有趣的调查，发现人与人之间的登门频率超过一周三次的通常都是很要好的朋友；频率为一个月三次的则是比较好的朋友；一年三次的则为普通朋友；数年之间也很少往来的，两个人的关系往往会比较淡。在这里，研究人员发现：登门频率越高，证明两人之间的联系就越紧密，关系也就越融洽。而从交往频率往往也可以看出朋友对你的心意，如果对方心中有你，如果对方时常记挂着你，那么一般来说都会主动来看看你。而那些无事不登门的朋友，你一定要小心了，因为对方很可能带着诸多麻烦一起来找你。比如我们常常会遇到这种尴尬的事情，那就是某一天可能会见到多年未见的朋友登门拜访，而对方开口就是借钱，这或多或少让你感到不放心。

当然，我们不能片面地认为不登门的人就不算是朋友，毕竟朋友之间的距离有远近，而且有的人的确不喜欢四处走动，而这显然不能证明两人的关系不和睦。但是从人际交往的角度来说，平时多串门有助于增进感情，因为串门的次数多了，彼此的话题也就更多了，彼此也就更为了解，那么信任感和安全感就会增强，人心之间的隔膜也就越来越淡。

对于有事才想起朋友的人，我们不能够太过于轻信和靠近，毕竟像这样的人往往只是想着要利用我们的感情而已，一旦你失去了利用的价值，一旦他觉得你帮不上什么忙，那么肯定会开始疏远你，会忽视你的存在。既然如此，那么我们又何必去和对方打交道呢？不妨一开始就坚决地敬而远之，因为我们根本就没有必要为之浪费时间和精力。

2 同富贵，我来；共患难，我走

我们常常说患难见真情，当一个人落难的时候，往往可以看出谁才是真正的朋友，谁才是伪朋友。因为患难最能够考验一个人的心性，一般来说人在患难之中才会显示出自己的本性，也才会显示出内心的阴暗。事实上每个人都具有很强的趋利性，所以当你富贵加身的时候，你的朋友往往也会更愿意接近你，而当你落难的时候，朋友很可能会担心自己受到牵连，担心你会向他们求救，会成为他们的累赘，所以会不顾一切地将你拉入黑名单。

只愿意共富贵，却不愿意和你共患难，这样的朋友在生活中并不在少数，而这样的人往往自私自利。一方面他们在你遭遇不幸的时候袖手旁观，当你落难的时候，他会刻意远离，生怕你会拖累了他；当你绝望无助的时候，他会装作不知道，当成没看见一样；当你失势的时候，他不会前来安慰你，而是冷嘲热讽，落井下石；当你受到伤害的时候，他拒绝伸手援助，而是远远离开。对他们来说，明哲保身是一个最重要的任务，对他们来说，和一个倒霉的人尽快划清界限是很有必要的。

可能很多人都不知道，克莱斯勒的总裁艾柯卡原本是福特公司的副总裁，因为工作业绩出色，待人也很好，他的权力和威望甚至一度超过了福特本人。那时候几乎是艾柯卡在福特公司最辉煌的时刻，很多人都想着和他结交朋友，都希望自己能够得到艾柯卡的帮助，用艾柯卡自己的话说：

"当时的我正处于权力的巅峰，享受着众星捧月的待遇，我可以明显意识到整个世界的人都是我的朋友，要么就想要成为我的朋友。"

可是艾柯卡的声望实在太高了，以至于福特觉得他有些功高盖主，结果福特以莫须有的罪名将他赶出了董事会，然后直接给辞退了，艾柯卡一下子从高高在上的副总裁成为一个失业者。这一下，等来的只有树倒猢狲散的冷漠结局，艾柯卡失势倒台后，曾经的那些追随者和奉承者很快就做出反应，他们刻意躲避艾柯卡，尽量远离对方，以免受到艾柯卡的牵连而失去工作。

失落中的艾柯卡一下子就看透了人情冷漠，他开始嘲笑自己的愚蠢，当然他也因此看清了这个世道，也因此看清了所谓的朋友。可以说，在这个时候，他下定决心不再轻易相信那些奉承自己、迎合自己的"朋友"。

几个月之后，濒临破产的克莱斯勒公司决定聘请艾柯卡来担任公司的总裁，希望艾柯卡能够帮助公司起死回生，重新振作的艾柯卡很快接受了克莱斯勒公司的聘请，并且用自己的全部能力帮助克莱斯勒实现了复兴，并且使其迅速发展壮大，并成为和通用、福特齐名的汽车制造公司。这个时候，很多朋友又开始来投奔他，希望他能够帮助自己，艾柯卡直接拒绝了这些人，因为经历过人生的起伏之后，他已经对朋友有了更深刻的认识。

在面对"可共富贵而不能共患难"的伙伴时，你唯一能做的就是尽早远离和绝交，因为这样的人只想占你便宜，却从未想过为你付出一点什么，他们并不知道什么叫做友情，也不知道怎样去巩固彼此之间的这份友情。更多时候，他们只在乎自己，只想着满足自身的利益。换句话说，这样的朋友不过是看中了利益而已，他们所做的一切都是围绕着利益来转动的，为了利益他们可以在你富贵加身时接近你，也可能会在你遭遇不幸时置若罔闻，甚至落井下石。

苏东坡当年因为乌台诗案而入狱，那时候很多平日与他交好的朋友都开始刻意疏远他，生怕自己也被卷入是非之中，更为可气的是很多朋友开始想办法诋毁他，原因很简单他们发现越是攻击苏东坡，那么自己的身价反而会越高，越是能够得到他人的重视。于是，一场针对苏东坡的批判狂欢正式拉开了序幕，那些平日呼朋唤友的人开始成群结队地恶意攻击苏东坡。

这一刻，苏东坡意识到了人性的丑陋，悲愤不已的他在和弟弟的通信中透露出了赴死的决心，他实在想不明白为什么当初那些围着自己转的人，如今却一个个前来围攻自己。好在后来很多人在皇上和太后面前作担保，这才让苏东坡免于一死。死里逃生的苏东坡一下子就醒悟过来，不仅仅是对生命有了新的理解，对于朋友也有了更深的体会，在这之后，他很少出席聚会，也很少和那些朋友交往。

有个作家说："一个朋友即便不能帮助你解决问题，不能帮助你承受苦难，至少也愿意在精神上给予你更多的支持，如果他什么也做不了，至少也要懂得安慰你。"如果你的朋友总是在你落难的时候离去，甚至落井下石，那么证明这个人根本没有将你当成朋友来看待，对此，我们应该立刻远离他们，毕竟像这种经不起风吹雨打的友情往往只会是一种负担。

3

墙头草随风倒的人，往往会害了你

在西方的寓言故事中，蝙蝠是一个没有立场的墙头草。在很久以前，由于鸟类和兽类发生了战争，结果兽类占优势，于是蝙蝠坚决地加入兽类的行列，可是经过一段时间的进化，鸟类开始在竞争中占据着优势。这个时候，蝙蝠开始改变策略，投靠了实力强大的鸟类。数百万年之后，鸟类和兽类开始达成统一，双方不再交战，结果善变的蝙蝠一下子成为全民公敌，最终只能够在晚上偷偷出来飞行。

有人说："一个人最重要的是讲原则，要讲立场。当然，如果你没有立场的话，至少应该讲一讲感情，看看你到底应该支持谁。可是如果你连感情上的基本立场也没有的话，那么只能是一个被他人排挤和遗弃的人。"

在现实生活中，墙头草往往是最让人讨厌的人，他们没有立场，没有原则，凡事只看重利益，只要是实力强大且有利于自身利益的人，他就投靠，就更加倾向于与之进行合作。这种墙头草看上去柔弱无力，往往带着锋利的锯齿，你轻信了他们，就容易被切割得很深。

对于那些墙头草来说，你需要保持谨慎，不能轻信他们，哪怕这些人是你的朋友。像这样的人根本就不会看重友情，对他来说，利益才是第一选择，也是唯一的选择。平时他可以跟在你后面，为你摇旗呐喊，卖力助威，也能够背叛朋友，背叛身边的亲人，成为背后捅你刀子的人。事实上，只要谁给的好处多，只要谁的实力更加强大，只要谁更有助于他的发展，他就会偏向谁。可以说，墙头草是非常典型的投机主义者，他们需要的是能够带来利益的朋友，如果你不能满足他的要求，那么他会毫不犹豫地转入别人的阵营当中。

在中国历史上，冯道也许是最著名的墙头草了，这个男人“历任四朝，三入中书，在相位二十余年”，先后侍奉过十个皇帝，却始终能够富贵加身，人称官场的“不倒翁”。冯道曾经写过一首表明心迹的诗：“莫为危时便怆神，前程往往有期因。终闻海岳归明主，未省乾坤陷吉人。道德几时曾去世，舟车何处不通津？但教方寸无诸恶，狼虎丛中也立身。”在这里，他明确表达了自己在虎狼环视的复杂环境中采取的生存之术，说白了就是随风摇摆。

当然，对于冯道这样的人来说，朋友往往也很少，因为大家显然都不愿意和这样不忠诚的人交往，所以都要敬而远之，哪怕对方是高高在上的宰相。很多人都说冯道已经成精了，今天他可以和你交朋友，明天就可能站在你的敌人那一边来对付你，因为对他来说找谁交朋友并没有什么不同，关键是谁对他最有利，只要谁最有助于他的发展，他自然就会认对方为朋友。

有一次，冯道去故乡探望自己年轻时候的一个朋友，因为他知道对方也是满腹经纶、学识渊博之人，于是很早就向朝廷举荐他，可是不知道什么原因，对方竟然三番五次地拒绝上任，所以冯道只好亲自走一趟，看看到底是怎么回事。可是等他登门拜访的时候，这个朋友竟然避而不见，这让堂堂一国宰相情何以堪。当然在家乡父老面前，他实在不好意思发作，于是怏怏而回。第二天他收到了朋友写的绝交信，朋友在信上说冯道为人能力出众，而自己的能力显然配不上这样高贵的身份，而且冯道这个人喜欢侍奉新的君王，他担心自己适应不了这样的变化。很显然，这个朋友是在讽刺冯道的不忠，讽刺冯道是一个墙头草随风倒的卑鄙小人。

如果我们也遇到了冯道这样的朋友，那么就应该尽早离开他们，防止被对方拖下水。而在日常生活中，我们应该保持理性，应该懂得分辨自己的朋友，尽量从中找出这些害群之马。那么，什么样的朋友才是墙头草呢？墙头草一般具有什么样的特征？

想要知道自己的朋友是不是墙头草，那么就需要注意一些生活细节，比如看一看他是不是经常在你面前说别人的坏话，又在别人面前说你坏话；他是不是今天同意你，明天却又开始变卦；每次做出选择和决定的时候，他是不是都会反反复复念叨自己会不会吃亏；他是否经常人云亦云，缺乏主见；他是不是对谁都很好，但是谁对他都很一般；他是不是热衷于奉承，热衷于溜须拍马。

如果你的朋友有以上几种特性，那么你就要小心了，因为对方很有可能就是一个随风倒的人物，因为这样的人总是在望风而动，随时观察风向的变化。他今天可能信誓旦旦地站在你这一边，和你称兄道弟，到了明天就可能为了利益和你翻脸为敌，对于这样的人，我们不能不心生戒备，否则吃亏受害的永远都会是自己。

4

背后捅刀子的人，你最好敬而远之

都说明枪易躲，暗箭难防，对于来自背后的伤害，我们常常会感到束手无策，尤其是当这只背后的黑手来自于朋友的时候，你很有可能会因此而陷入困境之中，因为我们通常都会对好朋友放松警惕，通常都会无条件地信任对方，这样就给了对方可乘之机。

生活中有很多这样的人，当面的时候，和你称兄道弟，两个人无话不谈，可是私底下却总是给你下套子、使绊子，总是冷不防地在背后捅你一刀。对于这些伪善者来说，他们并不会将你当成真正的朋友来对待，更不会对你付出自己的真心，多数时候，他们只是在想着一件事，那就是如何更加快捷高效地整垮你。

为什么我们的朋友有时候也会拿自己开刀呢？原因有可能在于你阻碍了对方的发展，至少你在某些方面影响到了对方的利益，要么就是你本身太过于强大，你的能力太突出了，以至于打破了朋友圈中的平衡，一些心存嫉妒的人肯定会想办法打击你，会想办法在背后陷害你，让你不得翻身。当然，也有可能是对方根本就是你的对手，他虚情假意地接近你，只是为了方便使诈。但无论是哪一种情况，都表明了你已经命犯小人，成为别人的眼中钉。

说起股神巴菲特，很多人都会认为他是一个善于投资的人，可巴菲特并不这样认为，因为在很多投资领域，他都是输家。巴菲特从来都不是全能的人，在其他很多方面，他也需要依赖朋友，需要依靠高人的指点，而正是因为拥有这种软肋，他也常常被那些坏朋友所误导，甚至被他们伤害。

在20世纪50年代的时候，巴菲特一度痴迷邮票，他渴望投资邮票，而这源于他的一位朋友。这个朋友也是生意场上的老手，他和巴菲特一样，也热衷于股票交易，而且很多时候两个人还是竞争对手。不过在场面上，两个人还是朋友，而且巴菲特认为朋友之间有竞争也是好事。正因为这样，巴菲特经常和对方在一起讨论邮票，对方似乎也愿意和巴菲特共享信息，更重要的是在这一领域，巴菲特只是一个什么也不会知道的新手，因此迫切需要寻找一位导师。

有一天，这位好朋友告诉巴菲特说4美分的蓝鹰邮票将要被5美分的红鹰邮票所取代，那个时候，可以大量收集蓝鹰邮票，刻意制造奇货可居的局面，那么很多收藏家就会前来收买这种过期的邮票，从而有效提高邮票的价格。巴菲特觉得很有道理，于是就花费了 10 万美金购买了蓝鹰邮票。可是当红鹰邮票发行之后，巴菲特手中的蓝鹰邮票也没能抛售出去，最后只能降价处理，而这一次的投资让他亏损严重。

事后有人提醒他说自己被人骗了，因为在尚未完全退出市场的邮票上投资，这摆明了就是自找亏损，巴菲特一下子意识到自己可能真的被人从背后捅了刀子。毕竟对方在怂恿自己投资的时候，他自己却怎么也不肯动手投资。一想到这件事，他就非常生气，不过正是因为这件事，让他明白了道理，也看清了一些朋友的真面目。此后他无论是和别人合伙做生意，还是投资都显得很谨慎，也正是因为这样，他才能够成为股市的常胜将军。

在生活中，我们常常会发现自己莫名其妙地遭人陷害，而且对方往往能够非常准确地了解自己的行踪，能够非常准确地把握住自己的缺点，能够非常有效地打击自己的软肋。面对这样的情况，我们需要进行反省和深思，看一看自己是不是遭到身边人的陷害了，想一想自己是不是被朋友给出卖了。

很多人也许根本不会考虑那么多，也不会轻易去怀疑自己身边的朋友，可是害人之心不可有，防人之心不可无，每个人都应当心存戒备，哪怕是最亲近的人，也没有必要完全地坦诚相见，而且你的身边往往会潜伏着一些别有用心的朋友，他们接近你往往只是为了给你制造麻烦和伤害，对此，我们需要保持必要的警惕。

稍微了解历史的人都知道，在宋朝时期，中国的北方有一个强大的民族契丹族，这个民族的人很少，经济也不发达，可是却总是兵强马壮，几乎成为大宋最强大的敌人和对手。那么为什么契丹人总是能够给大宋王朝制造麻烦呢？关于这一点，可以从契丹人喝水的细节看出来，每一个契丹族的人在河边喝水的时候，都不像平常人那样直接弯着腰去取水喝，而是采取单腿跪地的半蹲姿势，右手握兵器，左手取水喝。

也许你会嘲笑这样的姿势，明明可以很好地喝到水，为什么要浪费体力去制造一些新花样出来呢？实际上契丹人也曾经和平常人一样喝水，但是河边通常都会有野兽出没，结果野兽从背后发动攻击，对人的威胁很大。此外，一些外族的奸细会在士兵们喝水的时候趁机从背后发动攻击，从而给士兵造成很大的伤害和威胁。正因为吸取了这样的教训，契丹人开始变得更加警觉，每次喝水都采取半蹲姿势，这样可以尽可能地观察到后面的情形，谨防来自背后的那只黑手。

对于我们来说，也需要保持这种防备之心，毕竟现在的社会很复杂，如果你遇人不淑，认人识人不够深入，那么很有可能会因此而受到伤害。所以即便是一些朋友，我们也不能轻信，也要懂得进行自我保护。背后伤人往往不是君子所为，而在背后向朋友施加毒手，更是小人行径，如果你有这样一个朋友，那么就要小心谨慎了，最好还是离对方远一点，尽量让对方远离自己的生活圈，尽量不让对方抓住自己的弱点。

5

只想收获不想付出的朋友，会让你吃大亏

英国科学家法拉第在发现电磁感应的时候，意识到这将是足以改变世界的一个发明，当然他也面临着研究经费严重短缺的问题，为了让自己的研究能够继续下去，他于是决定和助手去找首相这个老朋友索要一笔赞助费。见到首相后，助手急匆匆地提出了索要经费的事，并兴致勃勃地解释了这项发明，不过首相对于发明一窍不通，也不怎么感兴趣，在他看来这样的发明并没有什么特殊的意义。所以任凭可怜的助手费尽唇舌，首相依然无动于衷。

这时，法拉第开了口："我想我助手说得很明白，科学可以带来发明，发明可以改变人们的生活方式，渐渐地人们就离不开这个发明。到时候，

我想您可以用它收税。”首相听说这项发明有利可图，思考了片刻便同意提供一大笔援助。

这笔赞助费之所以能够成功，关键就在于法拉第提到了征税，也就是说当法拉第的税收能够为国家带来利益时，首相才愿意提供援助。在这里，经济利益的作用似乎比友情还要重要，同时也指出了一个浅显易懂的道理：想要让别人有所付出，那么首先应该让对方有所收获。这往往是人际交往的一个真实写照，也是一个人际交往的基本法则，你想要得到别人的帮助，那么就需要先付出一些东西，这样一来人际交往才能达到一个基本的平衡状态。

有付出就会有收获的道理人人都知道，在中国有“种瓜得瓜，种豆得豆”的八字箴言，西方世界的《圣经》中则说：“你愿意别人怎样待你，首先要怎样去对待别人。”无论什么时候，付出和收获总是相辅相成，相互牵制，相互作用的，有付出就会有收获，而想要有所收获，就必定要懂得去付出。

但在生活中总是有一些人想着空手套白狼，总是想着吃免费的午餐，他们一方面期待着能够收获更多的利益，一方面却总是想着如何做到一毛不拔。这样的人即便在对待朋友的时候也是一样，总是将朋友当成一个可以获利的对象，将朋友当作一个现成的提款机，只要有利可图，就想着从朋友身上搜刮更多的东西，自己却从来不曾想到要去付出什么。可是他们往往得不到别人的信任，最后会被朋友们排挤出去。

“欲先取之，必先予之”，这是为人处世的一个基本原则和方法，哪怕是朋友之间，也是一样。任何人不能因为对方是朋友，而肆无忌惮地要这要那，做人不能轻易透支友情，不能轻易去消费友情的忠诚度，到最后只会整垮这段友情。而一旦遇到喜欢过度消费友情的朋友，我们也要保持理性和冷静，不能因为顾及情面而甘心被对方“剥削”，最好还是和这样的人保持距离，以免自己受到拖累和伤害。

成功学大师拿破仑·希尔曾经有过一个很要好的朋友，两个人从小一块长大，彼此之间都很熟悉，拿破仑·希尔知道自己的朋友尽管是知名的企业家，但平时有些小气，不喜欢把好东西拿出来和别人分享，而一旦别人有什么好东西，他就想尽办法来讨。面对这样的朋友，拿破仑·希尔也是无计可施，常常只能睁一只眼闭一只眼，装作不知道。

有一次，朋友想要让拿破仑·希尔帮忙介绍一个赞助商，因为这样可以帮助他拓展业务，更重要的是他知道拿破仑·希尔是名人，只要他肯出面，自己就可以省下一大笔费用。可是拿破仑·希尔却认为拉赞助商这样的事情最好是应该自己去弄，因为他了解这个朋友的个性，像这样一毛不拔的人如果和别人做生意，那么很有可能会因此而伤害到那位赞助商的利益，他可不想因为这件事而弄坏自己的名声。所以经过思考之后，拿破仑决定不蹚这趟浑水，并建议对方自己去找赞助商，当然他愿意帮忙牵线搭桥，至于具体的合作事宜，最好还是两个人私下去协商。

朋友听了很生气，觉得拿破仑不够朋友，是有意在推脱。而拿破仑也觉得自己很委屈，毕竟自己一直以来都不求回报地在付出，自己能够做到这个份上实属难得。而朋友竟然还要这样得寸进尺，思来想去，他最终和对方“解除”了朋友关系。

来而不往非礼也，即便是最要好的朋友，也要懂得一些人情世故，也要懂得和朋友之间做好平衡，不能够一味去索取，不能够把朋友当成奴隶来使唤。俄国作家契科夫曾经说过一件事，他的一个朋友总是求他帮忙干活，要么就是前来借钱，契科夫每次都满口答应下来，可是轮到契科夫提出帮忙的时候，朋友却什么也不愿意去做，至于借钱更是没谱的事。契科夫觉得很生气，于是生气地和对方绝交，并且称呼对方为吸血鬼和寄生虫。

我们很有可能会惹上像契科夫一样的烦恼，我们也常常为那些只想着收获而不想付出的朋友感到手足无措。这样的朋友往往缺乏自知之明，一旦你求他办事，对方总是推三阻四，寻找各种各样的理由敷衍过去，要么就让你给予一些补偿。而平时求你办事的时候，他则没有任何表示，似乎你所做的一切都是天经地义的。他一旦将你的利用价值榨干之后，就会毫不犹豫地将你赶走。

作为他的朋友，你需要尽量避免和对方有过多的交集，必要的时候，甚至需要尽可能地和对方断绝朋友关系，因为你越是妥协和退让，越是可能会因为这份感情而承受痛苦，那么最终只会让自己吃大亏。

6

不要结交势利眼，小心被人踩在脚底

孔子说："唯女人和小人难养也。"而小人中最难养的就是那些势利小人，这些人并没有像一些大奸大恶的人一样经常干坏事，触犯法律，多数时候他们只是在道德上受到一些谴责，但这些小人往往更难以对付，而且潜在的威胁往往也要更大一些。我们在生活中一定要懂得分辨小人，尤其是不要让他们混入朋友的队伍当中，以免惹上麻烦。

那么，我们该如何来寻找朋友圈中的小人呢？尽管小人善于隐藏，但是在平时的言行举止中还是会表现出以下几大特征：

第一，喜欢狐假虎威，仗势欺人。对于他们来说，阿谀奉承，趋炎附势的目的就是为了结交权贵，然后利用权贵来为自己谋取私利。对下则往往采取歧视态度，缺乏最基本的同理心和同情心，尤其是那些实力弱小的人，他可能会采取压榨的手段。就像某些人常常会攀附领导，成天跟在领导后面装腔作势，对于那些底层的同事则爱理不理。

第二，喜欢造谣生事。势利小人常常会诋毁其他的对手，以此来贬低对手，或者是衬托自己的优秀，以达到升迁的目的。如果你的工作能力很出色，那么有人可能会在领导面前吹耳边风，或者是制造一些子虚乌有的谣言来抹黑你。当你听到某某某在背后说你工作态度有问题、生活作风有问题时，你要明白对方很可能就是一个小人。

第三，见风使舵，见人说人话，见鬼说鬼话。这样的人没有什么立场，一切都是围绕着利益转动，只要看到有利可图，自己就会及时转变风向。今天他对你称兄道弟，事事都顺从你、支持你，而在你对手面前，他一样会将对方说得天花乱坠，将你贬得一无是处。

第四，落井下石。对于势利小人来说，他们永远都会在最正确的时间内做出最正确的选择，一旦发现有人处于劣势，那么他就会毫不犹豫地补上一脚，这样做显然只是为了赢得获胜一方更多的认同。当你得势的时候，他当你是朋友，当你失势的时候，对方则会反过来攻击你。

第五，阳奉阴违，表里不一。为了生存下去，势利小人总是处于见机行事的状态，因为他需要寻找最合适的时机，需要寻找最合适的目标，因此很多时候他处于犹疑状态，表面上满口答应，可私底下始终打着自己的小算盘。

第六，喜欢推脱责任，找替死鬼。势利小人最害怕的就是惹祸上身，为了使自己摆脱嫌疑，他们往往会积极寻找替死鬼，好将矛盾转移到其他人身上。一切顺利的时候，他愿意和你一起，可是一旦出现了错误，就会将责任推到你身上，他自己则无事一身轻。

如果你的朋友不幸有了以上几种特征，那么你就要小心了，因为这个朋友很有可能就是一个势利眼的小人，他愿意和你结交，也许是因为看到你身上的利用价值，看到你正处于强势状态，一旦遇到更大的靠山，或者你失去了往日的地位，那么对方一定会毫不留情地将你放入到交往的黑名单中去。此外，对方还有可能因为某些利益问题而反过来伤害你这个朋友，甚至联合其他对手来一起对付你，这些都是需要我们谨慎防备的。

古人在对待这类小人的时候，常常采取“惹不起，躲得起”的态度，他们一方面是为了明哲保身，不希望自己的名声因为这些小人而受到影响。另一方面，这些人并不信任这些小人，担心对方别有所图而影响自己的发展。所以在多数时候，他们都不愿意亲近小人，即便是有求于人，他们也尽量和小人保持距离，防止惹上一身骚。

张居正从小就表现出了过人的智慧和才学，以至于当他 13 岁考举人时，受到了乡试主考官湖广巡抚顾璘赏识，顾璘了解张居正的才学后惊为天人，认为这个人将来必定会成为朝廷的栋梁之材，并解开犀带相赠于他。平时也对他照顾有加，二人也因此成了忘年交。不过顾璘自认为看过很多杰出的人才，他们都是早年得志，可是却往往因为骄傲自满而浪费了天赋，最终沦为了庸人。他担心张居正因为人生过于顺利而得意忘形，这样可能会导致人生无所作为。因此顾璘便有意磨砺他，并且强制他落榜，直到 16 岁的时候，张居正才中举。

当时也有一个主考官非常欣赏张居正，可是看到张居正落榜之后，他便渐渐冷落了张居正，转而物色其他的目标。就连张居正登门拜访，对方也故意躲开，张居正一下子就心中有数了，所以此后再也没有去找过对方。

22 岁的时候张居正中了进士，并很快成为庶吉士，这是翰林院的储备干部，将来的前途也一定不可限量。经过一段时间的教习，张居正转正为翰林院编修，从此平步青云，直至官拜宰相。这个时候当初那位看走眼的官员找到了张居正，并且诉说当年的情义，张居正并不说话，只是笑笑，接着以对对方印象不深为由赶走了他。实际上这只是张居正的托词，要知道他对于当年的事、当年的人都了如指掌，而且他曾多次联系顾璘和顾璘的家人，因此不可能会忘记这个前来拜访的官员。

有人可能会认为，张居正不喜欢那些官场中的人情世故，但张居正在为人处世方面一直都很老道，像当权派严嵩以及徐阶等人都是张居正的朋友，要知道严嵩和徐阶原本就是势不两立的对手。但是张居正能够巧妙地周旋在这两个人之间，而且始终保持良好的关系，这在当时是非常困难的，这也足以证明张居正的交际能力。

可是为什么张居正偏偏要对当初的考官如此无情呢？原因只有一个，那就是因为他发现对方是一个势利小人，而这样一个人留在自己身边很可能是个祸害。他担心这样的朋友很有可能在遇到更强的靠山时冷不防地出卖自己，为了防止自己成为对方向上攀登的踏脚石，他只能敬而远之。

在日常生活中，我们一定要防备朋友圈中的那些势利小人，不能因为对方奉承你、巴结你，就误以为他是一个好人，其实有时候越是接近你的人越是可能心怀鬼胎。而当你发现对方有什么小人行径的时候，最好的办法就是敬而远之，减少和对方的接触，以免引狼入室，惹祸上身。在关乎核心问题和一些重要事情上时，千万不要让对方染指，以免被他们抓住把柄。而且千万不能让他加入自己的团队，这样的人很有可能因为私利而出卖整个团队或者破坏团队。

总之，对待君子，你需要诚心去交往；对待小人，则要保持高度的警惕，而且最好是及时撕开他们伪装的面具，及时让他们远离自己的生活和工作，这样才能真正做到洁身自好，才能做到保护自己不受伤害。

第四章
DI SI ZHANG

近墨者黑，远离那些不能给你带来任何价值的朋友

俗话说："近朱者赤，近墨者黑。"环境对人的影响往往很大，一个人在什么样的环境中成长，那么往往就会成为什么样的人，一个人的朋友怎么样，那么他们往往就会变成什么样。我们不能够因此而对自己的朋友心怀偏见，但是从个人发展的角度来说，多结交一些有助于自己成长的朋友无疑很重要，而那些不能够带来价值和帮助，甚至可能带来麻烦的人，我们在与之相处的时候，最好要保持适当的距离，不能够过于亲近和信任。

↙1

抱怨生活的朋友，你会跟着他一起遭罪

俄国大诗人普希金曾经写过一首著名的诗歌《假如生活欺骗了你》，“假如生活欺骗了你，不要忧郁，不要愤慨；不顺心时暂且忍耐。相信吧，快乐的日子将会到来”。但是真正拥有如此豁达之心的人到底又有多少呢？很多人平时很喜欢抱怨，一旦遇到不如意的事情，就必定要抱怨一番，要寻找各种借口来抒发内心的郁闷。可是抱怨往往什么也改变不了，除了让你更加生气和失望之外，可能还会拖累你身边的人。

心理学家经过多年的研究认证，发现情绪是会传染的，而抱怨作为消极情绪的一种，常常也会发生一些恶性传染，也就是说当你的朋友或者亲人常常陷入苦闷的状态或者常常喋喋不休地进行抱怨时，你的情绪往往也会变得很恶劣，你也会成为喋喋不休的话唠。一方面是因为你可能会对身边的人产生同理心，从而慢慢产生感同身受的感觉。另一方面则是因为你长期接触这种负面的情绪，难免也会受到干扰，渐渐对周围的环境产生怀疑。

正因为如此，心理学家发现当一个人长期和那些垂头丧气、喜欢抱怨的人待在一起的时候，他也会抱怨社会的不公，抱怨生活的痛苦。他们曾经对6000位囚犯进行调查研究，发现这些囚犯中往往会出现一个分化现象，那就是在某个监狱中，只要有人喜欢抱怨，那么整个囚室中的人都冲动易怒，喜欢和别人发生冲突，同时对社会怀有很深的仇恨和不满。而那些生性乐观的人在同一个囚室的时候，他们对于监狱生活往往看得比较开，并不会常常没来由地生气和愤怒，更不会在里面搞破坏。

通过比较，心理学家进一步巩固了自己的理论，他们觉得抱怨并不是一个很好的习惯，所以我们要懂得远离这些负面情绪，要懂得和那些“污

染源”保持距离。如果你有朋友喜欢抱怨，常常对社会、对生活表达不满，那么就需要懂得和他们保持适当的距离，就要适时远离那些哭诉和唠叨，一旦你听得多了，难免会成为下一个怨妇或怨夫。

2009年，小张进入了一家事业单位上班，瞬间成为同学们眼中的幸运儿，刚开始上班的时候，他也觉得很开心，而且很快就和同事们打成了一片，相互之间成为很要好的朋友。他开始雄心勃勃地准备大干一场，迫不及待地想要做出一番成绩。可是工作一段时间之后，他发现同事们在工作的时候都提不起精神，而在平时的聚会时，同事们也常常流露出对工作的不满，常常满腹牢骚。

一开始，小张总是认认真真地听着，就当是大家在排遣不良情绪而已，毕竟工作了一整天之后，在巨大的压力之下，难免会产生一些坏心情，所以他认为只要过一段时间，就会没事的，他还主动去安慰他们。可是时间一久，由于自己也常常遭遇到朋友和同事他们那样的情况，他开始加入到抱怨的行列当中去，有事没事就发泄一下不良情绪，也常常在朋友面前说一说自己工作中的烦心事。

有一天，小张的爸爸发现儿子最近总是唠唠叨叨，就非常关切地问儿子是不是在公司里过得很不愉快，是不是经常受人欺负，要是那样的话，还不如直接辞职，然后再去找一份工作。小张认真考虑了父亲的话，同时回想一下自己的工作情况，发现其实也并没有自己想象得那么糟糕，很多时候只不过是自己跟着别人的情绪随口唠叨几句而已。

父亲有意无意的一句话，让小张感到有些惭愧，自己只是受到了朋友和同事的影响而已，小张意识到自己根本就没有什么大问题，一切都是被人误导了。所以他很快就意识到自己应该尽早远离那些朋友，以免自己受到的影响更大。

IBM公司的老总曾经说过：“如果你喜欢喋喋不休地抱怨，那么就请你离开这儿。”在很多公司中，都有一些硬性的规定，不允许员工有太多的负面情绪，不允许员工将负面情绪带到工作中来。对于那些管理者来说，他们最担心的就是有人在办公室里传播负面的东西，因为这种负面效应会不断传染和扩大，所以最好的办法就是及时制止。

在朋友圈中也是一样，我们千万不能去结交那些没事就喜欢抱怨的朋友，平时要尽量远离他们，否则我们对于生活的乐观态度和积极性也会受到影响。如果你喜欢和那些唱衰生活的朋友在一起，有一天你也会唱衰生活，你的生活质量自然也会不断下降。

2

跟着悲观颓废的人，好运也会远离你

著名作家史铁生是一位残疾人，由于常年遭受病痛的折磨，他承受着巨大的压力和痛苦，但是经历苦痛的他最后反而能够积极乐观地对待人生，同时将这种乐观敢于同命运作斗争的想法写进了书中，对他而言，病痛和吃饭睡觉一样，都是生活常态。他曾在《病隙碎笔》中这样说道："我就是活出了一些'问题'，这些生命的疑问，或者关口，其实无论古今，人人都要过的。"

正因为如此坦然、如此豁达，他的心境也影响到了周围的朋友，很多朋友在和史铁生接触之后，都发觉自己对于生活更有信心和乐趣了。比如作家蒋子丹曾经这样评价这位好友："宁静是一种规格很高的品质。真正获得了宁静的人非但不是麻木的生硬的，反而是极其敏感极其温厚也是极其丰富极其坚韧的。他可能为草的凋零或者树叶的飘落而伤感，也可能替一位素不相识的弱智小女孩而担忧，他思考过怎样生也思考过怎样死，说到生的时候，他有那么多山重水复的烦恼和柳暗花明的喜悦，讲到死的时候他事无巨细，从心态、方式到装裹和墓地，全都娓娓道来更谈笑风生……我们从史铁生的文字里看得到一个人内心无一日止息的起伏，同时也在这个人内心的起伏中解读了宁静。"在她看来，史铁生的文字以及对生命的领悟影响了很多人。

比如有个女孩曾经因为车祸而失去了双腿，那个时候女孩一度想要轻生，可是当她看过史铁生的作品后，慢慢受到了乐观情绪的影响，人也变得乐观开朗起来。她想办法见到了史铁生，两个人也由此成为好朋友。后来这个女孩也喜欢上了写作，并成为残疾人学校的一位教师。

拥有这样一位乐观向上的朋友，也许对于你来说是幸运的，我们常常说朋友之间能够互相帮助，这种帮助不仅仅是外在形式上的帮忙，也不仅仅是物质层面上的支持，更多的是一种精神力量，一种能够改变生活观以及价值观的精神力量。因为这种力量上的支持，我们足以改变生活，足以承受更大的压力。

不过并不是每个人都如此幸运，只要细心观察，就能够发现生活中有很多朋友都是悲观派，平时在聊天聚会的时候，你就能够听见他们在一旁长吁短叹，就能够看见他们总是垂头丧气，成天提不起精神，就连工作也常常是无精打采。也许一开始你不以为意，觉得这只是对方在表达自己的困惑而已，可是当你和他接触的时间越来越长之后，就会发现自己也会渐渐被同化，自己也会莫名其妙地变得多愁善感，变得悲观颓废，也免不了时时要向朋友唠叨和诉苦。猛然间，你会意识到自己的生活也被他们摧毁了。

而当你变得悲观颓废时，就会发现好运正在慢慢离你而去，你的生活总是变得阴郁和压抑。你的工作会变得越来越不顺利，各种烦心事都会找上门来：你和父母兄弟之间会经常发生争吵，你的感情生活可能也会出现危机，你会发现自己的爱人不是这里不好，就是那里做得不够到位，两个人在一起的时候没有什么话好说，要么就是经常吵架和冷战，你觉得自己正在对这份感情失去控制力和兴趣，你对于生活的兴趣会越来越低。此外，你和同事的关系变得越来越糟糕，和老板之间的关系也变得更加紧张，你的工作效率也受到了很大的影响。在人际交往方面，你也会慢慢觉得自己有心无力，觉得自己正在丧失更多的朋友。

可以说，从你过多地接触那些悲观的朋友开始，你的生活就已经失去了活力，你的幸福感也随之降低了。哲学家康德说："与快乐的人在一起，你的心永远是快乐的；和悲伤的人在一起，你的心情也会变得沉重悲痛。”他认为一个人不应该落入别人的情感漩涡之中，不应该将别人的负面情绪嫁接到自己身上，这样做只不过是徒增烦恼而已。

荷兰画家凡·高是一位不世出的天才画家，他的作品风格影响了很多人，世界上很多国家都掀起过“凡·高热”，他的作品价值也一再被人提高，凡·高的个人生活以及个人精神世界的各种波折也同样为人所关注，可以说他一生的经历本身就和作品一样惹人注意。而且凡·高的作品通常也和自己的情感、心理息息相关，比如他最著名的那几幅作品基本上都是在深陷精神疾病困扰的时候创作的，那段时间是他最压抑、最颓废、最悲观、最痛苦的时刻。

当然，幸运的是，凡·高还有一个弟弟西奥，他一直以来都在默默地支持和救济自己的兄长，两个人的关系看上去更像是一对知心朋友，所以在很多场合，他们更愿意以朋友的关系来相处，这一点从彼此双方的通信中就可以看出来。可以说，西奥是幸运的，正是因为有了凡·高这样的兄长和朋友，才会被世人所知，但与此同时，他也是不幸的，因为正是由于和凡·高有了过多的牵扯，这个原本乐观快乐的小伙子，最终和凡·高一样开始变得悲观颓废，那时候的西奥常常郁郁寡欢，尤其是看到凡·高如此痛苦，他的内心也开始变得沉重。

1890年，凡·高在精神病院里绝望地扣动了手枪的扳机，结束了自己悲凉而辉煌的一生，而凡·高的死对于西奥的打击非常大，这个忠厚老实的弟弟一下子就失去了最亲近的兄长，失去了最要好的朋友。重要的是，他也许从凡·高的死亡中看出了生命的某种预示，所以在几个月之后，西奥也因为过度悲伤和精神失常而悲惨地死去。事实上，谁都明白，如果不是因为凡·高的缘故，那么他一生的至亲和挚友就不会因此而陷入到惶惑悲观之中，就不会对生活失去信心，就不会因为痛苦太大而变得精神失常。

被悲观情绪笼罩的人往往也会变得悲观，如果我们懂得如何去保护自己的情绪不受伤害的话，那就应该主动远离那些悲观颓废的朋友，以免时间一久就要被他们影响，最终让自己陷入痛苦之中，不能自拔。其实，两个人相处，更应该相互支持、相互鼓励，不要让你的朋友在你身边传递那些负能量，不要被你朋友的负面情绪所影响。生活始终是向前发展的，做人也要积极乐观一些，如果你的朋友总是处于悲观失落的状态，那么你最好还是远离他，这样才可以更有效地保证自己体验幸福、享受幸福的权利。

3 朋友如果没有同情心，你别指望他会为你伸出援手

在交朋友的时候，我们的父母长辈常常会说交友一定要交好人，要结交那些富有同情心的人，因为富有同情心的人往往会帮助弱者，懂得体谅那些遭遇困难和折磨的人，对于朋友更是如此，当你落难的时候他们一定会想办法帮助你重新振作起来。

在日常生活中，我们常常会看见一些朋友不愿意给灾区捐款，不愿意施舍一点东西给穷人，他们甚至非常冷漠地看待身边那些伸出来求救的双手。也许你会不以为意，只是认为朋友有些小气而已。但对方的这种漠视性格应该引起你的重视和注意，因为这样的人也许并不适合交朋友。

对于任何一人来说，同情心都应该是交友所要考虑的一个因素，因为它代表了一个人对于周围的环境，对于周围的人是否真正在乎，是否愿意帮助弱者并维护弱势群体的利益。当然，很多人会想当然地认为朋友即便是对别人缺乏同情心，但是当自己遇到困难的时候，对方也有义务站出来为自己解决难题。“伸手帮朋友”，这听起来很有道理，可是你能够保证一个对别人漠不关心的人，会愿意一而再再而三地帮助你吗？你能保证一个缺乏同情心的人，会坚定不移地恪守那个“义务”吗？

一个人如果缺乏同情心，更多时候是修养上的缺失，这种缺失并不是

单纯的友情就可以弥补回来的。即便对方真的愿意帮助你，也不过是恪守那种所谓的朋友义务，但是朋友之间是不是真的有义务帮助你呢？谁规定了朋友就必须为你付出呢？即便对方愿意顾及情面，久而久之他也会认为这种义务不过是一种负担，从而开始冷落你。所以对于一个毫无同情心的人来说，你不要指望依靠朋友关系来让他帮助你，毕竟友情并不能帮助他提高人文情怀和道德修养，在他看来，弱者也许都是不值得同情的，而你很快也会成为其中之一。

1935 年，纽约某个法院处理了一件非常普通的案子，一位偷面包的老妇人被超市人员当场抓住，然后法院也对老人进行了审判，当时法官对老妇人做出罚款 10 美元的惩罚。但事实上，这个老妇人之所以偷东西，完全只是为了养活挨饿的小孙子，可是当判决书下来的时候，没有任何人为老妇人求情。

在一旁旁听的纽约市市长拉瓜迪亚非常失望地摇了摇头，其实在座的很多人都是他的朋友，可是这些有钱有权的人却没有帮助一个受困的老人说一句公道话。这个时候他静静地脱下了自己的帽子，率先往里面放入 10 美元，然后对着朋友和旁听的人说："现在请每个人交 50 美分的罚金，为我们的冷漠付费，以处罚我们生活在一个要祖母去偷面包来喂养孙子的城市。"

事后有朋友对拉瓜迪亚说："为一个罪犯补交罚款，你认为这妥当吗？你觉得那些纳税人，那些理应受到法律保护的人会怎么想？"其实，朋友也是好心相劝，毕竟在法律面前人人平等。可是拉瓜迪亚非常生气，然后对朋友说："因为法律是冰冷的，而我们的心应该是热的。"事后拉瓜迪亚再也没有和这个朋友交往，他后来在回忆录中这样写道："一个人如果缺乏同情心，那么他的内心一定是很麻木的，这种麻木也许会让你的朋友感到心寒。"

对于那些没有同情心的朋友而言，他不会因为你们是朋友而主动伸手援助，至少这种帮助并不会坚持太久，或者说不是出于真心的，如果你渴望对方能够在友情的束缚下帮助你的话，那么这个如意算盘也许要打空了。不仅如此，当你经常和这样的人在一起，朋友为人处世的方法以及一些思想观念往往会对你的行为造成影响，你会觉得弱者是不值得去同情的，你会认为让自己变强才是硬道理，自己多和那些伟大的成功人士多接触才是真理。那样的话，你可能会因此而变得更加冷漠，毕竟长时间生活在这样一个欠缺爱的环境当中时，你会慢慢对周围的人和环境表现得漠不关心。

斯陀夫人是美国文坛乃至美国历史上一个不可忽视的名字，她所写的《汤姆叔叔的小屋》这本小说，让她蜚声文坛，同时也拉开了反对奴隶制运动的序幕，这也直接导致了南北战争的发生。林肯总统后来在接见斯托夫人时，曾经戏谑地称她是“写了一本书，酿成了一场大战的小妇人”。

斯陀夫人本身是一个非常坚定的废奴主义者，在她看来无论是黑人还是白人都是美国的公民，都不应该受到歧视，而且她向来对黑人同胞怀有很大的同情心，而这一切都在于她的父亲——里曼·比彻，他曾经是著名的公理会牧师和废奴主义者，对于黑人奴隶的遭遇非常同情，而这份同情心耳濡目染也影响到了斯陀夫人的价值观。

尽管有很多像里曼·比彻和斯陀夫人一样的白人非常同情黑奴，可是仍然有大量的白人并不承认黑人的存在价值，而且或多或少都会有一些种族歧视的状况出现。斯陀夫人经常和一些白人朋友一起探讨时势，探讨黑奴，在她的朋友圈中，尽管并非人人都像南方的奴隶主一样，可是仍然有些人难以平等地接受和看待黑人，他们在言语中总是对黑人带有一些歧视。

有一次，她和朋友聊起了黑人，当时有一些朋友认为黑人并不可怜，结果恰好被父亲里曼·比彻听见了，他非常生气，而且对女儿说：“如果今天你结交的都是一些冷酷无情的人，那么你也很快就会成为和他们一样的人。”斯陀夫人听完父亲的话之后觉得非常后悔，所以从那以后，她再也不和那些有种族歧视且缺乏同情心的朋友在一起了。

科学研究表明，那些缺乏同情心的人往往会出现很多社交问题，比如说冷漠孤僻；对人不够友善；一切都以自己的主观意识为主；从自己的立场和角度出发看待问题，不会为别人着想。这样的人在很多时候都容易伤害朋友，因为他从来不会尝试着走进别人的心里想问题，也无法体谅别人的痛苦和难处，因此发生矛盾冲突的可能性很大。对于任何一个人来说，摊上这样一个朋友，往往会被对方的冷漠所伤，因此最好的方法还是敬而远之。

4

小心造谣的朋友，有一天你也会成为受害者

一说起造谣，大家往往会表现得义愤填膺、深恶痛绝，尤其是那些造谣伤害自己的人，我们更是当成仇敌来看待，不过，在现实生活中，很多人对谣言是抱着看客的心态来对待的，他们在无聊的工作生活之余，总想闹一些动静，总想着收集一些茶余饭后的谈资，所以很多时候只要受害者不是自己，他们乐于参与其中，甚至充当麻木的听众和传播者。

中国有一句古话："各人自扫门前雪，休管他人瓦上霜。"很多时候，大家都是自己顾自己的，只要事情没有发生在自己身上就会表现出冷漠和无所谓的态度，可正是因为大家对造谣者一贯的放纵，以至于最后引火烧身，自己也成为谣言的受害者，而这个时候往往会后悔莫及。有些文学作品也提到这种现象，比如很多人喜欢起哄，常常会传播谣言，可是等到最后发现自己也会成为谣言的攻击者和受害者。可见谣言的危害并不是指向某一个人的，它一旦失控，很有可能会对其他人造成危害，正因为如此，我们需要打击那些造谣者，不要让谣言有顺利滋生的土壤。

我们的朋友也许也是一个造谣者，如果你认为他只会伤害别人，只会对别人不利的话，那就大错特错了。有家调查机构曾经对造谣和谣言进行调查研究，发现那些善于造谣的人往往先从自己熟悉的人下手，因为身边的人往往更有造谣的便利，因为朋友之间原本就比较亲近，掌握的资料比

较多，这样一说起来往往就有板有眼，往往更能让别人信任。

给朋友造谣，这样的事情屡见不鲜，一开始很多人也许是出于好奇或者是开玩笑的心理，觉得整一下朋友也不错，实际上这种无节制的玩笑最后可能会造成不可挽回的伤害。另外，一些造谣者通常都有一些嫉妒心理，他们见不得朋友比自己要好，见不得朋友遇到什么顺心如意的事情，所以常常千方百计做一些小动作，目的只是为了将朋友的名声搞臭一些。比如你的工作能力比其他人高一些，那么为了防止你在升职加薪时更具优势，有些朋友很可能会暗中散播谣言，让你身败名裂，这样的做法往往会毁掉你的生活和工作。

林恩和张玉杰是非常要好的朋友，两个人一同进入一家跨国公司上班，一开始两个人的工作都很不顺利，常常会遇到一些难题和不适应的症状，那时候两人相互扶持、相互鼓励，共同渡过了各种各样的难关。一年之后，两个人都慢慢适应了这份工作，而且工作成绩也非常出色，尤其是林恩，他不仅非常勤奋努力，而且执行力一流，因此非常受上司的器重，上司甚至有意提拔他进入总部去工作，这样就意味着他有更多发展和升职的机会。

张玉杰其实工作能力也并不差，不过和林恩相比还是有一些差距的，一开始他并未意识到这一点，可是随着好朋友不断受到重视，再加上公司里风言风语，认为林恩将很快成为部门的主管，会被调派到总部去当董事长的助手，这些消息虽然未经证实，但是显然引起了张玉杰的嫉妒心。这两个人堪称患难兄弟，可是如今林恩的职场道路非常顺畅，而自己仍然处于打拼和挣扎的状态。

思来想去之后，张玉杰渐渐心生嫉妒和不满，当然碍于朋友的面子，他只能当面调侃和祝贺林恩的“荣升”，可内心却一直都在嫉妒对方，他并不希望林恩爬得比自己更高。所以他很快就想出了一个办法，那就是在公司造谣，稍微陷害一下朋友，这样就可以对对方的发展造成一点打击。

几天之后，公司里出现了一个传闻，说林恩这个人平时的私生活非常糜烂，和很多异性都有不清不楚的私人关系。此外，林恩过去经常跳槽，而且还盗取所在公司的机密。这样的谣言实际上并没有多少技术含量，可是正因为林恩是当红人物，所以消息还是很快传播开来，最终林恩被上级领导约谈，尽管误会很快被消除了，可是林恩却因此被上级怀疑，从此被打入冷宫。

林恩非常失落，他决心找出那个传播谣言的人，经过几天的明察暗访，所有的证据都指向了自己的好朋友张玉杰，林恩感到非常惊讶，他不清楚对方为什么要陷害自己，伤心之余，他辞去了工作，并且更换了手机号码，再也不和张玉杰联系了。

谣言的危害很大，往往能够影响到一个人的生活、感情以及工作，从而使受害者陷入到困境之中。而且谣言往往会对他人的评判和认识造成误导，从而加深他们对于受害者的误解。如果你有这样的朋友，无论他的攻击目标是谁，你都要及时制止，因为造谣生事造成的伤害要比直接恶语相向来得更为猛烈一些，造成的伤害往往也更大一些。这种做法往往很不道德，会造成严重的社会危害，而且这种危害也可能会蔓延到你身上。

造谣的人往往比较自私，他们的功利性非常强，或者说纯粹将造谣当成一种私人游戏来体验，这样对任何人都是一种伤害。所以无论在什么时候，你都要懂得向造谣者说“不”，要懂得远离那些造谣的人，甚至想办法给予那些造谣者一些警告和惩罚。我们绝对不能因为是自己的朋友而放松警惕，绝对不能因为是自己的朋友而心存侥幸，甚至是采取纵容的姿态，过度的纵容也许会将谣言引到自己身上，那时候你将会成为那个受害者。

5
你会被口是心非的朋友耍得团团转

1812 年，德国文艺界的巨人贝多芬和歌德在风景如画的波西米浴场相遇，贝多芬很早以前就非常崇拜歌德，他曾经赞美说：“歌德的诗使我幸福。”因此，当他看到歌德之后，内心非常激动，他希望自己能够从这位伟大诗人的智慧中进一步探讨他的灵魂，从而获得更多的力量和灵感，而且他对歌德的反叛精神非常佩服，并认为这是歌德先生留给世人的一笔宝贵财富。而歌德显然也知道贝多芬的大名，他也非常乐于和贝多芬探讨艺术，乐于和贝多芬交朋友。

这本该是一次非常美好的相遇，却由于一件小事而毁掉了。贝多芬和歌德很快就在一起热烈交谈开来，两个人就像是认识多年的老友一样，可就在这个时候，皇后、太子以及侍臣从这里经过。贝多芬历来非常厌恶皇室和贵族的人，总是表现出一种敌对的态度。因此当太子以及皇后非常热切地向他打招呼时，他故意仰着头，装作没有看见的样子。

可是歌德却不同，他历来和皇室成员有很深的交集，而且他身上也具备那种贵族气质，所以当对方向自己打招呼时，歌德感到受宠若惊，立即抖了抖身上的灰尘，整理了一下自己的衣领，然后脱下帽子拿在手中，并立刻迎了上去，接着向皇后和太子鞠躬行礼。而这一切都被贝多芬看在眼里，看到歌德在这些人面前卑躬屈膝，诗人昔日那种伟大形象在贝多芬心中顿时土崩瓦解。

当皇室成员浩浩荡荡地离开时，贝多芬几乎是带着轻蔑的口吻以及吵架的口气对歌德说："你不是我理想中《葛兹》《浮士德》的作者，你是一个可笑的庸人。"歌德非常惊讶地听完这些话，连耳根都通红了，贝多芬却愤然离去，此后，两个人再也没有见过面。

有时候，朋友明明亲口答应了自己的请求，可是到最后却什么也没为你做；朋友当面总是把话说得很好听，让人觉得很舒服，可是私底下却在别人面前告你的状。也许你还在疑惑是自己做错了什么，还是在什么方面得罪了朋友，事实并非如此，真正的原因在于你的朋友很可能是一个口是心非的人，在于他的说法和做法往往背道而驰，简单来说对方只是尽量多做一些嘴上功夫而已，而内心则未必会那样去想，更不会那样去做。

其实，如果朋友心里所想的和对你嘴上所承诺的东西不一样，那么就证明这个人的态度有问题，至少对方是一个虚伪的人，是一个对朋友也无法坦诚相对的人。这些人嘴上说的是一套，现实的行动中却又是做着另外一套，心里明明是这么想的，可是嘴上却要那样去说，完全就是心口不一的表现。试问这样的人又如何值得信任呢？试问这样的人又如何能够真心相待呢？这也就不难理解，为什么贝多芬会断然与歌德绝交。如果我们遭遇到类似的事情，也应该拿出自己的决断，也应该及时和朋友划清界限。

这种口是心非的朋友自然是不能够频繁交往的，因为我们很有可能会沦陷在对方的表面文章里，可能会因此而成为别人利用的棋子。与朋友相交，最重要的就是真诚，不相互欺骗，更不能抱着敷衍的态度来对待朋友，这才是忠于友情，忠于朋友的一种交际方式。而真诚最重要的表现就是心口如一，如果心里想的和嘴上说的不一样，如果说一套做一套，那么你最终一定会受到伤害。

所以对于口是心非的朋友，我们要懂得和他们保持距离，不能太过亲密，更不能轻易信任他们。当然首先你得分辨谁才是那个口是心非的人，你需要找出这个潜在的隐患，需要积极进行防备，以免被对方耍得团团转。

一般你来说，口是心非的人都会表现出这样几种行为特征。

1. 喜欢积极许诺，可是从未兑现过诺言。对这样的朋友来说，许诺是再正常不过的事情了，无论怎样，在朋友面前表现出愿意赴汤蹈火的架势，这样总会赢得更多的信任和好感。

2. 面对不同的人，就说不同的话，完全没有主张和原则。这种朋友从来没有将你真正放在心上，更多时候只是为了敷衍你，所以无论对谁，他都会有一套非常得体的说辞，因为对他而言，面面俱到是有必要的。

3. 不会轻易拒绝你，但总是找借口往后推。口是心非的人通常都不会拒绝于人，表面上会千方百计迎合你的想法，会满足你的要求，可是私底下却总是保持必要的弹性，一旦你上门催促，他就会找各种各样的理由搪塞过去。

正因为如此，很多人认为口是心非的人永远都在给你画饼充饥，你得到的全都是美好的承诺，但最终也仅仅限于承诺而已，今天他表面上答应帮助你，可是完全没有将这件事放在心上，所以到了明天、后天、大后天，他依然什么也不会去做。可以说，如果你想要兑现那些空头支票，往往很困难，而这样的空头支票应当引起我们足够的警惕和戒备。否则我们真的有可能被朋友的善言善语所蒙蔽，最后却处处吃大亏。

在朋友圈中，有时候我们往往碍于情面不好意思发作，这就容易造成持续性的伤害，你会继续上当受骗。所以，为了尽可能降低损失，我们必须要保持高度的警惕性，尽量在第一时间就发现那些口是心非，喜欢作表面文章的朋友。

6

结识那些喜欢享乐的朋友，只会增加你的忧愁

今朝有酒今朝醉，明日愁来明日忧。这句话曾经是享乐主义者的座右铭，很多喜欢享乐的人常常是只顾眼前的快乐，而不顾将来的忧愁和苦恼，面对这样的人，很多时候我们都是一笑置之。可是如果你的亲人和朋友也有这样的想法的话，那么事情就麻烦了，你可能会因此而受到牵连。

首先，经常和这些享乐主义、拜金主义的人在一起，你的生活观和价值观会受到影响，你也会受到朋友那些不正确的物质思维的腐蚀，最后也变成一个贪图享乐的人。

林则徐一生清廉节俭，他在为官的时候始终心系百姓，根本就没有想过为自己谋私利，平时的吃穿也很普通，甚至还不如一般的老百姓。对此，他并不在意，反倒是以勤俭节约为傲，因此他也成为清代少有的好官。不过这位节俭的好官在年轻的时候却差点儿误入歧途，那个时候他结交了一些官宦的子弟，那些人都是蜜罐里出生的，平时就知道享乐，就知道成群结伴地找乐子。一开始林则徐也和他们一起外出，可是经过一段时间之后，他渐渐发现自己开始大把大把花银子，可是那时候他家道沦落，家中的经济状况一日不如一日，自己的挥霍毫无疑问增加了家里的负担，他很快意识到自己的生活方式出了问题，并且果断决定远离那些享乐主义

的朋友。

很多年轻人往往会贪图享受，会对有钱人产生崇拜心理，很多时候就是因为他们所在的群体都是这样一类人，他们的朋友都是有钱人，要么就成天想着成为有钱人，他们不愿意工作，只想着一劳永逸，要么就是成天耽于享乐，根本就没有其他的想法。和这样的人交朋友，你只会变得更加拜金，只会更加贪图享乐。

其次，喜欢享乐的人往往会坐吃山空，等到挥霍一空之后，自然而然就会伸手向身边的人求助。过去有一种说法："家产不怕多，只要有一个败家子，那么这个家庭也会很快被摧毁。"其实朋友圈中往往也是这样，只要有朋友贪图享受，那么作为义气朋友的你，又如何能够袖手旁观，最后只能让你左右为难，或者直接被对方所拖累。

雨果是法国著名的小说家，他为人非常豪爽，也善于结交各种各样的朋友，就因为这一点，他的长辈不止一次批评过他，尤其是当军官的父亲，更是经常斥责他的行为。不过看重朋友情谊的他根本不在乎。而当他成名之后，身边的朋友更是越来越多，当时有很多朋友都是富家子弟，他们想要和这位小说家结交，目的是提高自己的名气。当然，这些纨绔子弟都有一个毛病，那就是好吃懒做，基本上不上班也不工作，每天就是到处吃喝玩乐。

雨果虽然并不和他们一样，但是也经常受到一些影响，比如说借钱，那些纨绔子弟虽然家庭条件很好，可是也经不起常年的享乐和奢侈的浪费，因此也常常会感到囊中羞涩，而雨果经济条件也算不错，所以每一次他都会慷慨解囊，满足那些朋友的要求。渐渐地雨果开始发现有时候自己的钱也不够花了，可是他又不好意思拒绝，所以每次只能象征性地给一点，可正因为这样，朋友觉得雨果变得小气了。

几次之后，很多朋友开始在外宣传雨果为人太小气，认为他根本不顾及兄弟情义。正因为如此，他很快成为朋友圈中的"公敌"，大家都开始冷落他，不愿意和他这样的人交往。雨果知道后伤心不已，同时又后悔当时为什么要认识这样的朋友，思来想去之后，他最终决定离开这些朋友。

再次，那些享乐者接近你的目的往往就是为了利用你，为了在你身边捞到更多的好处。可以说很多愿意享乐的朋友由于没有稳定的工作和收入，没有办法满足自己的开支，那么最终就会想办法投靠身边的人，心安理得地当一条寄生虫，等到将你榨干之后立刻离开。

有人曾对美国的NBA联盟做过调查，结果发现那些年收入过千万美元的球星往往会陷入破产的窘境，可以说高达70%的球星都会遭遇这样的困境。这样的事情听上去有些不可思议，可是如果你看到他们平时都习惯了过纸醉金迷的生活，那么就不难理解为什么他们最后会一无所有。这些球星都有一个共同点，那就是平时太讲义气，而身边享乐的朋友又太多，这些人像寄生虫一样吸附在他们的身上，最终将他们活生生地拖垮。而等到他们破产之后，那些所谓的朋友往往会嫌弃他们。

最著名的莫过于艾弗森，这个被认为是最伟大的小个子球员，在职业生涯中收获了很多的财富，有人曾做过统计，艾弗森在NBA中至少挣到了1.5亿美元，可是由于交友不慎，他被那些喜欢享乐和拜金的朋友带坏了，最终也变得挥霍无度。据说在艾弗森人生的巅峰期，他的身边跟着大约200个穷亲戚和穷朋友，这些人成天跟着他吃吃喝喝，甚至肆意借钱。几年之后，艾弗森迅速走向破产，甚至连子女的生活费也拿不出来。而这个时候，那些亲戚朋友全都一哄而散，只留下他一个人黯然伤神。

而在这个联盟中，像艾弗森这样的球员比比皆是，他们往往少年得志，缺乏理财能力，加上自己往往和一些不求上进，只知享乐的朋友在一起，最终走向破产。为此联盟曾经对球员进行过教育，希望这些年轻球员懂得节制和理财，不要被花花世界所迷惑，更不要被身边的朋友带坏。

享乐主义一直以来就是一种不良的生活作风，对生活的危害非常大，尤其是对于很多年轻人来说，过多地接触这种不良生活习气，很有可能会因此受到影响和误导，成为一个好吃懒做、贪图安逸、缺乏上进的人。我们应该坚决杜绝这样的坏习气，要严格规范身边的人，如果有亲人或者是朋友也耽于享乐，那么一定要想办法进行教导，尽量远离那些人，要不然你可能会成为他们享乐的牺牲品。

第五章

DI WU ZHANG

宁有神一样的对手，不要猪一样的朋友

提起对手和朋友，我们都会期盼自己的朋友越多越好，而对手越少越好，可是在日常生活中，有时候对手对我们的帮助可能要比朋友带来的帮助更大，比如那些强大的对手往往能够磨砺我们，而那些很垃圾的朋友很有可能会拖累并毁掉我们的生活。在很多时候，我们都会遭遇一些“无价值”的朋友，甚至是带来负面价值的朋友，这些人不仅不能够帮助和支持我们，反而只会让我们丧失更多的竞争优势，因此我们在选择朋友的时候，一定要懂得剔除这样的“损友”。

1

缺乏团队意识的人，永远都不会替你考虑

随着全球化的发展，如今合作已经成为一种非常普遍的生存策略，其重要性也越来越大，有人做过一个统计：在过去50年，财团或者企业之间的合作和结盟已经翻了13倍，即便是世界上最权威最具吸引力的奖项诺贝尔奖，现如今也越来越重视团队合作。

之所以出现这种抱团合作的现象，就在于团队合作后的办事效率更高，竞争优势更大。当然，在组成团队的时候，最重要的是选择有团队意识的人，简单来说，就是选择那些以团队利益为先的队员。在这种情况下，很多人都会选择自己的朋友一起合作，因为大家有共同语言，而且彼此比较了解和信任，可实际上朋友并不是团队获得成功的绝对保障。

相反地，我们需要好好选择朋友，对于那些能够愿意合作愿意一起闯荡的人，自然没有话说，可是如果你的朋友是一个自私的人，是一个只看重个人利益而罔顾团队利益的人，那么很有可能会害了你。因为这种人所做的一切都是为了满足自己的需求，都是为了满足自己的欲望，而对于你和其他人，根本就不在他的考虑范围之内，他在很多时候并不会做出最有利于团队的决定，而是尽量创造自己的最大利益。这样的人往往不服从命令，往往会破坏原有的规则，甚至会为了个人的利益而出卖团队。

正因为如此，我们一定要睁大眼睛，要好好看一看自己的朋友是不是真的适合当一个团队型的成员，是不是真的适合当一个为了集体而奉献自己的好队员。可能有些人认为朋友之间根本就不需要太讲究什么团队意识，朋友圈本身就是一个集体和团队，朋友之间往往有着共同的利益、理想和目标，朋友之间也会存在各种各样的合作，如果有人愿意成全别人，有人愿意为整个大家庭而放弃自己的利益，那么这个人很显然更容易受到

其他朋友的认可。

在克莱斯勒发展的历史上，艾柯卡是一个绝对绕不开的名字，对于其他职员来说，艾柯卡不仅是一个可靠的领导者，更是一个非常注重团队精神的好朋友。最初的时候，克莱斯勒由于经营不善，加上各个部门的领导各自为政，为了自己的私利而搞内斗，以至于整个团队陷入到瘫痪之中，并且慢慢走向破产的边缘。

就在这个时候，克莱斯勒的董事会成员看中了被福特扫地出门的艾柯卡，他们希望艾柯卡能够挽救克莱斯勒公司的颓势，而那些董事会成员和其他高管也一直关注着艾柯卡的表现，只要发现不如意的地方，就准备立即炒掉他。而当艾柯卡上任之后，发现公司积重难返，各种各样的问题太多，最突出的就是缺资金以及人心不齐，这两个几乎成为导致克莱斯勒濒临毁灭的“元凶”。

艾柯卡为了解决问题，于是先从自己这边入手，他率先将自己36万美元的年薪降低为1美元，这样做的目的就是为了替公司节省一大笔开支。而当董事会成员以及其他高管看到艾柯卡做出这样的牺牲后，纷纷主动降薪，很多人甚至多年也不拿一分钱的工资。很显然大家都认为这位新来的总裁是一位真正的朋友，是一位将团队利益放在首位，且能够为其他成员考虑的好伙伴，所以大家很快就认可了他的存在。

艾柯卡成为团队的最佳代言人，同时也是好朋友的典范，这样的人愿意与你同甘共苦，愿意与你携手并进，愿意为了大家的福利去牺牲自己的利益，愿意站在团队的高度和角度来看待问题，自然而然也受到大家的欢迎，也会成为人人想要合作的对象。相反地，那些只顾自己的人，往往是唯利是图的人，他们根本不会念及兄弟情谊，不会想到朋友之间的深情厚谊，更不会站在朋友的角度来想问题。

对于这样的朋友，你要做的就是让他远离团队、远离自己，因为他们永远都不会把团队利益放在首位，更不会在乎你的利益，弄不好整个团队会因为他的自私而受到损害。毕竟一个团队中，只有合作和配合才能创造最大的效益，而单打独斗的人往往会因为一己私利而破坏团队计划，也会成为整个团队的累赘和不安因素。面对这样的朋友，哪怕他的能力再强，哪怕他的功劳再大，也一样要开除出去，否则对于你，对于整个团队都具有很大的危害。

朋友之间的关系应该像蚂蚁一样，蚂蚁是讲究团队合作的动物，尽管它们个体力量非常有限，可是一旦结成了团队，就会变成一支强大的有办事效率的队伍。在蚂蚁家族当中，每一只蚂蚁都不会闲着，每个成员都分配有特定的任务，有成员负责搬运、筑巢、照顾蚁卵、清理巢穴，也有成员负责打仗、防卫以及追捕猎物，还有成员负责产卵。

在蚂蚁群体中，一切都有着严格的管理制度，每个成员都在兢兢业业地为整个团队的利益而服务，这些蚂蚁没有任何的私心。而正是因为这样，蚂蚁才能成为世界上种群数量最大的动物，同时也是办事效率最高的动物之一。我们在寻找朋友组成团队的时候，也应该像蚂蚁一样，要寻找那些能够为团队付出和献身的人，要寻找具备蚂蚁精神的人，这样才能真正凝成一股合力。

2

只会向你伸手求援的人，会让你一直失去而毫无所得

使用过信用卡的人都知道，信用卡有一个最大的优势就是可以透支使用，而且信用额度越高，透支的额度越大，这样就为很多喜欢提前消费的人提供了极大的生活便利。友情也像信用卡一样，我们可以利用友情来帮助我们解决困难，偶尔超过了使用限额也无关紧要，尤其是在生活应急的时候，朋友更是值得信赖的伙伴。但是，我们不能因为这样而轻易去透支友情，去过度消费友情。

在现实生活中有很多因为透支友情而导致朋友之间关系紧张的情况，

就是因为很多人本身就对友情产生了误会，他们认为朋友之间是没有什么底线的，你可以无条件地向朋友提出要求，也可以无条件地让朋友帮助自己。在这些人看来朋友就是用来依靠的，就是用来充当物资储备和后盾的，只要自己开口请求朋友帮忙，相信朋友也不会拒绝。

话是不错，可是朋友是不是真的就呼之则来，挥之则去呢？恐怕未必如此，每个人都是有底线的，每段友情也有自己的承受能力和承受范围，超过了这个限度和弹性范围，那么就很有可能会遇到友情断裂的情况，甚至引发绝交。如果你总是伸手求援，总是让你的朋友帮忙解决问题，那么两个人之间很有可能会出现问题。因为对于朋友一方来说，他不可能忍受你无止境的盘剥和请求，他也没有义务总是为你付出一切。

帮助朋友是天经地义的，可是你是否能够承受得了对方一而再再而三的请求呢？面对一个只会伸手向你求助的无能朋友，你往往会感到压抑，会觉得对方是个累赘，毕竟每个人都应该尝试着自己解决问题，都应该懂得自力更生，而朋友的帮助始终是非常有限的。

对于我们来说，如果你纵容了朋友的这种想法，纵容了朋友肆无忌惮的索取行为，那么就可能会让朋友养成一种有了依靠的坏习惯，此后无论他遇到什么问题，都会在第一时间里前来“劳您大驾”，这样不仅会严重影响你正常的生活，同时也会让你成为一个被人利用的奴隶，到最后你一定会被这个朋友榨干所有的价值。你拥有这些想法时，并不应该觉得不好意思，作为对方的朋友，你可以在适当的场合帮助他，但你也要明确地告诉对方你不是一个金库，不是一个他可以随时随地去里面取出财富来享用的金库。

石油大亨洛克菲勒发家致富之后，决定帮助自己的一个好朋友，因为那人和洛克菲勒是发小，而且一起吃了很多苦，所以他希望自己可以帮助一下对方，好让他改善一下生活，不过朋友并未接受洛克菲勒的帮忙，而是提了一个要求，那就是让自己的儿子跟着洛克菲勒。洛克菲勒向来就很重朋友之情，他也曾经帮助很多朋友的孩子，让他们到自己的公司上班。所以这一次也不例外，他很快答应了这个好朋友的请求。当然，洛克菲勒并不是一个喜欢依靠裙带关系来提拔人的管理者，无论是自己的儿子还是朋友的儿子，他都要求他们依靠自己的能力去发展，不要借助自己的名声来获得晋升。

很快，洛克菲勒就将朋友的儿子安排到自己的石油公司上班，而且一开始这个孩子的工作表现也算不错，毕竟对方是名牌大学毕业的，相应的专业技能还是过硬的。不过有一件事让洛克菲勒感到很头疼，那就是这个人虽然天资聪敏，而且学识渊博，专业技能和学历都没有任何问题，可是他的动手能力很差，应对问题的能力更是不足。尤其是当他遇到一些比较棘手的工作时，常常会感到束手无策，于是，他只好经常去洛克菲勒的办公室求助。

一开始，洛克菲勒很耐心地帮助他解决问题，毕竟他是新人，而且又受到朋友重托，自己自然是义不容辞的。当然，为了让对方能够接受更多的锻炼，洛克菲勒还是善意地提醒他应该自己去试着想一想办法，他还将一些自己的经验和方法传授给对方，而对方每次都是认真地倾听。可是，到了下一次，一旦他遇到什么难题，还是要向洛克菲勒主动伸手求援。洛克菲勒最终觉得忍无可忍，他留意了对方的行为，并且一一做了记录，从最初的如何做会议记录，如何解决与上司的矛盾，以及一些专业领域内的难题，等等，而且几乎每隔一两天就会有一次求助。

洛克菲勒于是辞掉了朋友的儿子，后来他写信给自己的好朋友，在信中他直言不讳地说：“作为一个朋友，我自认为有义务将你儿子带进公司，但是作为一个商人和管理者，我不能容忍下属一而再再而三地求助，不能容忍他的无所作为，因为我不可能总是为之付出时间和精力，我更希望看到回报，看到他像一个真正的执行者一样。”

古人有“志士不饮盗泉之水，廉者不受嗟来之食”的志气，我们不一定要求朋友也要有这样的品格，可是如果有人一直向你索取，你要懂得拒绝，要懂得说“不”，你要明确向对方表明自己的态度：我可以帮你一次、两次，但是不可能永远都帮你，有些事情你需要自己去解决。如果对方不能理解你，或者仍然期望在你身上得到帮助，那么你需要立即和对方摊牌，要主动远离这些不良动机的朋友。

事实上，有些人对于朋友的依赖纯粹就是出于利用的目的，在你身边他好吃好喝，有足够的生活保障，遇到困难了，又可以由你出马代为解决，这样的人不仅缺乏自知之明，更是非常精明。他的目的就是尽可能地榨取你的剩余价值，等你没有了任何利用价值，对方很快就会和你一刀两断。对于此类心机很重的人，我们需要保持谨慎和戒备。

你可以义无反顾、一无所求地为朋友奉献自己的一切，可以用自己的奉献精神来实践和证明友情，但是如果有人故意利用你，有人只想着让你付出的话，那么你应当重新思考一下自己这么做是否合情合理。你应当及时收回自己的诚意，收敛自己的奉献精神，因为此时你越是忠于友情，你越是付出，就越是容易成为友情的牺牲品，成为被人利用的棋子。

3
从不兑现的朋友，只会让你空欢喜

在中国的传统文化中，诚信一直以来都是礼仪文化的核心内容，无论是亲人之间、朋友之间，还是陌生人之间，都要讲究诚信，既然把话说出去了，就要懂得信守诺言，如果背信弃义，那么就可能会受到别人的排斥。

信守承诺的人往往会赢得更多人的敬重，而且别人也会对他信守承诺。比如秦末有个叫季布的人，他为人非常豪爽而且注重诚信道义，只要答应了别人的事，往往就会信守承诺。后来他得罪了汉高祖刘邦，朝廷派人追杀他，而且出重金进行悬赏，他只好躲进了朋友家中，这个朋友对他说过："只要我还在这里一天，就不会让他们发现你。"最后这个朋友果然信守承诺，不仅抵制住了重金的诱惑，而且冒着诛灭九族的危险保护了季布，一时传为美谈。

这样的好朋友令人羡慕，当然在生活中，我们也常常会遇到那种说空话说假话的朋友，为了赢得你的信任，他们往往因为一时口快而许下一些诺言，可是到了最后，你会发现对方根本没有兑现过自己的话。面对这样的朋友，更多时候，我们会感到无奈，但我们更应该深思的是：这样的朋友还值不值得去深交。

教育家苏霍姆林斯基认为："不能兑现的诺言是引发无耻行径的导因。"因此他提醒大家一定要注意信守诺言："如果他自动许诺什么，要倾听、要相信，但同时也要指出：如果你还不能相信自己能坚守诺言，你要慎许诺言。要切记，最坏的习惯是常常夸夸其谈，慨然许诺，却忘记了它们会使心灵麻木和僵化，会使心灵不辨真伪。"这是对那些喜欢许下诺言的人的忠告，同样也是对那些被诺言欺骗的人的一种忠告，我们应该保持必要的警惕。如果你的朋友当中有人夸夸其谈，总是喜欢当面夸下海口，总是把话说得天花乱坠，却没有任何实际行动，更从来没有兑现过任何诺言，那么你一定要慎之又慎。

老子说过一句话："轻诺必寡信。"意思是说，轻易答应别人一件事，就一定没有足够的信用。那些喜欢轻易许诺于人的人往往都是"嘴皮子专家"，嘴上说得非常好，而且总是掏心掏肺，可是一到落实阶段就什么也不做，或者说干脆什么也不想做，往往放人家鸽子。面对这样的人，我们一定要善于观察，一定要把握这些人的特征，看到那些喜欢胡吹乱侃，轻易向你许下诺言的人，一定要保持谨慎，不要轻易相信对方，姑且一笑了之，如果你抱有太高期望的话，很有可能会因此而受到欺骗和伤害。

施瓦辛格在成为著名的电影明星之前，曾是一个世界闻名的健美先生，身材魁梧、气质出众的他渐渐受到了星探的关注。有一天，有个中年男子找到施瓦辛格，他询问施瓦辛格是否愿意当电影明星。施瓦辛格当时的事业也算是达到了高峰状态，但是他明白健身行业终究也是吃青春饭，等到自己年老力衰时，很可能会被同行排挤下去。况且他喜欢挑战不同模式的生活，像演电影就是自己非常喜欢的一种方式。于是施瓦辛格很快同意了这个星探的建议，两个人也因此成为好朋友。

此后，这个朋友多次许诺将来要为施瓦辛格寻找一个好的导演以及好的电影剧本，从而让施瓦辛格一圆自己的电影梦想。可是这个朋友的诺言没有一次变成现实，一开始施瓦辛格认为对方可能很忙，没有时间帮自己联系公司、联系导演，也没有时间将自己推向大荧幕。可是等了半年之后，对方那里依然毫无头绪，而对方仍不断地夸下海口，说是要如何包装施瓦辛格，如何带他见一见最顶级的导演，又或者是让他选择各种各样的电影剧本，可是到最后没有一件事情成真。

施瓦辛格渐渐失去了耐性，觉得自己已经上当受骗了，至少这个朋友并没有将自己的事情放在心上，或者说他也许看中了其他的演员也说不定。就因为这样，他最终决定离开这个朋友，并重新回到自己的健美舞台上，至少他在这个舞台上获得了成功。当施瓦辛格去意已决时，这个朋友还百般恳求，他依然许诺要让施瓦辛格尽快试镜和拍戏。可是对他知根知底的施瓦辛格显然不会在这样的人身上浪费时间了，所以最后干脆拂袖而去。

直到 1970 年，终于有制片人看上了施瓦辛格，并且许诺让他参演电影，施瓦辛格将信将疑地走进了剧组，最终在《大力士进城》这部电影中参演了一个希腊天神的角色。严格来说，在这部电影中，施瓦辛格的表演并不算精彩，但是却由此打开了他的演艺之路。到了 1984 年，他有幸出演了《终结者》，从而迅速成为好莱坞一线明星。

此后，那个第一个发现施瓦辛格的星探多次找到施瓦辛格，希望能够联手出演一部电影，对此，施瓦辛格委婉拒绝了对方所有的提议和承诺。后来施瓦辛格也说："自己当年差点儿就彻底与电影绝缘，因为没有多少人能够容忍被人欺骗半年。"很显然，他再也不希望过那种拿着空头支票而找不到地方可以兑现的日子了。

古人说一诺千金，朋友之间的诺言更应该是重于泰山的，绝对不能草率应对，更不能当成儿戏，那些轻易许下诺言的人，实际上是对朋友的一种不尊重和不负责任，而许下诺言之后却没有付诸实际行动，这更是对朋友的亵渎。只能说他们的心里根本没有这个朋友，至少他们只是把朋友当成一个临时性的伙伴，一个可以轻易忽悠的伙伴。

对于这样的人，我们如果一味相信他，那么最终只会竹篮打水一场空，无论他为你编织的梦有多么美，终究也只是一场梦，你根本没有机会去实现它们，而这对我们的感情往往是巨大的伤害。所以我们最好还是要懂得疏远那些不信守承诺的朋友，如果你渴望拥有一段正常的友情，那么就应该找一个信守承诺的人。

4 被朋友当成挡箭牌，受伤的只会是你

很多人平时犯了错，就喜欢找各种各样的借口和理由，而且在找借口的时候，往往喜欢把朋友往前顶，拿朋友当挡箭牌。事实上替朋友出头，原本也是再正常不过的事情，可是如果你是被朋友直接拉出来出头的话，心里肯定不是滋味。这就像《西游记》中的猪八戒一样，他性格软弱，能力平平，没有什么担当，每次遇到什么难题都会在第一时间找到大师兄，每次犯了错也会想办法让大师兄来顶包。

一个真正替朋友着想的人，是应该懂得替朋友分担责任、压力和痛苦的；一个真正在乎朋友的人是绝对不会让朋友卷入自己惹下的是非之中的；一个真正为朋友考虑的人，是不会把朋友拉出来遮挡风雨，而自己躲在温室中享受安逸的生活的。如果有人动不动就把朋友当作挡箭牌，那么证明了这个人根本就不在乎你，根本就不在乎他的朋友到底会承受什么样的风险，因为在他看来，只要自己平安无事，那么一切就都不会成为问题。

在生活中，有些人还非常乐意被朋友拿出来当挡箭牌，因为他觉得自己受到了重视，觉得自己是不可或缺的。有些人还觉得，朋友之间难免会有一些摩擦，被人利用一次也根本不算什么，何况是朋友，所以干脆选择不闻不问，继续纵容对方。

这是一种极端错误的做法，因为对于你的纵容，对方可能并不会领情，而且还会变本加厉地利用你，等到你再也没有能力去帮助他抵挡压力的时候，你不要指望对方还会善待你。作为朋友，你可以大度一些、包容一些，也可以卑微一些，但是绝对不能因此而受到别人的利用和欺骗，不能被人当成一种转嫁矛盾和承受压力的工具，不能被人当成盾牌来使用。

有时候帮助朋友遮蔽风雨也未尝不可，帮助朋友阻挡一下打击也无可非议，不过我们应该懂得把握分寸，比如对方明知道所做的事情不合乎情理，也不合乎律法和道德，还要让你出面去承担，那么无疑就是在害你。拿朋友作掩护而做一些有违道德、礼法、律法的事情，是对“友情”二字最大的侮辱。这样的朋友往往不可深交，因为在很多时候，为了保护自己的利益，他会牺牲朋友的利益，会将朋友直接往火坑里推。因此，我们一定要有警觉性，千万不能被朋友轻易利用，以免最后成为别人的炮灰。

富兰克林小时候去朋友家中做客，一开始大家都开开心心地在一起玩耍，可是朋友的母亲突然开口训斥孩子，她认为孩子不听话，平时就只知道玩耍，也不好好念书。正当大家全都惊恐地站在一旁默不出声时，那个朋友突然将话题转移到了富兰克林身上，他对母亲说：“你为什么总是要说我不够用功呢？你看看富兰克林，他就是考了最后一名也没有人说他的。你可以问问他，我的成绩可比他这样的学生好多了。”话刚一说完，其他人都忍不住哈哈大笑。

可是朋友的话严重伤害了富兰克林的自尊心，他原本还想着帮这个朋友解围的，却不曾料想朋友将他拉出来当挡箭牌和垫背。富兰克林感觉自己被朋友深深侮辱和出卖了，所以那天他很生气地离开了朋友的家，从此以后再也没有找过那个朋友。不仅如此，此后他开始专心学习，努力提高自己的成绩，并慢慢成为一个学识渊博的人。

后来，富兰克林进入了政界，成为一个有名的政治家和外交家。当时他的朋友很多，不过有很多人显然是冲着富兰克林的名声和地位而来的。其中有一个小外交官平时一直跟着富兰克林，有什么问题他也愿意向富兰克林请教，之后大家也渐渐认识了这位富兰克林的“小弟”，而且多少都愿意给他一点面子。

不过有一次，这个小外交官在处理某个外交事务时犯了一个错误，当时有很多人都指责他，认为他的做法无异于是给政府抹黑。但是这名外交官根本就无所谓，他还搬出了富兰克林，他觉得自己跟随了富兰克林那么久，自己的一举一动都是富兰克林授意的。看到他这么说，大家只能忍气吞声，不再追究。

后来有人将这件事告知了富兰克林，富兰克林听了很生气，一方面是因为那个外交官处理事情不当而对国家和政府造成了严重的损失，另一个方面，富兰克林觉得自己被别人当成挡箭牌很不是滋味，尽管对方也算得上自己的朋友，可是如果有朋友以这样的方式来对待他，无疑是一种伤害。

后来富兰克林主动找到那位外交官，然后辞掉了他，并且宣布与之绝交。很多人认为富兰克林根本没有必要小题大做，也根本没有必要与朋友断交，可是富兰克林认为朋友之间最重要的就是相互信任、相互帮忙，而不是处处将朋友拿来当挡箭牌，不是在背地里将朋友出卖。

做人应该勇敢一些，应该懂得自己去面对困难，遇到困难的时候，我们应该自己去迎接挑战，自己去面对强敌，当遇到困难和危险时，我们最应该做的是挡在朋友的前面去直面危机，而不是将朋友当成盾牌来使用。如果你遇见这种动不动就将朋友拉出去当挡箭牌的人，应该及时与之保持距离，因为你和他靠得越近，就越是有可能被对方拉出来当肉盾。

5

朋友不求上进，小心被他拖后腿

心理学中有一个著名的“木桶效应”，心理学家认为木桶是由很多块木板组成的，因此盛水量也是由这些木板来决定。但真正决定盛水量的是木桶中最短的那块木板，如果有一块木板很短，那么整个木桶的盛水量就会被限制住，这个很短的木板也就成为整个木桶的软肋和限制，往往会破坏整个水桶的利用价值。

“木桶效应”经常被用在团队合作当中，在一个团队中，或者在整个朋友圈中，如果有人不幸成为那块短板，那么就可能会影响到整个团队的合作效率，会拖累所有的朋友。因此，在很多时候，团队优先要考虑的事情就是帮助那个最弱的成员提升实力，因为只有改善了最弱的环节，才能提升整体的水平。

当然，我们也常常会遇到一些不求上进的朋友，他们并不在乎自己是否有能力，也不在乎自己处于什么样的水平上，而这样的人显然会成为我们的负担，尤其是当朋友们一起合伙做生意或者创业的时候，这些没有上进心的人往往会拖人后腿，往往会成为团队的累赘和最大的弱点，对于这样的人，我们最好将对方排除在团队之外，或者至少应该将其安放在一些无关紧要的位置上。

这不是一种势利眼，因为对于那些不求上进的人来说，你的帮助只不过是在浪费时间和精力而已。其实每个人的路都要自己去走，每个人都要自觉地去提升自己的能力，如果没有那样的积极态度和想法，那么我们即便能够提供更多的帮助，到头来也是于事无补，因为你不可能帮助他走好人生的路。就像诸葛亮扶持阿斗一样，阿斗既然没有了上进心，那么诸葛亮无论怎么去帮助他，最终也成不了大气候，反而拖累了自己，不仅过早地衰老，还被人指责为专政夺权。

朋友总是良莠不齐的，不可能每个人都能够达到你所期望的高标准，我们也没有必要去这样苛刻要求他们，但是有一点很重要，那就是朋友自己必须要有自知之明，要了解自己的缺点和短处，同时要激励自己不断提高自身的能力和水平。这种自觉性其实应该是朋友之间具备的一种默契，如果你不想成为别人的负担和拖累，那么就需要主动去完善和强化自己。如果你总是抱着无所谓的态度，总是想着依靠别人，那么别人同样会反感你的存在。

2009 年，金融风暴的危机还未过去，美国加州的几个年轻人准备成立一家专门为科技公司提供创意的公司，这样的公司虽然并不多，但竞争也很激烈，而且很多公司根本就无需依靠这样的创意公司来生存和发展，像谷歌、苹果那样的大公司，他们自己就有很好的创意部门，有专门的人才来专攻这一领域，不过对于其他小一点的公司来说，则未必有那样的实力。

当几个年轻人斗志昂扬，准备大干一场时，他们很快就发现了一个问题，那就是其中一个伙伴非常贪玩，一有空就坐在电脑旁玩游戏，而且这个朋友并没有什么危机意识，也缺乏上进心，无论做什么事只要达到一个大概的水平就行了，从来没有想过要更上一层楼。可是随着科学技术的发展，创新意识已成为整个科技行业内最重要的因素，因为只有创新才能更好地吸引大众的眼球，才能为市场提供更多意想不到的技术和产品，因此每个搞创意的人都需要不断进步和突破，这是一个巨大的挑战，对整个公司的团队来说，都是很重要的。

正因为这样，朋友们多次提醒这位队员，希望他能够以大局为重，毕竟整个团队都需要保持发展的势头，都需要不断进步和提高，如果有人始终原地不动，那么无疑会拖累团队的发展脚步。这个队员虽然满口答应，但是每次都还是老样子，看上去并没有想要改进和完善自我的意思。为了不影响团队的效率，大家只能将这个朋友开除出去，可是这个朋友不甘心就此被踢出去，于是向法院提起诉讼，反过来状告公司，结果胜诉，这直接导致了这家公司支付高达300 万美元的违约金。这样一笔数字对于刚刚起步没多久的公司而言，无疑是巨大的负担。好在甲骨文公司后来收购了这家公司，解决了几个年轻人的燃眉之急，而他们在甲骨文公司的资助下重新开始运营，并且获得了不菲的成就。

事实上，那些弱势的朋友常常会成为一种负担，当然，作为朋友，我们需要对其他人负责，需要主动去帮助他们提升实力和水平。但是这种负责并不是一种义务，也不应该被当成一种义务。更重要的是我们通常只对需要帮助的人负责，对于那些自甘堕落、不求上进的人，我们的责任感只会不断纵容他们，而对方也一定会慢慢拖垮你。

有个慈善家曾经说过："作为一个慈善家，我只帮助那些在泥地里挣扎，并试图往外爬的人，而不是那些陷入泥潭而自暴自弃打盹的人。"在这个慈善家看来，真正值得帮助的应该是暂时郁郁不得志或者陷入困境，但是却有人生目标和进取精神的人，而不是那些扶不上墙的烂泥，不是那些打定主意让你搀扶着站起来的弱者。对于朋友也是一样，我们愿意帮助那些能力不足但是有上进心的人，至于那些缺乏进取精神且甘于沉沦的朋友，最好还是敬而远之，否则等到对方缠在你身上，你一定会被他拖下水的。

6

胆怯懦弱的人，你要谨防被他拖下水

在竞争变得日益激烈的社会中，谁都希望自己身边站着勇士，因为在勇士面前你才会变成勇士，才会更有信心去拼搏和厮杀，反过来说，如果你身边的人都是胆小鬼和懦夫，那么最终你会失去竞争优势。这就像在战场上打仗一样，当你准备和别人决一死战的时候，如果身边的战友和朋友开始胆怯，犹豫不前甚至是逃跑后退，相信你的内心也容易受到动摇，军心必然会涣散。

现在，有很多人都喜欢找那些敢闯敢干的朋友当合作伙伴，原因就在于勇敢的人往往会为你提供强大的精神支持，而且他们能够激励你不断向前、不断进步，双方往往会形成相互鼓励、相互促进、相互扶持的效应。而一旦和那些胆小鬼和懦夫在一起，你的自信心会受到影响，彼此之间的团结协作能力也会大打折扣。

在第二次世界大战中，英法美盟军在北非战场和德军交战，当时德军的闪电战非常奏效，它在欧洲战场已经证明了强大攻击能力，到了北非，这种战术依然极大地打击了盟军的士气。可以说在很长一段时间内，德军都在以少胜多，而且很快蚕食了大部分的土地，盟军只能节节败退。

巴顿将军在到达战场后，看到了双方的战斗，于是毫不客气地指责蒙哥马利将军不具备胆识，他讥讽美国的这些朋友打得像个娘们一样，被德国佬追着到处跑。正因为这样，蒙哥马利开始和巴顿心生嫌隙，但是巴顿将军的话并非毫无道理，因为在当时的战场上，德国人的攻势非常猛烈，而盟军常常会在强敌面前被打得不知所措，有的士兵甚至一直往后撤，这样或多或少都影响了士气，导致整个军队丧失了战斗力。

看到这样的情况，巴顿将军对盟军士兵进行了训斥，他大声吼道："我看了你们的表演，真的是一堆狗屎，我不知道你们是怎么配合的，这样的朋友军队是怎样形成的。"在巴顿看来，战场上的懦夫是可耻的，因为你会将你的兄弟、朋友、战友推向危险的境地之中。当巴顿接管军队之后，开始鼓舞士兵不断向前冲，不断去拼搏和冲刺。如果发现有人退却或者胆怯，那么就坚决地让这些士兵滚出战场，并且要受到严惩。在巴顿将军的治理下，盟军的战斗意识以及勇气都得到了很大的提升，并最终扭转了战场的局势。

拿破仑在训斥士兵的时候说道："如果你感到了害怕，那么首先要看一看你的身边是否有孩子，是否有女人，是否有同伴。"反过来说，如果我们的身边有人感到害怕，那么我们也一定要做好防备，一旦朋友感到怯懦，我们也必定会受到影响。

在日常生活中，当我们和朋友一起为了某个共同的目标而奋斗的时候，最重要的就是坚持一心，就是共同进退。正因为这样，我们在选择盟友、选择合作伙伴的时候，一定要慎之又慎，千万不能被那些胆小鬼所绑架，否则到最后很有可能因为某个环节出错而导致全员受到影响。

俄国作家列夫·托尔斯泰曾经说过："一个人永远不要和小人以及懦夫为伍，因为他们最终会很快将你腐蚀，会成为你最大的威胁。"胆小的朋友会消磨你的斗志，还会增加你受伤的风险，因为当对方退却的时候，你将会面临更强大的攻势，你所面临的处境也会更加艰险。这就像几个人顶着某个压力一样，一旦有人撤走双手，那么你身上的压力无疑会更大，甚至会因此而受伤。

除此之外，胆小怕事的人往往犹豫不决，缺少勇气，这样往往会破坏朋友之间的团队合作，尤其是整个团队往往缺一不可，如果有人出现了问题，那么将会对所有成员造成很重大的影响，会对整个团队的运作造成致命的打击。

有个哲学家说过："当你身边站着羊群时，你会很快变成一只羊。当你站在狮群中时，你会变成一头狮子。"这并非是单纯的唯心主义思维，很多科学家都做过一个有趣的实验，他们将一只老虎放在牛群中豢养，结果老虎很快在牛群中失去原有的威武气质。当科学家放入几只猎犬去追逐牛群的时候，所有的牛都吓得四处逃散，而老虎原本还会摆出战斗的姿态，可是看着牛群到处逃跑，它很快也被吓跑了。老虎大概已经忘了自己是百兽之王，其实根本就不用害怕那些猎犬，只不过它被懦弱的牛群影响了斗志。

正因为如此，如果我们想要保持工作的积极性，想要保持足够的勇气和信心，那么就要懂得淘汰那些胆小的朋友，就要懂得想办法和那些勇敢的朋友在一起，这样对于我们的生存和发展才能够起到重要的作用。

第六章

DI LIU ZHANG

当友情有了利益的牵扯，你该何去何从

在谈到朋友的时候，我们常常会记起一句话："君子之交淡如水。"很多人都认为好朋友之间的感情应该是纯粹的，就像是亲情一样，不应该掺杂任何物质和利益，不应该被物质生活所干扰。不过在现实生活中想要做到纯洁的友情似乎很难，毕竟人与人相交往往具有一定的功利性。那么，我们又该如何协调好友情和利益的关系呢？毕竟当利益的成分增加的时候，友情往往会褪色，甚至会变质，而这应当引起所有人的关注。

⟀1

因为利益而成为朋友，有一天也会因为利益而变成敌人

道家的庄子曾经说过：“君子之交淡若水，小人之交甘若醴”，在庄子看来，朋友之间如果牵扯进太多利益，尤其是物质利益，往往会影响友情的质量和寿命。毕竟交朋友看重的是真心实意，是志趣、理想、性格上的契合，而不应该是利用与被利用的关系。当朋友之间存在太多的利益关系和太多的功利性时，反而不利于友情的继续。

不过，不可否认的是，共同的利益能够有效地加深和促进友情的发展，起到“亲上加亲”的作用，很多朋友会共同投资创业，或者结成利益共同体，这样做的目的就是为了让朋友之间的感情更加稳固，毕竟利益往往具有正面的促进和引导作用。不过利益不能成为主导友情的因素，也就是说，我们可以因为友情而添加一些利益关系，但不能因为利益而结成朋友，因为利益而结成朋友的人最终也会因为利益而变成仇敌。

古希腊唯物主义哲学家德谟克利特认为：“一切的亲人并不都是朋友，而只有那些有着共同利益关系的才是朋友。”这样的说法显然有些偏激了，这种因为利益而在一起的朋友并没有什么太大的稳定性，最终很有可能会分道扬镳。因为利益而结合在一起又因为利益而分开的朋友在生活中很常见，有很多企业家在创业的时候由于经济利益和某种特定的目标而和别人结为朋友，可是到了最后，往往因为利益分配问题而走向决裂。

比如说张艺谋和张伟平这两位国内影视大腕的决裂就令人唏嘘不已。在20世纪80年代，张艺谋在一次聚会上认识了张伟平，当时两个人聊得很投机，而且也有意合作，毕竟一个有才有名声，一个则有充足的资金，两个人可谓是非常好的合作伙伴。几年之后，张艺谋开拍了自己的电影

《有话好好说》，而当时的张伟平连剧本也不看就答应投钱，“你需要多少，我来投资好了，不就是钱吗？你是专家，我相信你”。

正因为这样，两个人很快开始进行合作，虽然第一次合作的作品亏损了1800万元，但是张伟平认为张艺谋有能力帮他挣回这些钱。果不其然，张艺谋之后的几部作品都开始大卖，两个人因此进入了蜜月期，甚至联手开创了中国电影的商业大片时代。那时候，两个人的关系亲密无间，张艺谋多次对媒体说张伟平是他遇到过的最信任自己的投资人，同时也是自己最好的伙伴，他甚至表示，在世上，最让他牵挂和感激的，就是他母亲、女儿和张伟平。而张伟平也投桃报李，期待着自己有一天老去之后，和张艺谋一起去旅游。

可是这对因为利益而走到一起的好朋友，最后也因为商业利益而渐渐产生了分歧，最终出现了不可协调的矛盾。到了《金陵十三钗》这部片子的时候，张伟平的高额投资并没有收到应有的回报，而且在奥斯卡奖项上也一无所获，这个时候，两个人的矛盾彻底爆发了，最终的结局就是两人相互拆台，很快变成了敌人。

实际上张艺谋和张伟平两个人很难说谁对谁错，但是因为两个人的一切关系都是围绕着利益建立起来的，可以说，正是因为利益的存在，他们才能够亲密无间，而一旦利益受损，那么维持这种友情的基础就开始垮台，最终导致了朋友变成敌人的悲剧。

很多时候，我们过于功利性，从而会自觉不自觉地将利益选择当成朋友选择的标准来看待，这样一来，利益就捆绑了我们的感情。当双方都能够各取所需时，自然会非常亲密，一旦彼此之间发生利益纠纷，那么就有可能会产生不良影响。

有个著名的经济学家曾经提出一个“樵夫和渔夫相互合作”的生存理论，他认为砍柴的人一般只和农夫、樵夫或者猎人打交道，捕鱼的人则经常和渔夫、船夫打交道，对于这两类人来说，生活基本上都没有什么太大的变化。但是如果渔夫和樵夫愿意和贩子做朋友，那么樵夫的柴火可以通过贩子的人脉通道贩卖到市场上，两个人甚至可以成立一个贩运木材的组织。而渔夫能够和贩子一起做贩鱼的生意，他们也许可以做好外贸工作，可以共同走向大海的另一边。

但实际情况并没有那么简单，因为这种朋友关系并不稳固，实际上当樵夫没有更多的柴可以砍，渔夫也没有太多的鱼可以捕捞时，贩子们是否还愿意和他们交朋友？当渔夫和樵夫感到分配不均时，又该如何延续和贩子的情义呢？这个经济合作的模型和朋友的模式实际上往往有一个很好的开始，但未必有一个美好的结局，毕竟依靠利益来维系的友情与合作，总有一天也会因为利益而崩溃。

对于这种情况，我们一定要保持足够的理性，要懂得维持好利益与友情的平衡关系，最重要的一点就是千万不要让利益成为主导友情的因素，不要依据利益来交友。其实交朋友最重要的是看两个人是否合得来，至于利益，只是维护和巩固友情的一点开胃菜和佐料，根本就不能当成主食。如果你将利益的戏份看得太重，那么你和对方的感情最终会因为利益的冲突而走向破裂。

2

出卖别人的人，有一天也会出卖你

在西方有一句谚语：“不要因为狼没有吃你的肉而心生怜悯，当你将它当成宠物来看待的时候，它会冷不防地在你身上咬一口。”这句话刚好映衬了中国明朝的一个故事。在《东田传》中记载了一个名叫东郭先生的迂腐书生，有一天他骑着毛驴去“中山国”求取功名，结果路遇一匹受伤的狼，狼哀求说自己正被猎人追杀，已经受了伤，希望东郭先生能够救自己一命，东郭先生心生怜悯，于是将狼放在自己背书的口袋中去，结果猎人在追逐狼的时候扑了个空。可是当狼从口袋中出来的时候却忘恩负义地要吃掉东郭先生，东郭先生后悔不已，好在有农民恰巧路过，并打死了狼。农民嘲笑东郭先生的迂腐，因为像狼这样虚伪的动物，为了利益，它会出卖任何人，自然也不会和你讲什么情义。

这个故事中指出了一个道理，那就是某些天性就喜欢害人的人，即便是作为朋友，你也不用心存侥幸，不用去信任和善待他们，你越是仁慈，越是信任，就越容易受到他们的蛊惑和伤害。这些人往往不信守承诺，不会遵守正常的交际礼仪，而且常常会背叛他人，有一天也会为了利益而出卖你这个好朋友。正因为如此，在和这样的朋友打交道时，你需要保持谨慎，需要尽早防备对方，以免被对方出卖。

三国时期的名士管宁和华歆原先是非常要好的朋友，但是后来管宁因为看不惯华歆的为人而与之割席而坐，坚决与之断交。据说当时两个人在园中锄菜，结果看到菜地上有小片的黄金。管宁只管挥锄不停，因为在他看来金子和石头瓦片并没有什么区别。可是华歆却拾起了金片，尽管随后又不好意思地扔了它，但是这个细节被管宁看在眼里。

之后，他们有一次同坐一张席上读书，当时屋外闹哄哄的，原来是有个坐着四周有障蔽的高车的官员从门前过，如此大的排场惹得路人争相驻足观看。不过管宁依然埋头读书，完全不理会外面的情况。而华歆却非常羡慕地放下了书，并兴冲冲地跑出去观看。回到书房之后，管宁非常果断地割断席子，两个人分开来坐，然后毫不客气地说："您不是我的朋友。"

管宁说这句话的时候，早就看透了华歆的为人，他知道这个朋友一定是一个热衷于功名利禄的人，而这样的人为了个人的名利前途，很有可能做出卖友求荣的事情，毕竟对这样的人来说，即便是朋友，在利益面前也是微不足道的。

而管宁的猜测果然没有错，华歆很快步入仕途，并且在汉灵帝时期，举为孝廉而成为郎中，因病辞官后再次被征召为尚书郎。像这样一个汉臣，原本应该忠于汉室，为国出力，可是当汉室王朝即将崩塌的时候，他却跟随着曹操，为曹操积极出谋划策，换来自己的步步高升。要知道，当时的曹操被称为窃国的汉贼，华歆身为大汉的朝臣却心甘情愿为其卖命，实在是背叛了大汉。不仅如此，他还帮助曹操进宫刺杀汉伏皇后，可以说是一等一的卖国贼。

华歆虽然是当时的名士，但是正如管宁所预料的那样，他是一个出卖国家和朋友的人，管宁有先见之明，趁早割断了这段情谊，也避免了被朋友出卖和伤害的命运。事实上，管宁也曾多次受到朝廷的聘用，想来其中也有华歆的举荐之功，但是每一次管宁都委婉拒绝，因为他知道那些喜欢出卖别人的人即便今天和你称兄道弟，对你非常敬重，但是有朝一日也会出卖你，所以他尽量远离华歆，远离官场，终其一生都在讲学。

出卖别人的人往往都是重利轻义的人，这种人比较贪婪，无论做什么事，功利性都比较强，而且对他们而言，别人的利益根本不重要。当你还存在利用价值的时候，他们自然会选择亲近你，会选择和你站在同一立场上，会选择和你成为最要好的朋友，可是一旦你没有了利用价值，一旦对方有了更大的依靠，那么就会干出过河拆桥、出卖朋友的事情。你如果认为两个人是朋友，就觉得对方会有所收敛，那就大错特错了。就像魏延一样，诸葛亮认为此人有反骨，已经接二连三地背叛主子，尽管他诚心诚意投靠刘备，但仍然不足以深信，后来魏延果然出卖了蜀国。

江山易改，本性难移。那些喜欢出卖和背叛朋友的人，往往会形成一种习惯，因为这些人的内心就是自私和贪婪的，任何一种友情对他们来说只是利用的工具而已，只要看到有利可图，他们会毫不犹豫地靠近你，只要利用价值不高，他们又会果断背叛你。所以，这些人绝对不能轻信，也不值得你去结交，如果你对他过去的行为不重视，对他过去的劣迹不认真考虑，那么你这个朋友至多也只是他的下一个目标而已。

3

把利益绑在一起的人，关系往往难以长久维持下去

在很多影视剧中，我们常常可以看到这样的场景，几个人为了保持一心，或者为了让所有人都能够保守某一个秘密，常常会主动将所有人的利

益捆绑在一起，所有的人成为一条船上的人，彼此相互监督、相互制约。这样做的确能够暂时让大家都安分守己，共同保守秘密，甚至成为很要好的朋友，可是依靠利益捆绑来确定的朋友关系往往不可靠，也不能长久。到最后反而会因为利益上的冲突而翻脸，最后相互攻击。

实际上依靠捆绑利益来结交朋友，这是一种并不高明的策略，这样的朋友往往缺乏默契，也难以相互理解和信任，在相处的过程中，大家的焦点都在利益上，而不是落在友情上面。一般来说，这种捆绑方式都带有一厢情愿或者被迫性，往往会产生一些负面效果。

首先，共同的利益是建立在个人需求的基础上的，也就是说大家之所以愿意为了这个共同利益而在一起，就是因为每个人都觉得和大家在一起能够满足自己的利益需求，这才是变成朋友的基础。而随着合作的不断深入，个人利益往往会不断占据主导位置，也就是说大家很有可能会为了个人的利益去做事，而渐渐罔顾集体利益。其实这就像做生意一样，当双方在某个领域内有共同利益时，会实现利益捆绑，两个人可能会结成朋友，共同分享利润。可是过一段时间后，利润越来越大，这时候彼此可能都会产生私心，都想着如果自己单干的话，应该会更好，从而导致朋友关系破裂。

尤其是当大家产生分歧的时候，如何平衡各方的关系就成为一个大难题，毕竟每个人都有自己的打算，都有自己的理解和目标，让某一方做出妥协和退让，这往往有些困难。这时候，共同利益的束缚作用和凝聚力往往会大打折扣，捆绑效应会慢慢松动和失效，随着个人想法的进一步强化，随着个人利益诉求愿望的进一步增强，整个团体就会出现不同方向的力，最终很可能会将这种朋友关系和利益共同体撕裂。这在现代合作创业的团队中很常见，企业越是发展，股东们越是容易出现分歧，并最终可能走向决裂。

其次，这种共同的利益实际上也存在一个重大缺陷：那就是共同的风险。这些所谓的捆绑利益，其背后往往隐藏着一些不可告人的秘密，这些秘密会成为每一个成员的梦魇，会成为每一个人最大的弱点。换一个角度来说，朋友之间会因为这些利益背后的秘密而相互监督、相互威胁，而任何一方或者某一个人想要退出，那么都可能会面临严重的惩罚和风险，任何一方感到不平衡时，也会以此来要挟其他人，这样就容易打破原先的那种盟约关系。

可以说，在某些时刻，这些共同的风险能够促使每一个人都尽量维护群体的利益，能够为彼此考虑，可这也是一个定时炸弹，一旦出现问题，或者出现利益分配不均的现象，矛盾就会爆发，那个时候，这种风险就会被盲目利用。简单来说，就是那些处于弱势的人为了赢得更多的利益，很有可能会以此来要挟别人，迫使那些强势的一方割让部分利益，以达到他们心目中的平衡状态。

在这样的情况下，表面上看起来一致对外的朋友群，实际上内乱不断、矛盾不断，每一个人都可能会受到别人的牵制，都有把柄落在他人手里，会被人威胁。在这种情况下，矛盾往往只会不断被激化，而等到某一天相互之间的不满和矛盾达到顶点的时候，就会出现内部火拼的现象，最终两败俱伤。

心理学家将这种现象定义为“强盗分赃效应”，他们认为这样的现象就像很多寓言小故事中的盗贼一样，一大帮的盗贼抢劫财物之后，必定会进行瓜分，而为了保证没有人会泄露机密，他们往往会让每一个人都参与其中，让每一个人都承担风险，留下案底，这样就没有人拿自己的性命开玩笑了。不仅如此，盗贼头目必定会实行见者有份的策略，让每一个人都分摊到一点赃物，这样既满足了利益需求，堵住了大家的嘴，同时也把每个人都抹黑，而逃脱不了干系。

这原本是非常绝妙的方法，但是时间一久之后，必定会有一些人感到不满，尤其是那些小角色，他们和其他人一起作案，可是分到的财宝却不多，这毫无理由，尤其是当他们挥霍一空之后，这种想法往往会更加强烈。为了拿回那一份属于自己的利益，他们会开始相互威胁，若是对方不能满足自己的利益，那么必定会去告密，反正自己已经一无所有了，也用不着害怕。这样的敲诈和威胁就成为引发矛盾的导火索，到最后这些强盗会由原来的合作伙伴变成相互拆台的仇敌，并最终闹到两败俱伤的地步。

想要依靠利益捆绑来成为朋友，想要依靠共同利益来巩固彼此之间的联系，这并不像想象中的那样可靠。最简单的例子就是欧盟，在最初的时候，欧盟是一个临时拼凑的整体，虽然之后慢慢成熟和完善起来，但是随着合作以及一体化的深入，大家会发现彼此之间的矛盾会不断显现出来，每个成员国都开始有了自己的利益考虑，平时所谓的盟友也会相互指责，相互猜忌。尤其是到了金融危机的时候，一些强势的成员为了自保开始牺牲盟友的利益。欧盟在成立之初，目的就是为了对抗美国，无论是从政治、经济、文化、军事上都要取代美国，但是这么多年过去了，这个经济共同体实际上仍然被美国牵着鼻子走。

人与人之间也是一样，我们如果因为共同的利益而草率地成为朋友，然后草率地进行利益捆绑，那么这种朋友关系必定不会长久，因为这种捆绑有一天会变得松散，会因为个人利益的膨胀而失去原有的束缚力和凝聚力，最终反而会影响朋友之间的感情。

在《水浒传》中，水泊梁山上的108位好汉原本也是忠肝义胆的好兄弟，而他们之所以能够站在一起，之所以能够成为一个团队，就是因为他们几乎每一个人都犯过事，都是朝廷缉拿的犯人。所以他们每个人心中都有不平事，这种不平最终的体现就是“替天行道”的那个标语。可是随着水泊梁山的壮大，朝廷开始招安，这个时候，每个人心中的私人利益开始慢慢膨胀：有的人想着继续当贼寇，过着逍遥自在、无拘无束的日子；有的人想要找朝廷复仇，以消除心中的不平；有的人想着当官发财，回归到建功立业的传统成功模式当中去；有的人主张置身事外，当一个与世无争的闲人。

正因为每个人的想法出现了分化，正因为每个人对自己的生活有了更多层次的思考，原先那种单一的利益共同体变得脆弱不堪，最终的情况就是走的走，死的死，杀的杀，留的留，一个好端端的好汉帮由此灰飞烟灭。

其实，从一开始，水泊梁山就注定没有办法走远，注定不会长存下去。因为这些梁山好汉都有着自身的局限性，在如何理解朋友这个问题时，更多的是凭借着“义气”，而他们最初的结盟方式也只是为了躲避官府的追捕，只是为了“替天行道”，消灭那些贪赃枉法、鱼肉百姓的官员。可以说，彼此之间的关系并不像想象中的那么融洽，这一点从选举哪一个人当梁山的首领就可以看出来，从原先的王伦，到后来的晁盖，以及选择宋江时的争议，这些都证明了梁山人心不齐。

此外，很多好汉都有帮派观念，他们也划分了比较明确的界限，谁和谁比较亲近，谁和谁不太往来。而好汉的排名进一步凸显出了这种尴尬，同样是好汉，却显示出了这帮人的友情并不成熟，并没有想象中的那样牢靠，他们更多时候只是因为某种共同利益勉强被捆绑在一起的，而随着共同利益的迷失，随着个人利益的膨胀，他们最终产生了分裂。

所以我们在选择朋友或者结交朋友的时候，不能用利益捆绑的方式来交友，因为这样的朋友关系往往来得快，去得也快，毕竟每个人都有自己的利益取向，都有自己的想法，一旦他们有了自己的选择，一旦共同利益受到了冲击，那么这种感情就会失去原有的效力和魅力，朋友之间也很快会从亲密关系变成陌路人，甚至是仇敌。此外，朋友之间更应该看重感情的交流，更应该看重心与心的交流，过多的功利性只会损害友情的纯粹性，只会让友情变得更加脆弱不堪。

4

喜欢利用你的人，友情会坚持到将你的价值利用完为止

我们常常说一句话：“不怕被人利用，就怕你没有利用的价值。”所以我们每个人都要懂得提升自己的能力，都要懂得提高自己被利用的价值，这样才有机会获得更多的发展机会。因此，尽量“被人利用”似乎也成为

很多人梦寐以求的事情。但从个人的发展情况来看，当你被人利用的时候，或许会带来一定的成就感，会带来一定的发展机会，但是很多时候也会让自己成为受害者，尤其是那些一心只想着利用你的人，往往会抓住你迫切需要表现舞台的心理而利用你。比如有很多导演和制片人常常会利用那些女孩子想要迫切成名的虚荣心而对其进行潜规则，如果你只想着被利用而不顾及后果的话，那么很有可能会吃亏。

其实这样一种不道德的行为在朋友之间也可能会存在，我们一定要懂得及时进行防备，要警惕对方的行为。我们不能因为顾及这份友情而纵容朋友的所作所为，而轻易相信对方的诚意，或者心甘情愿地受对方的利用和剥削，否则对方可能会更得寸进尺，而等到你被剥削到一无所有时，等到你身上的利用价值不值一提时，对方就会毫不留情地将你抛弃。到了那个时候，你所珍视的友情一样不复存在，而你将要面临更多的风险，也会吃更多的亏。

既然如此，那么我们在一开始的时候就要认清朋友的真面目，就要拒绝和那些喜欢利用别人的朋友交往，就要及时疏远这些人，不能给对方有可乘之机，更不能主动去让对方利用。否则你的麻木只会让你成为友情下的牺牲品，只会成为对方手中的棋子，到最后，受伤的也只会是你。

在第二次世界大战中，为了打败德意志法西斯，美国、苏联、英国、法国等国家组成了盟军，分别从不同的方向进攻柏林。由于意识形态的不同，苏联一直受到美英等国的戒备和敌视，甚至在很长一段时间内，苏联都是美国人最可怕的假想敌之一，可是当“二战”爆发之后，为了对付共同的敌人，他们需要成为盟友和朋友，需要携手作战。

可是随着战争接近尾声，巴顿将军却突然将矛头对准苏联人，原因很简单，他认为苏联人的利用价值并不高了，美国没有必要再与之联手。此外，这个红色政权下的士兵就像机器人一样，将来必定会成为美国最可怕的对手，因此美国人现在就需要对付苏联人，尽可能地消除苏联人的影响力。可实际上呢？在当时的盟军中，苏联仍然是不可忽视的力量，美苏双方仍然有很大的合作空间，因此巴顿将军的提议反而让盟军内部的一些高层官员感到困惑不解。

事实上，巴顿将军的提议是有远见的，后来的历史发展也证明了美国和苏联在此后的半个世纪里一直缠斗不休，并且深深地影响了世界的发展。但是在20世纪40年代，任何一个人都知道那场战争无论离开谁，都会打得异常艰难，苏联人或者美国人都不可能独立去击败法西斯，至少过程会变得更加艰难，而到了战争结束的时候这种合作仍然很有必要。

因此，包括艾森豪威尔等人在内都明确反对巴顿将军的提议，他们觉得如果此时对自己的朋友下手，一方面会受到国际舆论的指责，另一方面苏联人也是一个强劲的对手，在双方消耗比较大的情况下，美国人并没有必胜的把握。而最重要的一点就是，法西斯的主力部队被消灭了，但是一些残余的势力仍旧存在，如果这个时候西方世界和苏联红军交战，这些残余势力会乘势而起，那么也许第二次战争结束之后将很快出现新的混战，这对任何一个国家来说都是负担。所以艾森豪威尔并没有理会巴顿，而且还故意限制了巴顿的权力，因为他担心这个口无遮拦的家伙会惹恼苏联朋友，甚至破坏盟约，这样很可能会很快引发苏联人的反弹。

而那个时候，由于巴顿将军经常在苏联人面前表现得傲慢无礼，这也让苏联人不得不心怀戒备，他们隐约感觉到美国人可能要对自己动手了，苏联的朱可夫将军甚至有了一种不祥的预感，当他的下属前来向他汇报攻入柏林的战况时，这位将军的脸上并没有什么笑容，只是说了一句话："这场战争之后，我们将会面对什么?"

尽管美国内部有人想要压制住反对苏联的势头，但是美国人迟早会翻脸的，这一点朱可夫以及苏联政府都心知肚明，他们不想等到自己的价值被利用完之后，就成为别人的眼中钉，就成为别人抛弃的对象。所以苏联人开始着手进行准备，因为经过了战争的洗礼之后，这两个国家成为世界上最强大的军事集团，他们不得不进行防备。

可以说，当巴顿将军进行表态的时候，苏联人已经开始着手准备了，而且已经准备和美国人划清界限，包括在德国占领的问题以及一些国际事务上，苏联都开始为自己的利益做好准备。很显然他们可不想等到自己的价值被人利用完之后才被抛弃或者被人攻击。也正是因为这样，在“二战”结束之后，两个国家正式走上了对抗的道路，可见朱可夫的猜测并没有错，而苏联人也做好了准备，尤其是1949年原子弹的爆炸，更是让苏联有底气和美国人平等对话。

无论如何，利用朋友可不是件光彩的事情，我们在面对这种喜欢利用别人的人时，最好也要像朱可夫一样事先就要明确作出判断并及时做好准备，以应付对方的阴招。在必要的时候，我们应该保持理性和冷静，要懂得看清自己的朋友，要懂得主动撇清关系，防止惹上不必要的麻烦。

很多时候，我们觉得别人对自己很好，觉得对方非常信任自己，什么事情都让自己去做，因此完全可以结交朋友，而为朋友付出是应当的，为朋友去付出是非常有必要的，可你有没有想过，这样的朋友是不是真的真心实意地对待你呢？当你不顾一切地为之付出，当你心甘情愿地被对方利用之后，对方很可能会一走了之，将你当成一个没用的垃圾一脚踢开。这一点你不得不认真考虑一下，而且你也应该去这么考虑，因为像这样的人根本就不值得我们去付出。

对于真正的朋友来说，朋友之间应该是互相帮助，应该是真诚去付出的，如果将利用与被利用的关系牵扯其中，就破坏了友情的本质，而且这种利用与被利用的关系实际上打破了朋友之间惯有的平等观念，容易伤害彼此之间的感情。因此，一旦你发现对方可能只是在利用你，那么你一定要做好绝交的准备，以免到时候被人利用完之后直接抛弃。

5

不还人情债的朋友，只会将你搜刮得干干净净

有句话说：“什么债都可以还得清，就是人情债还不清。”人情债自古以来就是人情往来过程中的一份责任，很多人都会非常重视它，甚至将其

当成生活中的责任来看待。不过在现实生活中，也有很多人喜欢拖欠人情债，甚至干脆不还，很显然这种人往往不通人情世故，也不懂得一些最基本的交际礼仪和原则。而且这种人往往自私自利，为人处世比较精明，喜欢在朋友身上搜刮一些好处，他们只会榨干别人的价值。

中国人向来是重视报恩的，古人说："滴水之恩，当涌泉相报。"只要有人帮过自己，只要别人对自己有恩，那么我们就应该主动去报恩，并且会永远都记住这份情谊，即便是朋友之间，也要懂得还上这份恩情。而那些忘恩的人，定然会受到道德上的指责，毕竟忘恩负义的行为往往为人所不齿。英国人说："忘恩比说谎、虚荣、饰舌、酗酒或其他脆弱的人心的恶德还要厉害。"因为忘恩的人否定了生活，否定了朋友的关心，也浪费和辜负了别人的好意，这种人不值得我们去深交。

朋友之间也许并没有必要遵从那么多的陈规旧俗，并没有必要事事都算得那样清楚，不过这并不意味着朋友之间可以完全不在乎人情往来，可以不在乎那些细枝末节的东西。对于朋友来说，我们也要懂得必要的维护手段，也要经常去维护和巩固彼此之间的感情，如果你放任不管或者当成无所谓，那么很有可能会超过友情的负担范围，会透支友情的信用度。

如果你的朋友缺乏那种清醒的认识，只想着从你身上捞一些好处，那么你一定要和对方保持距离，因为一个不懂得人情，也不想还人情债的朋友，并不会将你放在心上，因为他的眼里可能只有自己。一旦对方觉得你没有什么利用价值，一旦你对他有什么不友好的举动，他就会立即反戈一击，将你当成陌生人看待。

小宇在大学毕业后找到了一份好工作，并且很快成为公司里的管理人员，由于薪资待遇很不错，他就想办法将自己几个好朋友弄到公司里来。当然，他也花费了一番力气，毕竟一下子将好几个人弄进公司非常困难，需要上下打理关系，尤其是要通过上级领导的认可，这对一个进入公司不久的人来说，必定会很困难。可是小宇还是想办法打通了关系。

当朋友们都进入公司后，几个人都没有提起这件事，就连一句感谢的话也没有说过，小宇虽然觉得很累，不过仍然觉得自己这样做很划算，毕竟这些人都是自己的朋友，而帮助朋友本来就是自己应该做的。

工作之后，小宇非常照顾这几个朋友，只要对方提出什么请求或者遇到什么麻烦事，他都会想办法解决，都会努力帮助朋友渡过难关。可是朋友们依然装成什么事情也没有发生一样，小宇虽然嘴上并没有说什么，也没有要求什么，可是内心还是觉得有些失落，毕竟自己一直以来都在默默付出，可是至今连一句答谢的话也没有，朋友也没有想过请自己吃饭，或者送给自己一些礼物什么的。其实他根本不在乎这些形式上的东西，不过朋友们连提也不提一下，这让他还是有些不舒服。

有一次，朋友们在工作中和同事发生了争执，几个人大吵了起来。小宇其实在公司里还算有些威望和地位的，而且深得老总的器重，因此他的话往往很有分量。因此朋友们很快找到小宇，希望他能够帮助自己出头，可是小宇却感到很为难，毕竟这些人都是自己的下属，他并不能因为是自己的朋友就为难其他人，而且这件事也的确是朋友们犯错在先，所以那次小宇主张息事宁人，省得别人说自己恃强凌弱。

小宇的表态让朋友们很生气，他们纷纷指责小宇为了个人的形象和名誉，不肯帮忙解决问题，结果几个人怒气冲冲地离开。小宇感到非常伤心，要知道自己过去给予了朋友们很多帮助，可是对方却当成没事发生一样，这也就算了，如今却因为一件小事而指责自己，这让他觉得很失望。尽管是朋友，可是他觉得人应该有自知之明，要懂得相互尊重和体谅，更要懂得感恩。再三思考之后，小宇决定和这帮朋友绝交，因为他知道即便自己付出得再多，那些朋友也一样不会知足，更不会感恩，而只要自己有一件事做得不那么称心如意，就会受到指责和谩骂，这样的朋友迟早会拖累自己。

都说亲兄弟也要明算账，人与人之间人情的往来有时候还是需要一笔笔记下来，对于朋友的帮助，我们应该心知肚明，应该谨记于心；对于朋友的付出，我们应该心怀感恩，应该及时报答。人应该懂得尊重别人的付出，不能对帮助自己、善待自己、支持自己的人视若无睹，不能将过去受到的恩情全部抛到脑后，感恩之心是一个人最基本的道德素养，连感恩和报答之心也缺乏的人，根本就不配充当一个合格的朋友。

对于付出的人来说，他并不一定就期望得到多少回报，并不期望朋友能够返还自己多少利益和回报，重要的是要让对方能够从心中了解自己的付出。如果你的朋友对此装作不闻不问的话，那么你没有必要继续去付出，没有必要继续去帮助他们，因为这样的人，你越是付出，就越是要被对方搜刮和利用，到最后可能会失去更多。

⟀6

越是精明的朋友，你越是容易被他算计

如果让我们去选择朋友的话，你会选择老实人还是精明的人呢？答案可能很明显，多数人都会选择一些老实人当朋友。原因很简单老实人往往善良，做人比较诚实，比较踏实，他们往往不会耍什么心思，也不会斤斤计较和算计别人，因此最适合交友。而那些精明的人常常喜欢算计别人，总是希望能够从别人身上占一些小便宜，这种人通常都会拖累你。

正因为如此，如果你身边有喜欢斤斤计较的朋友，有喜欢占小便宜的精明人，那么就要小心了，毕竟谁都不希望自己的身边有一个王熙凤式的朋友，和这样的人交朋友，你可能会成为第一个受害者。在《三国演义》中，诸葛亮看到周瑜的第一眼，就知道对方是一个很有心计的人，所以尽管孙、刘进行联盟，诸葛亮和周瑜也称兄道弟，但是诸葛亮知道自己和周瑜这样的人在一起，很容易被对方算计，因为周瑜是一个心胸狭窄的人，而且周瑜对于吴国是绝对忠诚的，他不会希望蜀国占到任何便宜，甚至有心吞并蜀国。所以诸葛亮懂得和对方保持距离，以免发生不快，或者引起正面的冲突，并且选择和忠厚一些的鲁肃靠得更近，以此来作为联手的突破口。

事实上，和精明的人交朋友，的确要承受巨大的风险，弄不好你就会成为冤大头。无论是在生活和工作中，对方都会想办法占你便宜，都会想办法从你这捞点好处，这样的人往往不是什么大奸大恶之徒，但是你和他在一起通常都要吃亏，而且对方显然将自己的利益放在了友情之上，很多时候，他会为了个人利益而牺牲你，甚至是出卖你，这样的朋友显然会让你感到失望，显然会让你感到痛苦。

当然，在现实生活中，很多人都会认为精明的人往往能力比较强，可以很好地帮助自己解决问题，实际上这样的想法无异于将老虎当宠物来养，你不要指望老虎能够保护你，即便它能够帮助你吓退其他人，然而你或许忽略了一点，那就是它可能也会反过来伤害你。你指望依靠精明的人来帮助自己，这样的如意算盘显然打错了，因为你自己很有可能成为对方算计下的第一个牺牲品。洛克菲勒曾经说过："创业成功之后，你需要一个出色的会计来当助手，但是在成功之前，你最好不要和会计一起创业。"在洛克菲勒看来，精明能算的会计似乎是一把双刃剑，它能够为你争取到更多的利益，但是如果你和对方走得太近，那么第一个受到剥削的人往往就会是你。

此外，有些人也许会认为那些精明的人只会对别人下手，而不会将魔爪伸向朋友，但是兔子真的不吃窝边草吗？你觉得一个精明算计的人会舍近求远吗？当你认为精明的人一般也不会打身边人的主意时，实际情况恰恰相反，多数精明的人都喜欢对身边的人下手，比如说朋友。原因非常简单，占朋友的小便宜往往不会引起朋友太大的反应，毕竟很多人对自己朋友的这种行为都是睁一只眼闭一只眼，宁愿自己吃亏也不愿伤害朋友关系。在这样的心理下，那些精明算计的人就有了可乘之机，他们一定会把握好人心软弱仁慈的这一面。此外，朋友之间往往比较亲近，也比较了解，彼此之间都了解得一清二楚，这样就方便实施自己的计划。

这就像巴尔扎克小说《守财奴》中那个精明小气的葛朗台一样，这个吝啬鬼之所以能发家致富，就是因为有一个精明的脑子，他懂得如何对生意伙伴进行盘剥。不仅如此，他常常会打妻子、女儿的主意，希望从她们身上捞到一点便宜，而且相比于从其他人那里搜刮财富，妻子和女儿在他面前简直就像是小羊羔一样，他可以轻易得手。而这就精明人的一种性格，一种思维习惯，这种性格特征是不会轻易改变的，即便你是他的亲人、朋友，他也一定会算计到你头上，而且往往会最先算计身边的人。

中国有句古话："得道者多助，失道者寡助。"我们也可以说，老实人多助，而精明人必定寡助，因此做人还是要谨慎一些，尽量远离那些喜欢算计别人的人，尽量不要和那些精明的家伙交朋友，要不然你肯定会受到朋友的伤害。

提起索罗斯和巴菲特，相信很多喜欢炒股的人都听说过这两个人的大名，一个是金融大鳄，甚至几乎一手导演了亚洲金融风暴；另外一个则是世界级别的超级大富豪，堪称股神。很多人都曾比较过这两个人，而且都进行过一番假想：如果这两个人相互竞争，那么到底谁会更加厉害呢？这个话题争论了很久，毕竟索罗斯的操作能力要更强，而巴菲特的长远战略目光更加准确。

当然，有家美国投资公司曾经反其道而行，不让两个人竞争，而是尽量促成两个人的合作，试想一下，当今世界上最成功的两个投资大师一起合作，那么将会发生什么事情呢？可是这样的合作仅仅停留在了设想阶段，因为这两个人根本没有在一起合作的可能。这并非是因为两个人都有王不见王的传统思维，而是因为理念不同，而且巴菲特并不怎么喜欢索罗斯。

据说，巴菲特曾经在私底下对索罗斯表达过不满，他认为索罗斯这样的人太看重金钱因素，缺乏人情味，更重要的是索罗斯是一个投机者，为人精明，喜欢算计别人，包括自己的对手和朋友，这一点是巴菲特所不齿的。很显然，对巴菲特而言，索罗斯作为一个精明的商人，很可能会在合作中对自己不利。

正因为这样，巴菲特直接否定了合作的可能性，而他也不想和对方交朋友。不仅仅是巴菲特有这样的想法，很多著名的投资人都不想和索罗斯当合作伙伴，就是因为忌惮索罗斯太过精明，防止对方算计和伤害自己。

朋友之间应该相互坦诚，应该要讲诚信，不能欺骗，更不能彼此算计，那些锱铢必较的行为只会让友情打折，只会让彼此之间的关系变得索然无味。所以如果有人总是千方百计地要占别人的便宜，总是喜欢斤斤计较，那么你一定要保持警惕，千万不要和对方走得太近，因为越是精明的人，你越是要远离，越是要淡化彼此之间的关系。

第七章

DI QI ZHANG

会说更要会听，
懂得哪些话是真心哪些话是假意

人活着全凭一张嘴，嘴是自我表达的一种最常用的工具，比起肢体语言来说，说话无疑是最直接的表现方式，然而说出来的话并不意味着就是心里的意思，因为话可以正着来说，也可以反着来说，可以表达不同的意思，也可以进行掩饰。因此用说话来进行沟通的时候，一定要注意一些基本原则，在自己主动沟通交流的时候，要懂得去倾听别人的话，但我们不能轻信别人所说的话，哪怕是那些所谓的朋友，我们也要善于分辨话的真假。

1 为你吹耳边风的人，小心让你犯迷糊

我们在日常生活中很容易受到他人的影响，尤其是在做决定的时候，身边的人往往会在耳边提一些意见和建议，总是会对你的想法和做法指手画脚，这样一来我们往往可能会因为这些人的“提醒”而改变初衷，甚至被迫做出一些错误的决定。有人对那些贪官做过一项调查，发现大约有50%的人认为自己受到了爱人、亲人或者朋友的影响，身边的人常常在一旁出谋划策，旁敲侧击，从而慢慢将自己引到歧路上去。

这种为亲朋好友所累的现象几乎成为官员们的通病，而在日常生活中，我们也免不了被身边人的那些悄悄话所误导，尤其是我们的朋友。当你准备做什么决定的时候，朋友们常常会在耳边提建议，会帮助你分析情况，帮助你分清优劣，帮助你理清各种各样的利益关系，结果往往会干扰和影响你做决定。在耳边风的影响下，多数人可能会犯迷糊，不仅错过了把握成功的最佳时机，还可能会因此而误入歧途，做出错误的选择，最终害人害己。

对于你来说，那些悄悄话虽然不一定会直接损害自己的利益，可是却容易影响我们做出正确的决策。当你拿定主意的时候，朋友时不时在你耳边说上两句话，给你几条“特殊”的建议，你很有可能就会按照他们的想法去做，最终改变自己的主意；当你有了明确的目标之后，朋友可能会在一旁提醒几句，你为了顾全朋友的面子，也免不了要改弦更张。很多时候，朋友的“闲言碎语”会让你陷入犹疑、矛盾之中，会让你失去自主能力。

传媒大王默多克出身于富庶之家，他子承父业，继承了父亲的《新闻报》，并开始了自己传奇的一生。在此后的三四十年中，他从一个小

报的老板成为国际报业大王，涉足广播、影视、报业等多个领域，获得了非凡的成就。

不过在创业的过程中，他也几经波折，最初的时候他想过要并购其他的一些小报纸，可是很多朋友却总是想办法在他耳边提一些想法和建议，这让他始终难以抉择。比如有一次，一家即将濒临倒闭的报社找到默多克，希望他能够并购这家报社。可是正当他决定动手的时候，有朋友劝他不要购买，原因很简单，这样做只会拖累自己。结果几天之后，这家报社被其他竞争对手吞并，而对方因此实力大增，这次的失利让默多克耿耿于怀。后来默多克得知，原来自己的这位朋友和那家报社有过节，所以巴不得对方倒闭。

之后，默多克先后有过多次很好的打算和计划，可是每次朋友都在身旁嚼耳根，大家你一言我一语的，让默多克非常烦恼，最终那些计划都搁浅了，而看着别的对手变得越来越好，他却越来越迷茫，不知道自己该怎么去做。那个时候，还有朋友劝他去投资旅店，或者搞运输也行，而提出这些建议的人无不是为了自身的利益着想，无不是拥有自己的打算。

经过一段时期的迷茫，默多克明白了一切还是要靠自己，只要自己拿定了主意，就不能轻易受人影响，否则这辈子就什么也做不成了。后来他开始了自己的计划，第一步就是扩大自己的势力，为此他努力并购那些难以经营的报社，从而在国内立足，并发展壮大起来。之后，尽可能打开国际市场，最终一步步走向世界。正因为坚持自己的路线和想法，默多克的生意越做越大，渐渐成为世界上最有实力的传媒人之一。

其实，抛开对与错不说，每个人都应该为自己做主，都应该具备独立性，要懂得自己做决定，要懂得做自己想要的决定，而不要轻易受到别人的干扰，不要随随便便就因为别人而改变自己的想法。毕竟道路是需要自己去走的，人生要自己去成就，我们不能依靠别人，更不能受到别人的影响和干扰，哪怕是面对身边的朋友，我们也一定要保持自己的定力和独立性。只要是自己认定的目标，只要是自己经过慎重考虑之后做出的决定，只要是自己一直想要去做的事情，那么我们不妨大胆去尝试，不妨坚决地按照自己的意志去行事。

微软创始人比尔·盖茨曾经说过："当一个人有了自己的目标之后，他会有70%的可能性来获得成功，但是当别人不断给你提供建议和意见，不断在耳边干扰你的想法时，你成功的可能性几乎为零。"在工作和生活中，盖茨向来都是一个很有主见的人，他希望朋友能够给自己提供帮助，希望朋友可以指出自己的错误，但是他不喜欢有人在他耳边说一些"悄悄话"，不喜欢有人轻易去改变他已经做出决定的事情，也不喜欢因为朋友而做一些明显违背原则的事情，正是因为这份独立性，才能确保他能够带领微软不断走向成功。

如果按照真正的友情来说，真正的朋友也许会给你提意见和建议，但是他们绝对不会干扰你的判断，只要是你做出的决定，只要不是出现了明显的纰漏，他们一般不会加以否决，更不会经常在你耳边说一些误导性的话，他们绝对不会影响你做自己想要做的决定，更不会刻意给你灌迷魂汤，让你犯下一些本可以避免的错误。

一般来说，在耳边吹气吹风，说"悄悄话"的朋友通常都不敢明目张胆地向你提意见，都不敢公开公正地谈论自己的想法，换句话说，一般他们所提供的建议或意见都带有一定的灰色成分，至少不见得是多么光明正大。我们需要明白，朋友之间应该是大胆而坦诚的，朋友之间应该是相互信任、相互扶持的，有什么话可以放心地拿到台面上来讲，像这样说"悄悄话"的原因也许只有两个。

一是，朋友不敢承担责任和风险，所以在私底下和你说"悄悄话"，这样可以不用将自己推向前台，一旦出了什么问题，他自己可以完全置身事外。比如很多朋友会怂恿你去向领导告状，或者怂恿你和某个对手针锋相对，而你也许会碍于情面而答应下来，最后吃亏的是你，背黑锅的也是你，而对方则毫无风险和压力。

二是，朋友很可能有自己的利益取向，为了满足自身的利益，他希望能够给你一些特殊的"引导"，当然他不方便直接公开，以免暴露自己的目的。这种人非常精明，他千方百计说服你，目的很可能就是要让你做出有利于他的决定，目的就是让你为他的利益服务。他们会告诉你该怎么做，会提醒你怎么做才是最合理的，才是最有利的，而实际上最有利的往往是他自己，他只是将你当成一个工具来使用。

可以说，经常在你耳边吹气的朋友，大都绝非善类，至少他们都有着自己的打算，而一旦出现了这样的朋友，一旦你的朋友开始在你耳边给一些额外的提示，那么你就需要提高警惕了，即便你的朋友不是有什么坏的企图，你也需要保持清醒和独立，因为一旦你受到了影响，那么就很有可能因此而失去更多把握成功的机会，也会犯下更多的错误。

2 最亲近的朋友，有时候最容易让你上当

有句话说："日防夜防，家贼难防。"当我们对这个社会保持警惕和防备的时候，往往会存在一些死角，那就是身边的人，这就像是放哨一样，多数放哨的士兵都是拿着望远镜查看远处的动静，而很少有人左右环顾看看身边发生了什么。生活中的这些死角与其说是一个疏忽，倒不如说是人性上的一个弱点，因为我们总是轻易就相信身边的人，总是对身边人毫无防备。

尽管每个人身上都具备自我保护意识以及自我防备意识，但是在友情、爱情和亲情面前，我们会主动去放下那些防备，会主动将自己暴露在对方面前，因为很多时候我们总是无条件地相信对方，而这就给了一些别有用心的人乘虚而入的机会。尤其是那些主动亲近你的朋友，对方虽然总是一口一句"哥们"，总是对你保持微笑，总是和你形影不离，但这也可能是他们为了引诱你上当，为了消除你的戒备之心而使用的障眼法，等到你被迷惑之后，他们就可以轻易欺骗你。

都说人心隔肚皮，很多时候我们的眼睛也会欺骗人，很多时候我们会

被朋友的表演所迷惑。当朋友在你面前信誓旦旦地许下誓言，当朋友总是在你面前表现得很殷勤时，你是否怀疑过对方是否心口不一，是否了解对方的心里到底在想些什么？多数时候，我们并没有认真做好准备，并没有具备应有的防备意识，我们认为那些最亲近自己的朋友就是好人，就是真正对自己好的人，这样显然太草率了。轻易就怀疑朋友当然也不对，但是我们必须要保持戒备之心，必须要懂得做好必要的自我防备，这也是自我保护的一个基本原则。

如果你总是将自己全部暴露在朋友面前，总是无条件地奉献自己的一切，那么一旦友情出现了问题，你又该如何来挽救潜在的威胁和对自己所造成的严重伤害呢？这一点必须慎重。事实上，那些离我们越近的朋友，对我们造成伤害的机会就越大，因为他们的隐蔽性更好，无论你是否相信，那些最亲近的朋友往往会是我们最大的威胁。

美国制造业和能源业的大亨大卫·科赫曾经有一个很要好的朋友，两个人曾经想过合伙创业，不过因为其他的原因，这件事就此搁浅了。某一天，这个朋友对科赫说他看中了某个项目，需要一笔钱进行投资，因此他希望自己能和科赫一起投资。其实科赫也早就想和朋友一起做生意了，只是说起投资，他似乎并不在行，对他来说几个人一起开个公司什么的似乎要更好一些。

但是朋友说这项投资的利润很大，而且还没有太多强大的竞争对手存在，因此升值和发展的空间很大。科赫听说后当场就同意了朋友的意见，毕竟这个朋友是自己最信任的人，只要对方认为值得投资，这件事就八九不离十了。几天之后，科赫将自己和兄弟存下来的钱全部交给了这个朋友，当时朋友还许诺几个月就能回本，科赫听了自然很高兴。

可是过了两个月，他一直都没有看到那个朋友，也没有收到任何信息，他觉得很纳闷，这个朋友就像是凭空消失了一样，就在这个时候，有人对他说那个朋友到处借债，早就卷款逃跑了。科赫觉得很惊讶，于是跑到这个朋友的老家，结果那里早就人去楼空。这一下科赫才明白过来自己上当受骗了，觉得非常后悔也非常生气，因为他万万不会想到自己最要好的朋友竟然也会欺骗他。

后来科赫和自己的兄弟一起创业，并获得了非凡的成功，成为美国数一数二的大富豪，而就在他功成名就的时候，突然在纽约的街道上看到了当年的那个朋友，对方看上去落魄不堪，衣衫不整，科赫并没有表示同情，而是径直将车开走了，很显然经过上一次的教训，他已经不想和这个朋友有任何的来往了。

都说“明枪易躲，暗箭难防”，其实最有杀伤力的暗箭往往来自亲近的朋友，因为多数时候我们对于这一类人的抵抗力几乎为零，如果有人利用这些看上去亲密无间的友情大做文章，而你对此一无所知，那么只能说“害你伤你没商量”。比如有些人常常会将秘密说给朋友听，可是最后会发现这些秘密竟然被公之于众，很显然你的朋友并没有尊重你的隐私权，也并没有顾及你的感受。

所以做人应该有起码的警觉性，应该有最基本自我保护意识，不要轻易相信任何人，也不要将自己的全部都暴露或者寄托在某一个人身上，因为人心难测，要知道，即便是最亲近的人也有可能会背叛你。因此无论别人说了什么，无论朋友对你怎么样，你都应该具备一定的分辨能力，在了解朋友的为人之前，不能轻易就相信对方。平时相处的时候你需要尽量保守一些私人秘密，需要和对方保持一定的距离，这样才能够有效防备来自朋友的背叛和伤害，才能够尽量去防备可能出现的友情危机。

3 不断给你泼冷水的朋友，可能会使你半途而废

朋友是拿来当作精神支柱的，我们常常需要朋友来当后盾和支持，当自己遇到挫折的时候，我们需要朋友的鼓励；当自己遭遇失败的时候，我们需要朋友的安慰；当自己面对挑战时，我们需要朋友为自己呐喊助威；

当自己陷入纠结之中时，需要朋友及时站在自己这一边。朋友就是站在背后的支持者，他们不一定要伸出援手，不一定要为我们提供多少帮助，不一定真的要为我们披荆斩棘，遮风挡雨，但是至少应该给予我们更多的精神支持。

不过在生活中，有很多朋友却并不愿意支持你，不仅如此，他们还常常想办法给你泼冷水，无论你做什么事情，都是提反对意见，都是投反对票，看上去就像是和你有仇一样。有时候这些人表面上看起来他们很关心你，当你做出某个选择的时候，他们会郑重地告诉你说这样的选择可能会带来严重的后果；当你做出某个决定的时候，他们要站出来“提醒”你这个决定会造成多大的麻烦；当你兴致勃勃地想要做某件事时，他们觉得你只会把事情做得更糟；当你努力去做好某件事时，他们又要说你无论怎么努力都是徒劳无功而已。这些朋友最擅长的事情就是泼你冷水，就是想尽一切办法来否定你的思维和行为，目的就是为了让你一事无成。

对于这样的人，我们并没有必要太当真，也没有必要去“认真”听从劝告，毕竟有些事情你不去尝试的话，又怎么知道一定会失败呢？你又怎么知道一定会出现不如意的结果呢？朋友批评你，并提出一些反对意见，这固然是好事，不过对于那些一味反对和否定自己，一味让自己打消念头的人，我们还是要懂得了解他们的动机，还是要懂得坚持自我，不能轻易受到影响，因为成功的道路上向来就是孤独的。

阿里巴巴的创始人马云在最初创业的时候，几乎是一穷二白，资金短缺，人才匮乏，他们有的只是一腔热血。因此，当他提出要创立电子商务平台的时候，很多人都觉得马云实在是天方夜谭，要知道成立一个电子商务公司至少也得几百万元，而马云大概连一个零头也拿不出来。此外，当时的电子商务平台大都被国外的电子商务巨头所垄断，这些公司几乎占领了所有的业务，马云的小公司和它们相竞争，只能是死路一条。

正因为这样，当时几乎没有朋友赞成他这么做，马云也陷入迷茫中，他也了解互联网的形势，知道困难很大，可是他仍然希望朋友们可以支持他，可以站在他这一边。何况他觉得当时应该是成立电子商务平台的好时机，而且发展前途非常光明。那一段时间，经常有朋友前来游说，有的人认为马云过去能够获得成功，那是因为刚刚把握了互联网的皮毛，而且规模小，所以风险也小，而现在想要成立电子商务公司，毫无疑问会成为别人的炮灰。还有一些朋友认为马云是不是太想创业，以至于冲动行事，他们都认为这样的公司没有竞争力，也没有发展潜力，他们觉得马云在几年之内就会尝到苦头。

面对朋友纷纷而来的冷水，马云还是咬牙坚持做出了自己的决定，他告诉自己，如果有人总是否定自己，毫无疑问会让自己分心分神，而最好的方法就是置之不理，坚持我行我素。而且他觉得自己当初在创办“中国黄页”的时候，24 个朋友中，有 23 个人明确反对自己，可是自己还不是一样将“中国黄页”办了起来，因此这一次，他依然相信自己。所以这一次他干脆躲着朋友，然后很快创立了阿里巴巴，后来证明了马云的这一次独裁是值得的，因为正是阿里巴巴改变了他的命运。

相比而言，马云算是幸运的，他没有被那些泼冷水的人吓倒，而多数人可能就是因为朋友的反对和否定以至于半途而废，错失了成功的机会。其实每个人都有期望获得他人认可的愿望，都有期望收获他人赞美和肯定的需求，尤其是收获身边人的认同，比如父母对孩子的肯定，老师对于学生的表扬，朋友之间的相互鼓励和肯定。这些来自身边人的肯定往往会增加我们的自信心，也会成为我们继续成长的动力。如果有人总是给你泼冷水，总是打击你的自信心，那么我们的信心和勇气肯定会受到影响，我们在奋斗的时候也容易出现犹豫不决的情况。而对于这些泼冷水的人，我们只能说他们不了解你的心意，至少从友情的角度来说，这不是一个好朋友应该做的事情，不是一个好朋友应该有的态度。

所以如果有朋友习惯性地泼冷水，那么你需要和对方适当保持距离，需要学会忽略这些人的“忠告”。在生活的道路上，你需要听从朋友的劝告，但是也要保持个体的独立性，要善于把握自己的人生方向，只要自己觉得可以走下去，只要自己觉得正确，那么就不妨尝试一下，暂时忽略那些来自朋友的悲观意见和建议，这样你才能有机会将事情做好。

4 说的奉承话越多，你的处境越危险

有个州长觉得很苦恼，因为他总是发现自己的身边有人暗中做手脚，常常在背地里给他找麻烦，他认为自己的身边肯定有人想要让他过得不痛快，甚至于想要陷害他。为此他找到马克·吐温诉苦，并说出了自己的疑惑和苦闷。马克·吐温听完之后，笑了笑说："这还不简单吗？想要知道谁才是对自己威胁最大的人，那么只要在参加晚宴的时候，看一看谁对你最献殷勤，只需要看一看谁对你说了更多的奉承话。"

在这里，马克·吐温一语道出了人际交往中的一些玄机，在日常生活当中正是如此，但凡是那些不怀好意或者有所图谋的人，往往会巴结你，会拍你马屁，为的就是从你身上捞一点好处。还有一个很重要的原因就是，他们希望通过奉承来捧高你，让你飘飘然，让你骄傲自满，让你放松警惕，而当一个人被捧得越高时，往往会摔得越重。

在竞争环境中，为了提高自己的竞争优势，很多人常常会试着去抬高自己，打击和贬低别人，主动去制造一种差距，从而来增强自信心，同时削弱别人的竞争优势，让对方知难而退。比如说我们会到处宣扬对手的无能，会到处宣扬对手的弱小，以此来占据心理优势。可是有些人却偏偏要反其道而行，他们常常会保持低调和谦卑的姿态，并且努力去奉承和巴结对方，尽量想办法去抬高对方的地位和形象。而他们之所以选择这样做，一方面可以通过这种示好来使对方放松警惕，从而方便自己发动攻击。另一方面则是主动通过示弱来激起对方的虚荣心，让对方

的虚荣心膨胀起来，而一旦对方失去警觉和竞争的动力，他们就立即出手一举击垮对手。

林先生是深圳某贸易公司的老员工，他工作能力出众，而且忠心耿耿，因此被总经理提拔到部门主管的位置。而刚进公司不久的胡飞是博士学位，专业知识非常扎实，在平时的工作中，能力和态度也非常突出，因此也深得总经理的欣赏，所以他也很快就被提拔到部门主管的位置上。由于两个人属于同一阶层，而且同样都是总经理的左膀右臂，所以两个人也慢慢熟识起来。

胡飞虽然能力出众，是年轻员工中的佼佼者，总经理也有意培养他，可是他毕竟还是比较年轻，社会阅历明显不足，加上少年得志，免不了会犯错。而林先生为人却相对沉稳和理智一些，待人也非常和气。因此胡飞一直想要向这位老前辈求教，并且也试图和他多接触一些。林先生对于这位后进之人非常赞赏，常常当面夸奖胡飞，甚至在其他同事面前也从来不吝惜自己的赞美，这让胡飞觉得很有面子，也很感动，所以两个人很快成为最要好的朋友。

可实际上呢，林先生一直将年轻有想法、有能力的胡飞当成最大的对手和敌人，因为他知道公司缺一个副经理，而从目前公司的员工来看，只有他和胡飞两个人最符合标准，可是自己年纪大了，而胡飞很年轻，发展的潜力很大，他隐约意识到总经理有意让胡飞去担当副经理。如果不是这样的话，那为什么总经理一直没有将自己这样的老员工提拔上去呢，很显然总经理只是为了多培养一下胡飞，等到时机成熟了，等到胡飞变得更加老练沉稳了，然后再提拔对方。

林先生自然感到愤愤不平，他一直都想着除掉胡飞这个强势的对手，因此他决定接近并讨好胡飞，然后伺机陷害对方，而这样的机会很快就到来了。某一次，总经理希望公司能够拓展长江以北的业务，于是好不容易联系上了一位北方的大客户，不过双方并没有就合作达成任何协议，相关的事宜还需要进行谈判。很显然这是一个巨大的挑战，因为事情成功了就会为公司带来巨大的市场，而失败了，很可能会断绝公司北上发展的道路。

一开始总经理也拿不定主意，到底是该把这个任务交给林先生还是胡飞，可是老谋深算的林先生早就了解到了总经理的想法，于是就当面找到胡飞，让他主动请缨去参加谈判。林先生赞美胡飞精明能干、为人处世很有胆识，而且学识渊博，口才也非常好，是这次谈判的最佳人选。听了林先生的夸奖后，胡飞有些志得意满，于是当天就跑到总经理办公室里毛遂自荐，并且立下了军令状。看到胡飞信心满满，总经理非常高兴地答应了下来。

其实林先生早就预料到这次的谈判不会成功，因为如果对方真的有意合作，上次就应该达成一些口头约定或协议，况且他觉得胡飞为人冲动，又没有多少谈判的经验，自然不大可能有所收获。而他这样做的目的就是为了让胡飞上当，从而落入自己的陷阱之中。此外，林先生还跑到总经理面前，处处说胡飞的好，还说胡飞曾当着众人的面许下诺言，一定要拿下这次的任务。总经理听了更是满怀期待，也觉得好事将成。

果然，这一次的谈判最终以失败告终，胡飞甚至还因此和客户争吵起来。总经理原本还信心满满的，可是看到胡飞一无所获地回到公司，自己也觉得很无奈。他并没有因为这件事而责怪胡飞，毕竟这样的任务的确有些难度，所以他并没有因为军令状的事情而真正赶走胡飞，但是经历过这次的失败，总经理认为胡飞为人太自负、太冲动，不适合担当重任，所以对他渐渐不那么信任了。

几个月之后，总经理决定提拔林先生当副经理，而这个时候胡飞突然从总经理的秘书那儿得知了林先生暗中的举动，他将所有的事情想了一遍，再看看现在林先生对自己的冷淡态度，突然意识到这一切原来都是自己最信任的好朋友林先生在捣鬼，胡飞觉得非常惊讶和失望，最后只能伤心地主动离开了公司。

在面对各种各样的生活危机时，糖衣炮弹往往是最危险的武器，尤其是来自别人的奉承话，更是杀伤力惊人。这些话尽管听起来句句中听，但却句句伤人，背后往往也暗藏杀机，你稍不注意就可能会因此而招来麻烦。对于朋友来说，也是一样，有时候朋友之间相互夸奖几句也很正常，可是如果朋友动不动就奉承你，而且奉承的话明显偏离了事实，那么你要小心这个朋友也许并非出于好心。

爱因斯坦曾经说过："当你仅仅获得一点点成就，而别人却要将你奉若神明，那么这个人多半会毁了你。"作家海明威则说："我是让朋友来挑出毛病并纠正我的错误的，而不是让他们来拍我的马屁的。"如果有朋友总是对你溜须拍马，说一些动听的话，那么你就要保持理性的姿态，并且要及时和对方保持距离，防止被那些甜言蜜语所迷惑。

∠5

喜欢套别人话的人，有一天会给你下套

语言学家认为，交谈的艺术在于让别人接受我们的观点，同时也要想办法了解对方的想法，想办法从对方的话中整理出一些有用的信息。对于很多交际能力出色的人而言，套取别人的话并不是一件难事，尤其是那些谈判专家，为了获得最有效的信息，他们往往会想方设法给对方下套，从而准确地知道自己想要的信息。

不过在一般场合下，在一般的交际活动中，这种套别人话的做法往往不礼貌，而且也容易招致别人的反感。几乎所有的人都不喜欢被人套话，毕竟每个人都有自己的秘密，都有自己不想公开的东西。既然他们不想让别人知道，那么其他人如果没有什么特别的目的，又为什么非要去弄个清楚呢？这种做法通常会让人心存戒备，尤其是在朋友之间，这种人往往很不可靠。而我们在面对这些有目的性地选择套别人的话的人时，一定要保持高度的警惕，一定要懂得少说话少接触。因为这样的人多半都图谋不

轨，他们要么就是喜欢打听别人的隐私，并且以此为乐，要么就是想要从你这窃取一些重要机密。

朋友之间按道理说不应该隐藏什么，也没有必要去打听什么，如果有人不想说，那么这件事必定是很私密、很重要的事情，你不想让大家知道。如果你的朋友理解你，那么就不会想办法来偷窥探取你的私密，就不会千方百计来探口风了，他这样做是一种不信任、不尊重你的表现，这样的朋友自然也不值得你去信任，不值得你继续交往。

在唐朝武则天执政时期，出现了很多酷吏，这些人虽然权力不大，但非常残忍，而且由于他们大都专管刑罚招供之事，所以能够决定犯人的生死。当时有一个人叫周兴，此人工于心计而且心狠手辣，有些朝中大臣对他颇有异议，认为这个狱官常常以私刑强迫犯人认罪，根本于法不容。于是大家联名上书请求武则天严惩他。

武则天对于这些酷吏早有耳闻，于是就派周兴的朋友来俊臣审理此案。当来俊臣带着武则天的密旨来到周府时，周兴还在喝酒，于是他便央求来俊臣一同喝上几杯。来俊臣原本想要宣读圣旨，不过看到周兴有如此“雅兴”，于是决定借机套出周兴的话，这样也好给他定罪。于是来俊臣笑着问：“最近关了一批犯人，大多不肯老实招供，您看该怎么办？”

周兴是个中老手，于是捻着胡须，直接回答说：“这还不容易！我最近就想出一个新办法，拿一个大瓮，把它放在炭火上烤热，谁不肯招认，就把他放在大瓮里烤。还怕他不招？”来俊臣听了连连称赞：“好办法，好办法。”与此同时，他还让人搬一只大瓮和一盆炭火放到大厅正中央，然后在瓮底架起火炉进行炙烤，一炷香之后，整个大厅都热气腾腾。

周兴正觉得奇怪，只见来俊臣站起来，疾言厉色地说：“有人告发周兄谋反，皇上让我审问你。你如果不老实招供，只好请君入瓮了。”周兴还以为对方在开玩笑，结结巴巴地说：“老弟，我们还是喝酒……别……别开玩笑了！”来俊臣冷笑了一声，从袖中取出圣旨，大声呵斥道：“老兄，别执迷不悟了，有圣旨在此，岂能笑谈？”

周兴这时候才意识到自己大祸临头，顿时如遭五雷轰顶一般，哆哆嗦嗦就跪了下来，而且很快就认了罪。来俊臣于是让人绑了周兴。这个时候周兴后悔莫及，如不是自己一时轻信朋友，说出那样的话，自己也就不至于被人逼迫到这样的份上。虽然按法律，周兴应当被判处死刑。可是武则天念及旧情宽宥了他，改判流放，可是周兴最后还是在半路上被仇家杀死。

周兴死后，很多同党都认为来俊臣这个人太过阴险，竟然用如此卑劣的手段来套话。其实谁都知道来俊臣原本也是一个酷吏，而且还是周兴最要好的朋友之一，而他在审讯犯人的时候也是心狠手辣，这一点和周兴相比简直就是有过之而无不及，可以说被他屈打成招的人也绝对不在少数，而死在他手下的人更是不胜枚举。所以这些人都对来俊臣恨之入骨，而朝中大臣也总是疏远这样的小人。后来来俊臣和太平公主起了冲突，结果大家联合太平公主一起对付来俊臣，并且将其满门抄斩。

周兴的遭遇并不值得同情，但是他被朋友设下圈套而致死，这样的事情还是应当引起每个人的注意。毕竟我们的身边很可能也有来俊臣这样的朋友，弄不好我们也会成为对方的猎物和牺牲品。所以我们应该懂得分辨那些喜欢套话的人，然后尽量远离他们，不要和他们有什么过深的交流。一般来说，套话的人都有一些比较明显的表现，比如说在和你交谈的时候说一大堆毫无意义的话，说一大堆毫不相干的话，最后才稍微引出一些话题，进行旁敲侧击。这样的人很明显就是为了打探消息而来，为了达到目的，他们通常会采用迂回的战术，慢慢放松你的警惕，然后伺机而动。

有一些人在套话的时候则是欲说还休，我们往往会发现对方似乎话中有话，可是他们却并不直接提点出来，而是想办法委婉地表达一下，而且基本上是蜻蜓点水，往往点到为止而并不说破。像这样的人往往有话不好好说，总是在遮遮掩掩，目的显然不纯，为的就是给你一些提示，引诱你自己把那些话说出来。

而最常见的一种套话方式就是秘密地相互交换，对于绝大多数人来说，这是一个从小就已经熟练掌握了的交际技巧，他们深深知道想要获得就需要先付出的道理，所以在套话之前通常会主动爆料自己的一些私密事，而且尽可能地诱导你也说出他想要知道的某些隐秘消息。这种方式往往比较隐蔽，因为当他说出自己的隐私时，我们常常会认为这是朋友之间一种亲密的表现方式，是朋友之间一种表达友情的方法，因此我们很可能因此而放松戒备，并慢慢对朋友说出自己的私密信息。

一般来说，当你发现自己的朋友在交谈中有以上这些异样的举动时，那么对方多半有一些问题，你一定要做好防备，尽可能绕开对方的圈套，或者说干脆答非所问，让对方无从下手。或者干脆装聋作哑，保持沉默，这样一来相信你的朋友也会无功而返，而且你这样做已经表明了自己的立场和态度：你对于这些敏感的问题不感兴趣，甚至有些生气，这样往往可以让对方知难而退，暂时收敛自己的行为。事实上，你甚至不妨和他们保持一个安全距离，或者干脆躲避这样的朋友，这样就可以防止对方套话了。

6

不要轻易公开秘密，否则会成为别人手中的把柄

在日常生活中，朋友之间往往会相互分享一些自己的隐私，因为我们常常自恃和朋友靠得最近、关系也最亲密，于是十分随便就把心中的那些私密事透露给对方。看上去这是一种证明彼此之间亲密关系的方式，也是一种表达信任的方法，可这样做往往会给自己埋下隐患，因为你可能没有办法预料到如果有一天你们闹掰了，那么你所有说出去的秘密就成为对方手里的把柄。

做人还是应该更加谨慎一些，不能因为一时冲动就将自己所有的私密都拿出来分享，老子说“国之利器不可示人”，一个人有什么压箱底的东

西，有什么最隐秘的私事都要懂得保护起来，要懂得深藏心底，如果轻易就拿出来分享，那么会将自己推入险境之中。在生活中，我们常常会看到一些好朋友，在分手之后就会相互拆台，将彼此的缺陷和糗事全部爆料出来。

当我们感叹友情不再，感叹人生变幻无常的时候，是否想过一个问题：如果你当初不那么冲动，不将那些私密信息告诉朋友的话，你可能不会遭遇今天的尴尬困境。只能说你当初的确是“很傻很天真”，只能说你对于未来生活的认识严重不足，只能说你的自我保护意识很低。其实，只要我们有戒备之心，只要我们懂得什么话该说，什么话不该说，那么就不会受到什么困扰，就不会被人抓住把柄。

张健和李锋是从小一起长大的好朋友，两个人曾经在同一个学校上学，又一起进入同一个公司上班，可以说是非常要好的朋友，正因为如此，平时两个人都待在一起，几乎无话不谈，彼此之间也很少有什么秘密。毫不夸张地说，就连张健身上有几颗痣，分别在什么地方，李锋也知道得一清二楚，更重要的是两个人都有着很多共同的爱好，因此总是能够轻易聊到一块去。

工作之后，张健和李锋直接成为了竞争对手，原因很简单，这两个人都是公司里重点培养的对象，而且他们两个人也分别受到了上司的器重，因此两个人虽然还是好朋友，但还是免不了要相互较劲。而且两个人除了工作上存在竞争关系之外，平时的工作理念也有一定的分歧，比如说张健习惯了自由，并不习惯严格的管理，他渴望公司能够更加人性化一些，他还私底下对李锋透露，自己曾偷偷写匿名信向上级状告自己的上司，原因就在于对方常常不通情理。

不过李锋却觉得公司的管理严格一点没什么不好，毕竟人都是需要管理才能认真把工作做好的，而且他觉得结果很重要，只要能够让员工把工作做好，无论采取什么样的手段，无论采取什么样的方法，都是无关紧要的。就因为这点分歧，两个人常常争论不止，甚至吵得面红耳赤。

后来，公司决定提拔新人，这下张健和李锋直接就成为对手，这样毫无疑问增加了两个人产生摩擦的可能性。而事实上，两个人也的确如此，自从被定为提拔的人选后，两个人经常发生争执，而且也不像以前那样亲密无间了。没过几天，张健突然被叫到了办公室，领导问他是不是对自己的管理方法有成见，面对老板的责问，张健几乎哑口无言，而更让他惊恐的是，领导突然说自己曾经被人匿名检举的事情，这几乎让张健吓出一身冷汗，因为这些事情他只和李锋说过，很显然自己的私密信息被李锋泄露出去了。

想到这儿，张健后悔莫及，他后悔自己不该将这样的私密透露给朋友，如果不是这样，也许两个人至今仍然是很要好的朋友，也许自己的事业也会一帆风顺，而现如今，这一切都被自己毁掉了。

做人还是应该懂得坚持一些适度原则，即便是在朋友之间，也要懂得保持适度的距离，相互之间要说一些适度的话，要将那种亲密行为控制在一定限度之内。这样做其实对双方都有好处，对于感情的维护也很有帮助。如果没有什么限制，彼此之间缺乏必要的约束，那么你将会赤裸裸地暴露在朋友面前，你所有的缺点也会全部显露无遗，而这可能会让你遭受重大的打击。

很多人认为和朋友分享私密的东西才是友情的象征，才是提升友情的重要方法，可事实上好的友谊并不是依靠亲密度来维持的，亲密与否并不能完全代表友情的好坏。都说君子之交淡如水，有时候看上去很平凡很普通的交际方式，反而透露出浓烈的情感，有时候看似不怎么往来的朋友，很可能交情匪浅。

李白和杜甫当年相遇的时候，不过是喝了几次酒，从此便各奔东西，可是杜甫却引为生平一大快事，他将李白当成一生的好朋友来对待。在他的诗歌中，无不透露着对李白的思念、敬仰和羡慕之情。这种友情虽然隔着千山万水，虽然隔着年龄的差距，而且李白似乎很少说起杜甫，不过即便是这样，这份友情依然令人动容。

相反地，那些亲密往来的朋友可能暗地里相互较劲，相互排斥和陷害，那些称兄道弟无话不谈的朋友很可能会反目成仇。所以我们需要消除对友情的误解，要明白有时候你过于亲密的表现，你过于坦白的交流，很可能会给自己留下隐患，而一旦你的私密被对方抓在手里，很难说朋友不会以此来要挟你，不会以此来打击你。为了防止这样的情况出现，我们一定要提前做好预防措施，不能轻易和人分享自己的秘密，更不能完完全全地相信对方。你如果将一切都暴露在朋友面前，那么无疑就会成为对方砧板上的鱼肉，只能咽下任人宰割的苦果。

第八章

DI BA ZHANG

小心处处跟你对比的人，别让他们在你背后捅一刀

我们每一个人都有一个固定的生活群体，尤其是朋友圈，更是我们生活中必不可少的人脉网络。在朋友圈中，我们不仅仅是有着共同的兴趣爱好，有很多共同语言和目标，有互助合作的传统，我们还有着竞争意识，有着相互对比的现象。即便是再亲密的人，长时间待在一起也免不了要相互对比，只不过这种对比应该限制在一定的程度内，如果有朋友总是想要和你一较高下，那么这个朋友很可能在妒忌你，而对于这样的人，你需要保持距离，因为嫉妒很可能会产生仇恨，到时候，朋友很可能会在暗中向你下毒手。

∠1

喜欢和你对比的朋友，会在暗中破坏你的好事

肖邦很早就成为了出色的钢琴演奏家，可是他却一直得不到大家的认可，很多人甚至在背后诋毁他，就连他的一些朋友也认为肖邦还欠缺火候，没有真正具备大师级别的能力。他们之所以会这样说，完全是因为肖邦的能力太出色了，以至于身边所有的人都在嫉妒他，那些朋友不仅不帮助他，而且还处处泼冷水，暗中搞破坏。

据说有一次，肖邦请求一个好朋友帮他联系剧场，好让自己可以表演，争取让其他人能够看到他的实力，可以尽早地认识他，可是这个朋友却推三阻四，而且还认为肖邦只是为了挣钱才会这样做的。朋友的话让他觉得很伤心，所以他黯然取消了这一次的表演，与此同时也发现了朋友对他的冷淡和排斥，为此他只好远离家乡，并且开始周游欧洲各国。

当肖邦从波兰辗转来到巴黎时，遇上了当时的钢琴大师李斯特，两个人还有幸交谈和切磋了一番，而李斯特听完肖邦的演出后，惊叹不已，他对肖邦的绝世才华敬佩不已。但与此同时他也非常疑惑，为什么像这样一位天才却一直得不到大家的重视呢？为此，他安排肖邦在巴黎的剧院里进行了一场别出心裁的演出。那一天，剧场里的灯光全部熄灭了，而肖邦就在黑暗中为众人演奏，结果演奏完之后，听众都惊讶不已。正因为如此，肖邦一夜成名。

如果没有遇到李斯特，或者李斯特也是一个嫉妒人才的小人，那么肖邦也许永远都不会出头了，这样一个伟大的钢琴家从此就湮没在平凡的人群之中。而从肖邦的境遇中，我们可以看出生活中那些所谓的朋友，有时候并非真心真意对我们好，有时候也会对我们心生嫉妒，而恰恰是这种嫉妒不断伤害和折磨我们。

法国作家格尔夫曾经说过："我们通常只愿意把矛头指向前面的对手，却没有想过用盾牌来抵挡身后的人。"在生活中，那些站在身后的支持者，那些为我们摇旗呐喊的朋友，往往也会对我们造成一些负面影响，也会想办法暗中进行破坏。而造成这一现象的原因就在于，群体内部也存在矛盾和竞争，只不过我们通常都选择了忽略和漠视。

简单来说就是嫉妒心理，当朋友之间的地位出现失衡的时候，彼此之间的关系也可能出现失衡，这时朋友会因为嫉妒而成为反对你的敌人。嫉妒心可以说是人类与生俱来的，每个人都渴望获得别人的认可，为了获得这种认同感和存在感，我们会嫉妒别人，嫉妒朋友，嫉妒那些比自己更加强大的人。当然，别人也会因此而嫉妒你，但这种嫉妒心应该有一个限度，更多时候应该是一种羡慕。如果有人处处和你对比，有人想办法要将你比下去，想办法要让你过得更惨一些，那么这种强烈的嫉妒心很可能会演化成为仇怨。

在生活中，这种人一般都喜欢和别人对比，喜欢和别人竞争，他们看不惯别人比自己强，看不惯自己总是跟在朋友身后，所以总想着成为朋友圈中的核心人物。在工作中，他们想要成为核心；在生活中，他们渴望成为焦点人物；在比赛中，他们总想着击败所有人。而当你越来越强势的时候，别人就越来越嫉妒你，就越是要在暗中搞破坏。

这一点其实在朋友身上表现得最为明显。首先，朋友之间经常在一起，彼此之间接触最多，掌握的信息也最多，一旦你获得了成功，那么就会很快被他们察觉，而且明显会打破原有的那种平衡。你的朋友会认为自己变得黯淡无光了，会认为你抢走了所有的舞台和目光，会认为你让所有人都变得无足轻重。

正因为如此，他们会从朋友演化成为一个妒忌的人，从支持者变成一个反对者，他们往往会趁你不注意的时候暗中动手脚，暗中搞破坏，会在背后伤害你，为的就是让你不那么顺心如意，为的就是继续维持原有的那种平衡。

牛顿是名扬世界的科学家，他受到了很多人的爱戴，可是却很少有什么朋友，原因就在于那些朋友非常嫉妒牛顿的才华和能力，更是对牛顿的成功反感。这些人原先也是科学家，可是所获得的成就和牛顿相比简直不值一提，正因为这样，他们开始疏远牛顿，并且经常给牛顿使绊子。

据说，有一次牛顿在和朋友交谈的时候，突然对天体力学方面有了新的灵感，于是就将大概的想法写在一张纸上。之后两个人聊起彼此的生活，半个小时之后，牛顿去偏厅里泡茶喝，结果这个朋友竟然将纸条丢到火炉中去，等到牛顿回来的时候，朋友谎称是大风将纸条吹进了火炉。

牛顿看了看屋外并没有什么风吹的迹象，于是意识到这可能是朋友故意这样做的。他的内心很不舒服，觉得朋友这样做实在太可恶了，而且自己也已经记不清到底在纸条上写了些什么东西了。当天他默不作声地离开了朋友家，而且再也没有和这个朋友来往过。

古人说“木秀于林，风必摧之”，在任何一个群体中，都有一种平衡，所有的人只有维持在这种平衡之内，才会变得和睦融洽，如果你打破了这种平衡，那么你的朋友很有可能会将矛头指向你。所以有时候做人应该低调一些，需要谦卑一些。当然，我们在谦卑低调地隐藏自己实力的时候，也需要懂得和那些喜欢和自己对比的人保持距离，这样的人功利性太强、嫉妒心太强，常常会因为嫉妒而做出有损朋友的事情来。

2

那些完美主义者，只会让你无地自容

生活中有很多完美主义者，他们常常总是期望自己能够做到最好，无论做什么事情都是努力去做到最完美的状态，根本就容不得一点瑕疵，容不得一点缺陷和纰漏。与此同时，他们也常常会要求身边的人做到最好，也会以一种高要求来对待身边人，这样往往会让他身边的人感到不自在。

对于完美主义者来说，如果你没有做出最出色的成绩，没有考到最高分，没有将事情做得天衣无缝，没有改正所有的缺点，那么他眼中的你就是一个失败者，他就可能对你冷嘲热讽，甚至进行责罚。而在这样一种严苛的状态下，你所要承受的压力可想而知。

如果说谁是那个最喜欢追求完美的人，那么苹果公司的乔布斯无疑榜上有名。这位出色的企业家同时也是一个追求完美的疯子，在他的脑子里总有一个完美的产品设计，而他的员工只需要按照这种设计去生产产品就行了。据说乔布斯不允许员工犯一丝错误，只要被他发现了，必定要被骂得狗血淋头，也正因为如此，员工们都很敬畏他。很多员工表示他们非常害怕和乔布斯同乘一部电梯，他们担心乔布斯突然大发脾气，然后让自己收拾铺盖滚蛋。

这就是为什么乔布斯总是缺少朋友的原因，因为在他眼里别人都是不完美的，而在他的朋友看来，想要接近乔布斯需要付出极大的勇气，也要有非常强的能力和心理素质，因为你很有可能在和乔布斯的对比中输得一败涂地，甚至有可能会因此而患上抑郁症和自卑症。

我们在生活中也可能会遇到类似于乔布斯这样的朋友，他们是工作强人，也许还是天才式的领导者，他们各方面的条件都很优秀，他们总是信心满满地工作和生活，总是渴望将自己生活中的一切都做到极致，总是希望将自己打造成一个最完美的人。此外，他们也乐于将这种完美主义强加到你身上，不希望你马马虎虎凑合着过日子，不希望你缺乏上进心，在他们看来，生活的本质就是精益求精，而作为他的朋友，你也绝对不能马虎过日子。

面对这样的朋友，面对那些苛刻的要求，你只会感到痛苦和难堪，因为你往往没有办法做到完美，你根本达不到朋友的要求，你甚至会因为朋友之间的这种差距而感到自卑。佛说："人之所以痛苦，在于人们追求错误的东西。"当你遇到这样一位完美的朋友时，你对于生活的理解也许会出现偏差，你会过分地追求完美，而这将成为你沉重的负担。

有个老禅师出门前让小和尚把院子打扫干净，小和尚于是将院子打扫得一尘不染，老禅师回来之后，看了看地面连连点头，但是他总是感觉院子里少了点什么。这时候只见他走到一棵枫树前，轻轻摇了摇树干，将很多红色的枫叶摇落在石阶上，然后才心满意足地离开。小和尚感到很困惑，自己好不容易才把这些树叶一一打扫干净，为什么师父还要故意将树叶摇在地上呢，这样不是又不干净了吗？老禅师笑着说："像这样不是更有秋天的美感吗？"小和尚听完后恍然大悟。

我们常常都喜欢追求完美，但哲学家说："这个世界的本相就是缺陷。"可以说世界上根本不存在绝对完美的东西，而且我们也不需要完美的东西。生活需要一种缺陷美，它就像美人脸上的黑痣一样，正因为有了它的出现，才使得女人更具魅力。当古希腊的雕刻大师们都想要苦心雕刻出最完美的维纳斯时，却不料一个断臂的维纳斯成为了经典中的经典，当一个东西表现得太过完美时，就失去了张力。古话说："水至清则无鱼，人至察则无徒。"可以说，过于完美往往是一种累赘，往往是一种畸形的形态。既然如此，我们为什么还要努力去接近完美呢？

在为人处世的时候，精益求精固然没有错，但是我们不能一味追求完美，这个世界上并没有完美的人，没有完美的朋友，朋友的能力也是有限的，所以你根本没有必要在意那些对比。每个人的能力和天赋也不一样，拥有的条件和环境也不一样，你缺乏那些条件，那么自然也就没有办法去达到朋友的强势与优秀状态，这是短时间内我们没有办法去改变的，既然这样，我们也没有必要去改变。

如果有朋友是完美主义者，如果他们总是在你面前炫耀，或者动不动就要求你把事情做得更完美一些，面对这样的情况，我们最好还是保持淡定，不要受到对方的影响，我们只做力所能及的事情，我们只对自己能力范围之内的事情负责。其实对方的完美表现和高标准会打击你的自信心，会让你自惭形秽，让你变得更加自卑，你往往会感到压力重重，长此以往反而会阻碍你的发展。

有位母亲为了让自己的孩子有更好的教育环境，将自己年仅十岁的孩子送到一个市重点培训班中学习。在这个培训班中，那些孩子都是市里的尖子生，能力出众，而且表现得非常完美，也都很好强。母亲认为让孩子和这些人成为朋友，那么孩子的学习成绩一定会得到提升。

可是半年之后，这位母亲发现孩子的成绩一落千丈，而且变得不善交际，甚至有些自卑抑郁。母亲觉得很奇怪，为什么孩子和那些优秀的学生接触之后，反而会变得更差，她不得不带着孩子去看心理医生。心理医生在了解情况之后，建议这位母亲让孩子离开这个培训班，因为孩子之所以会变得自卑，就是因为在那样一个相互对比竞争的环境中，他承受了巨大的压力，而他周围的朋友又都是尖子生，都是完美学生的代表，这会让他感到挫败。母亲听了立即照办，让孩子远离了那些优秀好强的学生。而在几个月之后，孩子又渐渐开朗自信起来，学习成绩也有了很大的提升。

所以如果你的身边存在那些追求完美的人，那么最好还是保持距离，因为这样的人往往会对你的生活方式造成冲击，会影响你对于生活的看法，同时也会让你变得更加自卑。与其这样，还不如一开始就保持距离，以免被对方的生活方式影响。

有时候我们不需要去在乎别人对自己的看法，不需要像别人一样要达到完美状态。一方面你根本做不到，另一方面当你的身边存在一个喜欢对比而且事事争强的完美主义者时，你如果想要迎合对方，最终只会被他们拖垮。其实一个人最好还是按照自己原有的节奏去生活，还是按照自己的想法顺其自然地生活，这样你才能够过得更加开心自在。

3

只想让你围着他转的人，往往会轻视你

在生活中，我们发现每一个圈子里都会有一个或者几个核心人物，这些人通常都是圈子里的轴心，是支撑这个圈子的主要支柱。在家庭中，

父母通常是这根轴；在团队中，管理者或者能力最强的人通常是那个轴心；在舞台上，那些主角才是轴心；而在朋友中，那些社交能力更强的人往往会是这根轴。当然，作为群体中的核心人物，并不意味着你可以享受至高无上的荣耀和权力，作为轴心人物，意味着你身上的责任和担子更重。

不过在生活中，有些人却将核心人物当成主角，认为核心人物就可以搞特殊，就可以享受特权，并要求所有的人都围绕着自己来转。他喜欢对其他人下达命令，喜欢让其他人来衬托自己的高大形象，这样的人往往有官位意识，喜欢追求权力，爱慕虚荣，轻视那些边缘化的人。对他而言，自己才是唯一有价值的，才是整个生活舞台上最灿烂夺目的，其他人只能是点缀，只是微不足道的存在。

朋友之间最重要的是平等，如果有人想要搞特殊，想要制造落差和辈分，那么对任何一个朋友都是不公平的，这样做也只会破坏朋友感情而已。而且所谓的核心往往都是别人推举的，大家是心甘情愿把你当成一个精神上的支柱来看待的，而不是你自封的。如果你过分地轻视别人，是对朋友的一种不尊重。没有人愿意只当绿叶，没有人愿意一直围绕着别人转，你想成为主角，别人也想。所以在和朋友交往的时候，谦卑的人往往才更受欢迎。

正因为如此，我们对于那些只想让其他人围着自己转的朋友还是应该保持警惕，不能被那种人所欺负。比如在创业的时候，如果有朋友想要当法人代表，想要成为总经理和管理者，这并非不可以，但是如果有人想着要借机成为掌控者，成为独揽大权的人，想要将他人挤出权力圈之外，想要让所有人都按照自己的意志和命令行事，那么你就要提高警惕。事实上像这样的朋友虽然有敢于承担责任的勇气，但更多时候，对方恐怕还是为了贪图权力，还是为了确保自己的优势地位而已。这样一来，很可能会因为出现权力之争而导致创业的失败，甚至还会因此而影响到朋友之间的感情。

作为 NBA 历史上最著名的球星之一，科比可谓是年少得志，在 24 岁的时候，就已经握有三个总冠军戒指，这对很多奋斗了一辈子却毫无收获的其他球员来说，简直就是梦寐以求的事情。不过提起科比之前的这三个戒指，很多人都会说：“这没什么了不起的，这都是沙克的功劳，他只是一个小跟班。”

的确如此，在科比最先获得的这三个总冠军当中，他的队友兼好朋友“大鲨鱼”奥尼尔是绝对的主角，这位NBA历史上最具统治力的中锋在这三个冠军中的戏份显然是最重的，他所做出的贡献也是最大的，所有人都认为奥尼尔才是雷打不动的核心，就连乔丹来到队里，教练也会让乔丹围绕着奥尼尔来打。

这样的状况多少让科比有些恼火，实际上好胜心很强的他，一直以来就想要摆脱奥尼尔的阴影，而且奥尼尔也一直强调自己才是核心，所有人都必须乖乖给自己喂球。正因为这样，科比和奥尼尔的球权之争开始显现出来，在很多时候，两个人都在球场上明争暗斗，谁也不服谁。而在场下，奥尼尔则竭力讽刺科比，认为这样的人只配当个小跟班，可以说没了自己，科比就什么也不是了。

结果2004年，当湖人失去总冠军之后，奥尼尔和科比的矛盾正式大爆发，科比明确表态不想和奥尼尔待在一个队里，他也没有办法忍受对方的讥讽和轻视。湖人队自然知道一山不容二虎，于是交易了日渐老迈的奥尼尔。交易之后，湖人队进入了低谷，此时奥尼尔又多次讽刺科比能力不行。这深深刺激了科比，可以说之后的几年，科比进入暴发模式，屡屡创造得分奇迹，到了2009年，他终于凭借自己和队友的努力，再次获得了总冠军，而且一年之后，他实现了卫冕，而这一刻，科比真正步入了最伟大的球星行列。

想要处理好团队关系、朋友关系，那么任何人都不要渴望在朋友圈中称王称霸，不要幻想着成为群体的核心和老大，更不能对其他人颐指气使、不屑一顾。对于我们每一个人来说，不争权夺利，不搞特殊，这是一个交际的基本原则，当然我们还要谨防那些想要当“红花”的朋友，尽管印度大诗人泰戈尔说：“果实的事业是尊贵的，花的事业是甜美的，但是让我们做叶的事业吧，叶是谦逊地专心地垂着绿荫的。”可是如果你的朋友是一个有野心且重视权力的人，那么你没有必要去当那个绿叶，因为在对方眼中，你们都是绿叶，而且都是价值不高的绿叶。既然如此，你不妨主动远离那样的红花，以免受人轻视。

4

那些总是要求别人做到的朋友，你注定了要受气

在生活中，我们常常会发现有些人是天生的“指挥家”，他们往往很有兴趣指使别人干这干那，而且常常会要求别人一定要达到自己心中制定的标准。而这样的人往往难以和周围的人融洽相处，因为对于其他人来说，和这样的人打交道往往会受到无端的指责，往往会面临巨大的压力。

其实很多人心中都会有疑惑，当对方要求他们达到高标准时，他们自己又是否能够做到呢？对方是否也一样将生活和工作都做到极致了呢？是否也达到了完美的状态呢？孔子说：“己所不欲，勿施于人。”一个人在对朋友制定高标准时，自己应该以身作则，一个人要求朋友做到时，自己首先应该做到，如果自己也做不到，那么也就不用去要求别人了。

所以，我们在面对那些喜欢命令别人，喜欢要求别人去做到而自己却根本没有动手能力的朋友时，应该懂得维护自己的“合法权益”，应该懂得适当予以反击。一味迎合这些朋友的要求，一味做出妥协，那只会让你受更多的委屈，只会让你失去更多的自主意识。

其实朋友相处有时候就像父母和孩子相处一样，父母在教育那些调皮捣蛋孩子的时候，常常会强制性地要求孩子改掉一些不良习惯，会强制性地要求孩子达到某一个标准，这时候父母的注意力通常都是在孩子身上的。可父母往往忽略了一个最重要的因素，那就是自己，也就是说父母自

己是否能以身作则，是否也能够做到那些事情，是否能够克服自身的一些缺陷呢？其实，父母是孩子最天然、最直接的模仿对象，如果父母自己也做不到，那么又拿什么来教育子女和要求子女呢？父母越是要强制，孩子可能会越来越逆反，因为对孩子们来说，爸爸妈妈似乎一直以来就是这么去做的，这并没有什么不妥。

朋友相互交往也会发生这样的情况，很多时候一些朋友会以自己为中心，希望别人能够服从自己的意志行事，都希望别人能够按照自己的要求去办事。对于这样的朋友，你所要评判的标准只有一个，那就是对方是不是也能够达到这些要求。如果达不到，那么就不用太过在乎，而且最好还要和对方保持距离，因为这样的人往往比较自私，他们不能够严于律己，却总是严苛待人，这种人并不是一个称职的朋友。

好的朋友应该是一个好的榜样，能够成为你的领路人；好的朋友至少应该和你携手并进，而不是在背后催促你、指挥你，自己则什么也做不到；好的朋友应该懂得为他人着想，应该严于律己，宽以待人，不能过分要求别人，不能过分强调别人应该做什么、应该怎么做，这样只会让身边的朋友感到心寒。

有个年轻人曾经和朋友一起去做生意，一开始两个人的合作还比较默契，可是过了一段时间之后，年轻人发现朋友俨然变成一个领导，常常让自己做这做那，而且明确要求必须做到。这样的情形让年轻人心里很不是滋味，两个人原本就是合作伙伴，彼此之间应该是平等的，为什么对方要用这种居高临下的语气对自己说话呢？为什么对方又总是想着让他去干这些活呢？事实上对方根本什么也不做，而且什么也做不好。

有一次，朋友让他在工作的时候不要吸烟，这样太浪费时间，而且也不礼貌，一开始年轻人有些不好意思，但是朋友的话毕竟有些道理，而且在办公室吸烟也的确不文雅，于是他此后再也没有在上班时间吸过烟。几天之后，年轻人有事去和朋友商量，可是走到朋友的办公室门前时，发现对方正在吸烟，这让他觉得很愤怒，为什么朋友自己从不知道约束自我，不知道恪守规矩，却总是要求别人去做。

想到这儿，年轻人觉得很委屈，工作中有困难，两个人应该一起去面对，应该一起去承担，可是现在的情况却是，对方坐镇军中当主帅，总是指挥别人。更重要的是，那个朋友自己也没有什么能力，所提出来的一些要求连他自己也做不到，却还要强制性地要求别人做到，这很不公平。正因为这样，年轻人发现这样的合作模式完全不是自己所期待的那样，所以干脆退掉了股份，然后自己另起炉灶。

很多人也许会认为，当朋友不断要求自己去做到的时候，实际上是对自己的鼓励，是对自己的器重，证明对方对自己有很高的期待。但事实上情况可能并非如此，因为很多喜欢要求别人的人往往期望通过指挥别人来获得自我存在的价值，来展示自己存在的方式。这种人往往比较自私，而且对别人有比较深的妒忌，他们渴望通过打击和虐待别人来获得快感，通过命令和强求别人来体现自己与众不同的一面，这样的人显然不适合交朋友。

所以，对于那些只想着要求别人去达到自己想要的目标的人，我们更应该保持理性，不能千篇一律听从对方的指挥，哪怕是面对朋友，我们也应该有自己的主张，也应该有自己独特的想法。更重要的是我们应该谨记一条：朋友之间应该是平等的，“吾不欲加诸于人，亦不欲人加诸我也”。如果有人试图欺凌自己，有人想要在朋友当中搞特殊，想要故意刁难于人，那么我们不妨主动撇清这段关系，以免受人摆布。

5

朋友也会出现审美疲劳，小心缺点被人放大

在平时，我们常常会听到朋友的一些“忠告”：“你这个人脾气太坏，你的能力太弱，你的想法太偏激，你缺乏足够的自我认知能力……”。也

许听上去似乎显示了朋友对自己的关心，但细细想来，也许并非全是如此，比如说有一些缺陷你可能根本不存在，有一些缺陷则是没有对方说得那么严重，很显然你的缺陷在朋友眼中被放大了，你的形象甚至被朋友妖魔化了。

之所以会出现这样的情况，原因就在于很多时候，朋友对我们太熟悉了，以至于产生了审美疲劳，这个时候，你身上的缺点就可能会被无情地放大。尽管我们常常说，朋友是指正我们的老师，他们会对我们所犯下的错误提出批评和指责，但是这种批评往往也存在一些误解和夸张的成分。这就像恋人之间一样，在最初相处的时候，总是认为对方是完美的，可是随着深入的接触，就会慢慢发现对方身上的缺点，而等到出现了审美疲劳时，你会从最初的情人眼里出西施，演变成认为对方浑身都是臭毛病，这些缺陷会不断被放大，以至于对方看上去就像是浑身有缺陷的人一样。

而当缺陷被放大之后，双方就很有可能因此而产生矛盾冲突，因为对方往往会拿你的缺点说事，会不断嘲弄和批评你身上的缺陷，这样一来你可能会受到朋友的伤害，而这对朋友之情也会产生破坏性的影响。

在清朝末年，有姓张和姓霍的两个山西商人一起外出闯荡，在历经艰险之后，两人发了财，而且成了很要好的朋友，两家人甚至一度准备联姻。不过由于两个人长时间在一起，彼此知根知底，也难免产生了审美疲劳。有一次两人和一大帮朋友聊天，结果姓霍的人不住地唠叨，这让姓张的朋友看不下去了，他就数落起姓霍的人的不是，不仅将他身上的很多缺点一一说出来，还添油加醋了一番。

姓霍的朋友听了很不是滋味，两个人一直以来都很好，为什么对方要在大庭广众之下如此数落自己，而且多数话还是言过其实。于是他非常生气地斥责了对方，没想到对方把话说得更加难听了。这让他更是怒火中烧，于是当即宣布和对方绝交，而对方也毫不示弱当场表示同意。结果此后两个人变成了仇人，不仅经常进行人身攻击，而且还将自己的孙子分别取了对方的名字，以示侮辱。

审美疲劳的出现往往预示着友情的衰退，所以当朋友对你产生审美疲劳的时候，一定要谨慎处理彼此之间的关系，比如，不要轻易刺激对方；不要总是将自己的缺点暴露在对方面前；不要过多地和对方探讨自己的私事和秘密；不要太过于和对方亲近。这样做的目的就是为了造成一定的疏离感，也是一种自我保护的措施，同时也是对彼此之间感情的一种挽救。

心理学家认为适度的距离往往也可以产生亲近感，尤其是在亲密的人之间，比如当朋友之间相互告别的时候，那种依依不舍的感情会更加浓烈，当朋友相隔两地的时候，那种思念和亲切感会不断加深，因此王勃说："海内存知己，天涯若比邻。"可是，当朋友们成天聚在一起的时候，那种知己的感觉和交情还会那么浓厚吗？

除了适当保持距离之外，还要懂得维持友情的新鲜度，很多人认为朋友之间的友情应该像老酒一样，越放越香，可很多时候，老酒难以迎合新胃口。比如说当很多人在外闯荡多年，接触了更多的新东西之后，他和老朋友之间的生活价值观可能会出现分歧，两个人对待彼此的态度也会出现一些细微的变化，尽管表面上看起来很不错，可是私底下，你可能会抱怨对方太老土、思想太封闭，而对方则会埋怨你太新潮、太激进、不够稳重。

最好的方法就是要懂得及时做出改变，应随着朋友关系的变化，随着时间的变化而做出改动，要始终维持新鲜感，要让朋友觉得你仍旧具备很强的吸引力。而保持新鲜度的做法有很多，比如适当改变自己的形象，比如选择新的交际方法，又或者在朋友之间的日常交往中加入一些新元素。

无论如何，我们都需要警惕朋友之间的审美疲劳，如果发现你的朋友开始对自己失去兴趣，并且喜欢开一些恶意的玩笑，那么就要及时做好防备，及时处理好和朋友之间的关系，以免对方对自己造成严重的伤害。

∠6

面对那些喜欢以偏概全的朋友，你会被贬得一无是处

20 世纪 20 年代，美国著名心理学家爱德华·桑戴克发现了一个震惊世界的心理效应，那就是“晕轮效应”，所谓晕轮效应就是指在人际相互作用过程中形成的一种夸大的社会印象，就如同如日、月的光辉在云雾的作用下扩大到四周，形成一种光环作用。它常表现在一个人对另一个人（或事物）的最初印象决定了他的总体看法，而看不准对方的真实品质，形成一种好的或坏的“成见”。

爱德华·桑戴克经过多年的研究，发现了人们在判断他人和认知他人的过程中，通常从某个局部出发，由对方身上的某一个点、某一个面开始，然后直接扩散得出对方的整体形象。当人们发现某个人身上的优点时，对方就很可能会被这些“好”品质笼罩起来。如果人们过于看重对方身上的某个缺点，那么对方就会被“不好”的光环所笼罩，这时，他身上所有的品质都会被当成是坏的。

很多人认为晕轮效应通常会出现在陌生人之间，由于彼此缺乏了解，因此免不了要以偏概全，可事实上晕轮效应在亲密的人之间也会出现，最常见的就是父母子女之间。比如说很多叛逆的孩子常常会遭到父母的奚落，认为他们一无是处，可是孩子们尽管并不擅长读书，但可能拥有一技之长，可能在某个方面拥有很大的优势，可这个时候父母却认为子女根本什么也做不了，常常直接否定孩子的兴趣和创造性。

朋友之间也会出现这样的情况，很多人就抱怨自己的朋友常常贬低自己，认为自己一无是处，常常会借着关心的名义否定自己。比如说当你提出某个观点时，对方会立即呛声，给你拆台；当你指定某个工作目标后，

对方会嘲笑你只是一时冲动；当你想要做成一番大事的时候，对方则会说你幼稚，说你缺乏远见。

而朋友之间之所以会出现以偏概全的现象，就是因为彼此之间的沟通不够，虽然双方可能成天在一起，但是却没有过深入的交流，没有准确了解到对方内心的想法。所以当双方真正开始交流的时候，会发生隔膜和成见，因为对方仍旧会抓着你的某些小缺点不放，会拿你失败的经历说事，还会惯性地认为你“不行”，会觉得你无论做什么都不会成功，无论做什么都只是意气用事而已。这样的评价往往很伤人，尤其是当它们来自于你的好朋友时，你更是会感到失落。

当乔布斯将库克选为苹果公司接班人的时候，库克将这个消息告诉了朋友，可是很多朋友都认为这位未来的接班人一定会将苹果公司整垮的。原因很简单，因为库克向来就不是一个好的创新者，而苹果公司正是依靠创新才走到了今天的，在他们看来，偏于温和的库克本身就是一个平庸的人，根本就不能够掌控这样一家富有发展潜力的公司。他们告诫库克应该知难而退，毕竟苹果公司留下了乔布斯的烙印，而库克很可能只会充当苹果日薄西山时的炮灰，一些朋友甚至恶意攻击库克，很明显他们之中有些是苹果的粉丝，有些则是股东，他们可不希望库克搞砸了这一切。

朋友的话让库克很伤心，其实不仅仅是朋友，外界都在质疑乔布斯是否疯了，或者说这是苹果公司内部抢班夺权的黑幕？但是库克在加入苹果公司以来并没有出现什么明显的纰漏，尽管创新能力不足成了硬伤，但是苹果公司仍然是最挣钱的电子科技公司。其实，库克的伤心并不是没有道理的，毕竟他曾经在 IBM 公司待了 12 年，而且他有一个优势，那就是出众的营销能力，可以说苹果公司这些年的运营水平得到提升，和库克的能力是密不可分的。后来据说库克开始刻意和朋友们保持距离，很显然他并不想受到这些人的影响。

很多人都会对朋友之间的以偏概全产生误解，认为朋友之间一定是相互包庇和美化的，即便是朋友存在很多缺陷，彼此也会说成是好的。其实现实的情况并非如此，我们在防备朋友的吹捧时，同样需要承受住来自朋友方面的“抹黑”。这种抹黑并非总是出于嫉妒，有时候，由于认识不够深入，由于相互之间不能够交心，朋友很可能会过分关注你的某一个缺点或失败经历，从而全盘地否定你。

朋友的否定有时候也许是出于一种关心，但这种关心往往带有一定的主观性和盲目性，会毁掉你的生活，比如伤害我们的自尊心和自信心，伤害我们的积极性，而且很可能会对彼此之间的感情带来影响，会破坏我们对彼此之间的信任。因此当朋友以偏概全地评价我们时，我们更应该努力做事证明我们的实力，并且要提醒自己的朋友注意言行，以免造成更深的误解，以免双方发生激烈的冲突。

第九章
DI JIU ZHANG

当朋友不仅仅是朋友了，你就要把他角色化

在生活中，我们常常扮演着多重角色，既是孩子的父母亲，又是父母的孩子；既是工作中的职员和同事，又是家庭中的支柱。我们的社会关系非常复杂，这就导致我们扮演着各种各样的生活角色，而且这些角色往往会出现重叠，比如当我们和别人是朋友时，同时也可能是上下级关系，是同事关系，是恋人关系，或者是合作伙伴和竞争对手的关系。那么在扮演这些不同角色的时候，我们又该如何去衡量友情和这些角色化的关系呢？实际上，厘清这一层关系对我们的生活和工作往往影响深远。

∠1

办公室里的友情，可能会让你在工作中举步维艰

都说职场如战场，职场生存环境往往也是凶险万分，正因为如此，而我们常常希望可以在职场中结交更多的朋友，可以认识更多的人，彼此之间可以通过密切的合作来有效增强生存机会。但实际上呢，办公室中似乎并不适合交朋友，因为我们只看到了合作的需要，却没有看到同事之间也存在竞争关系，而且这种竞争往往比较激烈，比较隐秘。可以说，当你和同事结交朋友的时候，往往会伴随着巨大的风险。

有些企业家也说尽管非常乐意看到员工进行互助合作，可是他们并不希望自己的员工结成朋友关系，很显然，为了确保员工的竞争意识，这种朋友关系有时候并不需要过多地存在。这就像是猎场之内，如果猎食者都相安无事的话，那么他们的竞争力最终都会下降，所以保持竞争对立的状态很有必要。在公司内部也是一样，领导都希望自己的员工能拿出血性，能想办法树立假想敌，通过相互竞争来磨砺和提升自己的实力。而且交朋友往往会形成利益派系，这样更不利公司的团结和管理，因此他们并不怎么赞同交朋友。

在欧洲的很多公司中，都有一些奇怪的规定，比如员工除了特殊情况之外，平时两个人在一起工作的时间不能超过五个小时，除非有第三人在场；比如员工平时不能频繁参加私人聚会，至少不能超出一个月一次的范围。这些公司规定听起来很可笑，但其实正好体现了公司的一种态度，那就是：安心工作可以，但是不要在办公室搞朋党派系，这样于人于己于公司都不好。

公司似乎没有权利对员工的关系多做评价，但是从客观方面来说，员工之间保持那种纯粹的工作关系很有必要。管理学之父泰勒曾经说过：

“我们需要的是个体性的职员，是工人，不是成群结队的伙伴。”

办公室通常都是矛盾高发地，是真正的看不见硝烟的战场，很多时候甚至是敌是友也分不清楚，在这样复杂的生存环境中，有时候保持独立性是非常重要的。毕竟当你在办公室中谈论友情时很可能被人利用，对方也许只是为了取得你的信任才和你交朋友的，真正的目的就是为了让你放下戒备。在办公室中，“无间道”的戏也会经常上演，对于这一点，你需要保持足够的戒备，弄不好就会成为朋友“黑手”下的冤魂。

成功学大师卡耐基曾经在报馆上班，那时候初入职场的他根本就不知道深浅，常常靠着自己的感觉去走。某一天，有个老员工和他聊天，两个人聊得很投机，而且对方看上去给了自己很多建议，甚至愿意帮助他。此后，对方几乎每天都来找卡耐基聊天，两个人渐渐成为好朋友。而老员工也开始主动和卡耐基分享彼此的信息和手稿，卡耐基当然也乐于学习，并且将自己手中的资料以及自己的写作内容都透露给对方。

直到某一天，卡耐基在报刊上看到对方的文章，才意识到这个老员工抄袭了自己的资料。卡耐基感到自己受到了欺骗，随后他了解到这个奸猾阴险的老员工已经是不止一次利用这样的方法欺负新员工了。很显然，这些写文章的新人都是他的竞争对手。

办公室的友情很可能会因为利益纠纷而破裂，毕竟我们工作的直接目的就是为了挣钱，为了加薪升职。从这个方面来说，每个人其实都是为了自己的利益和目标在奋斗。也正因为这样，办公室尤其有可能会因为利益而受到影响，可以说这样的友情很不稳固，一旦被利益捆绑，就很容易出事，比如当同事之间、朋友之间发生矛盾冲突的时候，彼此之间的友情便轻易被破坏了，而且弄不好还会反目成仇。

职场上当然也需要友情，也存在真正的友谊，实际上很多朋友之间的深厚感情就是在工作中培养起来的，就是在办公室中培养起来的，可这样的友情又往往能够维持多久呢？像那些曾经携手共进的创业者，他们过去或许有过非常好的合作，然而最后都分道扬镳了。还有那些所谓的办公室死党，一旦出现了矛盾，都是大难临头各自飞，都是因为利益而相互攻击、相互拆台，甚至变成不共戴天的仇敌。

有人曾经对职场上的友情做过调查，发现大约有75%的朋友都会因为友情的关系而使自己的工作受到影响，其中有52%的人因此和朋友闹僵。由此可见，办公室友情并不长久，很容易因为其他因素而遭到破坏。

虽然交朋友应该不问出身和职业，应该摒弃那些陈旧的限制，不过友情应该更加纯粹一些，但是在办公室中，想要做到纯粹却很难。在这些明争暗斗之中，即便是你最信任的人也常常包藏祸心，而这不得不让人心生防备。所以，对我们个人的发展来说，应当谨防办公室友情所带来的伤害，平时最好还是保持纯粹的合作关系或者竞争关系，只要保持同事正常的相处就行了。毕竟职场中的社会关系比较复杂，水比较深，贸然和别人结成朋友关系，这样只会让自己受到伤害，只会对个人的工作和前途造成负面影响。

2

朋友之间的恋爱不靠谱，友情往往会破坏爱情

在很多公司里都有明文的规定，那就是不准出现办公室恋情，也就是说同事之间、上下级之间往往不可以谈情说爱。很多人认为这样做有些不近人情，毕竟近水楼台先得月，经常在同一个办公室相处的人往往了解比较深，而且彼此之间的关系也很融洽，往往还成为很要好的朋友。这个时候，如果能够亲上加亲，那么对于感情的维护不是很有帮助吗？但实际上，朋友之间在办公室发生恋情，这样做可能会对个人的生活和工作都很不利。

朋友之间不适合谈恋爱，朋友之间的恋爱往往也不靠谱。

首先，恋爱双方往往习惯了做朋友，平时的行为举止也是按照朋友之

间的模式来进行的，一旦切换成爱情模式，反而会变得很尴尬。比如说两个人做朋友时，很可能无话不谈，而且举止很亲密，可是一旦谈恋爱反而会束手束脚，感觉到很难为情，这个时候朋友之情会拖累爱情。

很多好莱坞明星都有过和自己的异性朋友交往的经历，可是他们交往的结果并不那么顺心如意，最初因为熟悉而走到一起的两个人往往会发现两个人相对时会尴尬，甚至出现感情停顿的现象，以至于彼此都不知道该怎么去交流了。施瓦辛格曾经和自己的演员朋友擦出爱情火花，甚至出现了婚外情，可是他们两个人最终都草草收场，原因很简单，施瓦辛格发现每次接吻的时候，两个人都会笑，这严重影响了两个人的感情的进一步培养。

其次，朋友之间平时非常亲近，彼此也都很了解，已经缺乏神秘感和新鲜感了，这个时候再去谈恋爱的话，可能会出现审美疲劳，也就是说男女双方很可能因为缺乏足够的新鲜感而很快变得兴味索然。都说男女之间的恋爱就是相互探索的过程，这种探索往往能够拉近彼此之间的关系，而对于朋友而言，这一步骤似乎已经走过了，至少友情已经极大地降低了爱情的新鲜感，因此两个人之间很有可能会出现问题。

有人还专门对朋友之间的恋情做过调查，结果发现离婚率高达35%，而且婚后彼此的感情往往不太好，相互之间总是矛盾重重，而相比于朋友时期的默契，两个人相爱之后的感情明显被冲淡了。所以朋友之间的恋情往往缺乏后劲，很容易因为陷入平淡而对彼此都造成伤害。

再次，为了减少舆论的影响，为了不受到其他朋友的嘲笑和议论，多数朋友之间的恋情其实都是地下情，男女双方为了避人耳目，不得不加强隐秘性，这样给自己的工作和生活带来很多的不便，而且突然增加了很大的压力，从而进一步影响了生活状态。而且这种压力会慢慢演变成为矛盾和分歧，一旦爆发出来，很有可能会伤害彼此之间的感情。

正因为如此，朋友之间的恋情应该及时刹车，毕竟对于朋友而言，有时候保持适当的距离对谁都好，如果想要发展成为恋爱关系的话很可能会因此而破坏彼此之间的感情。俗话说，兔子不吃窝边草，恋爱方面，最好也不要向好朋友下手，亲上加亲有时候只是看上去很美好而已，弄不好可能就会弄巧成拙，彼此之间的爱情最终会被友情牵制和拖累，到最后甚至连朋友也做不成。

武侠大师金庸先生早年的时候和演员夏梦是非常要好的朋友，两个人的私交也很不错，可是金庸后来却喜欢上了夏梦。为了接近夏梦，金庸甚至主动加盟夏梦所在的香港长城电影制片公司，此后他帮助夏梦写过很多电影剧本。但是这对公认的郎才女貌和才子佳人最终却没能走在一起，其中一个重要的原因是夏梦已经有了自己的先生。作为公认的大美女和一流的女明星，她对感情非常忠贞。

而金庸虽然苦恋，但是也被世俗的人情伦理所牵绊，始终没有跨越朋友这道坎。有一次，金庸提出在咖啡馆中与夏梦约会，夏梦竟然欣然允诺，但她是将金庸当成好友看待的。尽管那一次金庸大胆表白，但是夏梦却非常坦诚地说出了对爱情的忠贞以及对金庸的敬重。至此，夏梦永远成为了金庸心中的好友和女神，而金庸作品中的很多绝色美女多少都带有夏梦的影子。金庸自己也承认虽然喜欢夏梦，但是两个人的确不适合在一起，还是做回朋友的好，否则最后可能连朋友也没得做了。

事实上，朋友和爱人这两个角色往往很难统一在一起，毕竟这种多重化的角色往往会将原有的单一关系搞复杂，而且朋友之间太过熟悉，彼此之间已经习惯了那种无拘无束的交往方式。一旦打破这种模式，两个人的关系也许会发生破裂，会变得更加不稳固。所以，最好还是不要从朋友中挑选另一半，否则两个人真的很有可能会因此而受到伤害。

⊿3

当朋友成为合伙人时，利益可能会让你们反目成仇

在选择合作伙伴的时候，我们通常都会选择朋友，毕竟朋友之间比较熟悉，彼此也很了解和信任，沟通起来比较顺畅，而且有更多的共同语

言。这些优势为相互之间的合作提供了很好的条件，而且很多朋友还可以在合作中进一步增强彼此的关系。

但事实上，朋友之间的合作往往带有很大的风险，现实生活中，很多创业伙伴往往在度过“蜜月期”后很快陷入敌对状态，出现相互攻击、相互拆台的现象。2002年初，哈佛大学两位教授做了一个非常有意思的研究，他们对5500多家创业型的企业进行了调查，结果发现其中约有44.6%的创始人都因为各种原因被董事会踢出局。可以毫不夸张地说，创业伙伴反目成仇是全世界创业型企业都面临的问题。那么，为什么朋友之间的合作会面临失败呢？为什么那些合作的朋友最终会反目成仇？

创业者的适应能力往往并不一样，这是导致创业者闹掰的一个重要原因。一般来说，企业发展要经历许多阶段：种子期、发展期、成熟期等。在这几个阶段，对人的素质和技能要求是不一样的，而且对团队合作的方式、角色分工的要求也不同。而每个人的适应能力，尤其是自我改造、自我提升能力又是不同的，这就导致有些人能跟得上企业的发展，有些人跟不上。这种相互脱节的行为往往会影响朋友之间的合作和交情，甚至引起纠纷和矛盾。这就是为什么一开始合作密切的朋友，到最后会相互指责，相互推脱责任，会抱怨对方做得不够好，认为对方拖了自己的后腿。

当然，最有可能导致创业伙伴分手的原因在于利益的分配，朋友最终很可能会因为利益纠纷而反目成仇，毕竟利益是每个人创业的直接诱因，也是最终目的。一旦利益分配不均或者出现一些分歧，创业项目可能就会受到影响，彼此之间甚至连朋友也做不成。所以朋友之间在做生意的时候，一定要谨慎处理相互之间的关系，尤其是利益关系，否则利益很可能会成为你们“分手”的导火线。

比尔·盖茨和保罗·艾伦原本是共同创办微软公司的人，这两人一直以来都非常默契，堪称是最理想的搭档，而且两个人从小就是好朋友，可以说是真正的铁杆兄弟。那时候艾伦说：“我是个‘谋士’，是那个在稿纸上描绘轮廓的人。而比尔则会倾听我的设想，然后提出质疑，最后得出一个最佳主意，接着付诸实施。我们的合作有种自然的张力，但大多数时候这种默契很有成效，运行良好。”正因为这样，两个人最初的创业非常顺利，而且两个人都畅想着能够拥有自己的公司，然后在双方的共同管理下获得非凡的成功。

但两个人在合作不久之后，就在股权分配上发生了争执。艾伦一开始以为两人将会平分公司的股份，但盖茨却说：“你要一半是不对的，你还在其他公司领薪水。这BASIC几乎全是我在波士顿写的，我觉得我应该占60%的股份。”尽管这一次艾伦做出让步，但是内心还是有些失落，而这也显示出了两个人在性格上的不同，以及对于利益和财富观念上的分歧。

当微软公司成立之后，两个人之间的矛盾再次因为股权分配而爆发。那是微软成立5年后，盖茨当时想聘用鲍尔默，并承诺分给他5%的股份，盖茨当时就此事征询了正在外面度假的艾伦，很显然艾伦当时也同意了盖茨的提议。可是当艾伦结束度假回到公司时，却意外地发现盖茨给鲍尔默写了一封私人的信件，在信中盖茨许诺给鲍尔默8.75%的股份。这样的变故让艾伦大怒，他当即找到盖茨表示再也不想请鲍尔默，并公开指责盖茨言而无信。尽管盖茨认为自己这样做是出于对人才的渴望，而且他愿意将这多余的股权从自己手中扣除，但这件事还是影响了两个人的关系。

1982年，29岁的艾伦被查出罹患第四阶段的淋巴瘤，他不得不暂时休养数月。可是当他回到办公室时，却无意中在盖茨的办公室门口听到盖茨和鲍尔默的对话。当时他们正抱怨艾伦几个月没有工作，对公司造成了严重的影响，他们准备通过发行期权的方式来稀释艾伦的股份。这个时候，艾伦意识到自己正在受到盖茨和鲍尔默的联手排挤，盖茨逐渐将艾伦排挤到了决策核心圈的边缘。

这一回艾伦心灰意冷，意识到自己再也不可能和盖茨继续当朋友了，尽管事后盖茨写了整整6页信纸的信来道歉，但是裂痕已经无法修复了。两个月后，艾伦正式离开了公司，但仍保留公司董事会副董事长的席位和他的股份。在这之后，盖茨想方设法弥补这段友情，可是艾伦每次都拒绝，很显然，他和盖茨再也找不到从前的默契了。

创业具有很大的不确定性，包括人际关系和利益上都有很多不确定性的因素，对于合作伙伴来说这种不确定性往往也直接和个人的利益挂钩。比如说由于创业者在创业过程中不能预测今后将发生什么，那么创业伙伴之间对未来的期望值就不能事先预设，这就导致大家对结果期望不一样。你希望企业按照自己的目标去发展，而朋友很可能有了更大的想法和计划，当企业在发展过程中时，有些人的期望值可能满足了，有些人的期望值就可能没有满足。这种情况也会导致心理失衡和利益上的纠纷，一些利益和期望值得不到满足的人最终很可能会因此而离开企业，而且对于彼此的友情也会产生不利影响。

正因为合伙不易，正因为合作会产生矛盾，所以我们最好不要和朋友一起做生意，不要和朋友一起去创业。因为利益很可能会摧毁一切，包括你们的成功，包括你们的友情，而这绝对不是危言耸听。

4

和上下级的人交朋友，往往因为越界而彼此带来伤害

都说朋友相交，贵在交心，因此可以不在乎贫富之差，不在乎地位高下，不在乎职业之分，但这只是我们的美好愿望而已。在很多时候，朋友还是要讲求门当户对的，物以类聚，人以群分，每个人的交际范围往往和他的社会环境、社会地位息息相关。可以说，社会地位通常会成为友情的障碍，而我们应该清醒地意识到这种障碍的存在，从而尽量避免触碰雷区和禁区。

美国社会行为学家莫尔博士说过：“这个世界上有两种感情是最自由，也是最不容易被限制的，那就是爱情和友情，他们没有种族、国家、意识

形态、地位、财富之分，它们的结合总是随心而发。但是我们也应当意识到某些情况下，爱情和友情的成长是痛苦的，我们在追求这些感情的时候，也许恰恰忽视掉了背后可能潜藏的风险。”

很多人在交朋友的时候往往很随意，只要看着顺眼就行，结果往往会结交一些不适合交往的朋友，比如说选择在上下级之间结交朋友。很多人认为和上下级成为朋友似乎并没有什么不妥的，毕竟上下级之间经常来往，很容易产生感情，在这样一层关系下，两人成为朋友也不是没可能的。此外，上下级之间可能会拥有更多的利益交往，这为朋友交往提供了一个有利的条件。可领导和下属并不适合成为朋友，原因很简单，那就是工作关系和友情往往会发生混乱，甚至出现相互干扰的情况，从而导致发生一些越界或者违背工作原则的事情。

首先，上下级之间的朋友关系很有可能被友情绑架，从而发生一些管理不当的问题，最简单的一个例子就是人才的提拔和加薪，如果你和上面的领导能够处理好关系，那么最终升职加薪的可能性很大。而这往往就涉及裙带关系，涉及公平竞争，涉及公权私用等问题，在这样的情况下，你们之间这种不正当的友情可能会对整个管理体系造成冲击。而且当上下级结交朋友时，即便你们真的是清白无私的，也容易出现一些谣言，这样对彼此的形象都会有负面影响，大家都会认为你们只是走后门的“关系户”而已。

其次，上下级之间产生友情之后，下属可能会依靠这层关系而行使上级手中的权力，并利用这份权力为自己谋私利，或者说下级可能会借着这层朋友关系来要求另一方为自己开通特殊通道。朋友可能会央求你帮忙，会让你解决一些困难，甚至做一些违反规定的事情，这种越界的表现很容易损坏彼此之间的关系，很容易会因此而破坏彼此的信任。

再次，上下级之间的友情很容易因为等级差距而失衡，一方会高高在上，另一方则可能显得卑微一些。这种感情是扭曲和失衡的，而为了确保双方能够站在同一高度上，双方可能会互相迁就，那么下属会努力索要更多的权力，而上级则会下放自己的权力，这样一来很可能打破原有的平衡。比如说很多基层员工常常因为和领导成为了朋友，就在办公室里作威作福，欺凌其他的员工。即便在朋友面前，他很可能会放弃尊重领导的那种态度，变得轻佻、随意，这样就破坏了公司的一些内部规定。

最后，当你拥有一个上级朋友时，你的兄弟姐妹，你的朋友很有可能会央求你透过这层关系帮忙，为他们的工作提供一些便利。这种帮忙很容易滋生腐败现象，而且对你的朋友而言也是一种侮辱，对方往往会对你产生不良的印象。

总而言之，当上下级之间产生友情的时候，友情很有可能会慢慢改变原先那种工作关系，会打破工作中的平衡，从而对工作产生不良影响。随着这种朋友关系的深入，上下级之间容易做出一些越界的事情，容易做出一些违反公司规定的事情，这样很有可能会给彼此都带来伤害。

张彬是某外贸公司的部门经理，而他的同乡李玉则是他部门内的普通职员。因为是同乡的关系，平时两个人经常在一起聊天，并很快成为好朋友。而当李玉和张彬混熟之后，很多同事和朋友就经常找他帮忙，尤其是遇到一些工作上的问题时，都会让李玉帮忙带个话，或者让他找张彬帮帮忙。而张彬为人比较和善，只要不是一些明显违背原则的事情，只要不是损伤企业的利益，那么他基本上都愿意伸手援助。

不过随着张彬的帮忙，以及两人关系的深入发展，李玉渐渐感觉到自己的地位发生了变化，很多人私底下都称他为部门副经理，而他平时也常常非常自由地出入张彬的办公室。张彬其实知道李玉有点狐假虎威的味道，而且虚荣心比较强，但是看到对方没有什么特别越界的举动，所以有时候也尽量给对方一点面子，没有太在意。

有一次，张彬有事外出，结果当天有职员准备外出送货，但是必须得到张彬的签字，为了节省时间，对方只好请求李玉帮忙，看看能不能让张彬尽可能快地签字。李玉想也没多想就打包票说自己一定能解决问题，然后他就直接进入张彬的办公室，他模仿了张彬的签名之后拿张彬持有的公章盖了一个印章。

张彬心急火燎赶回来之后，正准备让对方把文件取来让他签字，却听说李玉已经把事情都办好了，而且用的是张彬持有的公章。张彬听说后立即火冒三丈，因为李玉这样做显然已经越俎代庖，已经破坏了公司的规定，也超越了一个员工应当遵循的底线。从这一天之后，张彬开始和李玉绝交，并且严惩了李玉。

上下级之间的关系往往是职场上比较敏感的关系，因为双方有地位上的差别，处于管理和被管理的不同位置上，可以说它是牢牢遵循组织制度和组织内部的管理体系的一种社会关系，也是所有人都应当遵循的一种法则。而友情的出现很可能会干扰这些制度的公正性，会影响管理，从而导致整个组织出现混乱，而且由于友情的干扰，上下级之间的朋友关系容易因为利益、权力而走向畸形发展的道路，最终会给朋友之间造成严重的伤害。所以我们在寻找朋友的时候，一定要慎交自己的上级或者下属，毕竟这样的关系往往剪不断理还乱，你越是执着，就越有可能因为这种地位的落差而摔得鼻青脸肿。

5

当异性朋友过分亲密时，你的生活很容易遭到破坏

很多人都有自己的异性朋友，一些亲近的人则被称为男闺蜜和女闺蜜，而且现在有很多人都流行结交一些异性闺蜜。但是有人说这个世界上没有纯粹的异性朋友，这话虽然不免有些绝对，不过恰恰指出了异性朋友之间容易产生误会，也证明了男女之间关系的复杂性。尽管很多男女朋友都自认为清清白白，根本没有发生什么越界的事情，但男女双方长时间相处之后，往往会“出事”，尤其是那些行为举止比较亲密的异性朋友，更

是容易对彼此的生活都造成严重的干扰和影响。

从古至今，异性朋友之间很难摆脱绯闻的影响，只要你和异性朋友过度亲密，那么就容易成为舆论批评的焦点。可以说，异性朋友通常都会在你的生活中埋下巨大的隐患，弄不好就会将你伤得体无完肤。

异性相处容易日久生情，作为异性朋友而言，发生这种情况的概率更是很大，毕竟两个人经常在一起，相互之间比较了解和信任，而且平时没有什么禁忌，更容易产生感情。像那些异性闺蜜之间就很容易产生感情，甚至是婚外情，尤其是在娱乐圈中，这样的现象比较普遍。到最后异性闺蜜很可能会成为第三者，成为幸福家庭的破坏者。

异性朋友之间即便没什么男女感情，但是由于长时间亲密相处，那么就有人在你们背后说三道四、指指点点，就有人会对你们的关系做一些不实的猜测，甚至进行恶意的造谣。这样一来你们可能会被他人误解，尤其是被双方的爱人所误会，这样就容易产生矛盾冲突，对个人的声誉和生活都会产生巨大的破坏。

比如杨幂曾经和冯绍峰被称为荧幕上的金童玉女，可实际上两个人更像是闺蜜，但是由于两人举止过于亲密，而且在面对绯闻时也经常在微博上相互煽情、传情，两个人也几乎动了情，结果两个人的关系被炒得沸沸扬扬。可最后杨幂和冯绍峰没能在一起，反而对彼此的生活造成了影响，好在两个人在找到真爱后，刻意保持距离，这样也不至于自己的幸福生活再受到影响。

其实像这样的情况非常常见，就连著名的作家鲁迅也不能幸免，而绯闻的对象就是将他奉为亦师亦友的女作家萧红。鲁迅对萧红非常关心，这不仅仅体现在生活上的关怀，而且也体现在了文学创作上的帮助。那一段时间，萧红经常出入鲁迅的家中，两个人从生活聊到文学，又从文学聊回到生活中，两个人在一起的时光总是愉快的。萧红还总是像个少女一样在鲁迅面前蹦蹦跳跳，或者让鲁迅先生评价她的衣服穿得怎么样。

可是当两个人在一起有说有笑的时候，萧红的丈夫萧军，以及鲁迅的妻子许广平自然也会感到尴尬。尽管鲁迅和萧红很克制，也刻意将这份友情平淡化，但还是产生了一些影响。比如当萧红和鲁迅熟悉之后，萧军经常打她，最后以至于离婚。尽管萧军也很敬重鲁迅，但是内心显然受到了一些影响。

而对于许广平也是一样，尽管她表面上仍旧善待萧红，但是内心显然也有所察觉，常常会觉得很尴尬。比如有一次她找来各种颜色的绸条用来装饰萧红的头发，其中一根红绸条扮得萧红不是很好看，鲁迅当时很生气，突然冒出一句话："不要那样装她……"这一番话让许广平听了很是尴尬，而鲁迅和萧红也低下了头。这一次已经挑明了三个人之间微妙而矛盾的感情纠葛。而萧红自然也意识到了这样的危机，几个月之后，萧红便悄悄离开了鲁迅，只身前往日本，这份感情便戛然而止。

古人认为"男女授受不亲"，所以男女在一起的时候会尽量避嫌，即便是朋友，两个人也是尽量保持安全距离，防止自身的名誉受到干扰。封建时代的男女大防思想固然不可取，但男女有别，除了恋人，男女朋友在相处的时候最好还是应该注意保持一些距离，毕竟你们之间的亲密举动往往会让人产生误会，甚至很有可能会让双方都受到伤害。

正因为人言可畏，正因为我们很有可能在和异性朋友亲密相处的时候失去控制力，从而可能会做出什么伤害彼此的事情，所以在和异性朋友相处的时候，不要太过亲密，要注意将其当成普通朋友来看待，而且平时相处的时候应该注意频率，不能长时间待在一起，以免惹人闲话。此外，最好不要单独和异性朋友相处，平时应该有其他人在场，这样也是自我保护的一种方式。

如果你懂得尊重和保护异性朋友的话，那么就应该适当和对方保持距离，毕竟过于亲密的举动会给双方都造成不良影响。身为好朋友，这是你应该重点考虑的问题，也是你需要去谨慎面对的问题，这是你对朋友的一种尊重和责任。如果你没有为朋友着想，那么至少证明了你还是一个比较自私的人，证明了你对朋友还不够关心。

另外，我们也需要对自己和自己的家庭负责，尤其是对自己的爱人负责，当你和异性朋友之间卿卿我我的时候，你是否想过爱人会怎么看，是否想过你的家庭可能会遭到破坏。而你也不妨换位思考一下，如果你的爱人和其他异性的朋友有什么亲密的举动，你的内心作何感想，你是不是也会生气。

对我们而言，如果平时能够多想一想这些问题，有助于我们保持理性和克制，有助于我们将男女之间的友谊维持在比较正常合理的范畴内，这样对朋友、对家人、对自己都是一种保护。

6

朋友之间的竞争，会让你陷入两难的境地

朋友之间不仅仅是相互支持、相互合作的，在某些特定的场合，朋友之间也会出现竞争，双方也会站到对立面。比如说同事之间会发生的竞争，朋友在一起参加比赛时也会相互竞争，学习过程中，好朋友也会相互对比和竞赛。每个人都会有自己的利益和目标，都会有自己想要追求的东西，也都需要去把握生存和发展的机会，因此总是会出现激烈的竞争。

而当朋友从合作走向竞争对立的时候，作为朋友的你又该如何应对呢？你又该如何协调友情和竞争的关系呢？

尽管我们常常会说朋友归朋友，竞争归竞争，即便是再要好的朋友，在竞争的场合下，也还是要掰一掰手腕的。这种立场鲜明、原则明确的方法的态度是很有必要的，不过真正做到公私分明的人恐怕不多。毕竟在竞争中很多人为了不想伤害朋友，往往会刻意留一手，或者是表现得心不在焉。你越是犹豫，越是想得更多，那么反而越是容易受到伤害。

很明显，你的恻隐之心很可能会破坏原有的竞争机制。在企业中，如

果有的员工不想因为竞争而破坏同事之间的朋友之情，那么很有可能会因此而甘于平庸，这样对企业对个人其实都是一种伤害。毕竟生存事关你个人的生存和发展，你的不作为很有可能就此毁掉自己的事业。在比赛中也是如此，因为比赛讲究公平，公平竞争才是对朋友的一种尊重，如果你故意输给对方，或者拒绝与朋友对抗，那都是对朋友不够尊重。

在 2012 年的伦敦奥运会上，为了避免淘汰自己的朋友，很多国家在内部对手相遇时，采取消极应战的方法，目的就是为了让弱者有更多的积分和优势，这样双方都能够尽可能地走到最后。但是从体育竞技的角度来说，这样做显然违背了体育精神和体育道德，而且对其他竞争对手来说也是不够公平的。

此外，当你在竞争中对朋友心慈手软的时候，对方很可能会对你痛下杀手，你也许会对朋友心生怜悯，但朋友或许恰恰会利用你的仁慈来攻击你。这种城府很深的朋友往往会让你很受伤。一方面，他们会以朋友之情来游说你、软化你，让你放下戒备。另一方面，伺机备战，想方法找出你的弱点进行攻击。

和朋友竞争，原本是相互提高的一种好方法，真正的朋友之间往往是需要相互竞争的，毕竟只有相互竞争、相互对抗，才能够相互促进和提升，这是友谊的另外一种延续，也是表达尊重的一种方式。如果你的朋友真正了解这一点，如果你能够真正了解这一点，那么你们的关系并不会因为竞争而受到任何影响，反而会在竞争中得到加强。

对于朋友来说，无论怎样，参加竞争都是一件好事，而不应该是一个累赘。就拿苹果已故的总裁乔布斯和谷歌领导人施密特来说，这两个人在私底下曾是非常要好的朋友，两个人也都惺惺相惜，可是在各自企业不断壮大的同时，两个人之间不可避免地出现了正面的竞争和交锋。在这个时候，为了大局着想，为了确保公司的利益，两个人开始相互竞争，相互攻击，彼此在专利大战、挖墙脚大战、市场竞争、技术竞争等领域内多次进行碰撞，而且两个人几乎是毫不留情，完全不给对方面子。这样做或多或少都影响到了两个人的感情，但是两个人都很清楚这是公司利益的需要，他们不可能为了私人感情而放弃公司的利益。在乔布斯去世之后，施密特仍然非常在意这段友情，他多次表达了对乔布斯的尊重，认为他和乔布斯并不会因为相互竞争而变成仇敌。

但是在日常生活中，朋友之情却成为竞技场上的拖累，让自己陷入两难的境地之中，其实正是因为我们对于友情、对于朋友的理解非常狭隘，我们觉得合作和关怀才是朋友应该做的，却不知道朋友之间的竞争也应该谨慎对待。如果是良性竞争的话，两个人应该抛开私人感情，积极备战；如果是恶性竞争，我们更不应该被友情束缚住，而要懂得在竞争中进行自我保护，否则如果粗心大意的话，很可能会被对方伤害。

第十章

DI SHI ZHANG

进行自我防备，别让“损友”带你入歧途

生活中有好朋友，但是也会有一些损友甚至是坏朋友，他们不仅无法给你支持，无法成为你的左膀右臂，无法帮助你得到提高，反而会处处给你增加麻烦，反而会处处与你为难，让你感到痛苦。对于这样的朋友，我们一定要识破他们虚伪的表象，一定要保持高度的警惕和戒备之心，防止被对方算计和利用，防止成为不良友情的牺牲品。

⟀1

朋友的话全信了，那你就成为别人的棋子

俗话说：“逢人只说三分话，未可全抛一片心。”我们在对待朋友的时候也是一样，不能够知无不言、言无不尽，有时候要懂得隐藏，不能将自己全身心地暴露给对方。同理，对方也会这样对你，即便是再好的朋友，他在和你交流的时候，也免不了掩饰，因此你在和他们打交道的时候，一定要留心，不能完全相信对方的话，而应该适当进行保留。

“不轻易听信人言”，这是自我保护的一个基本原则，几乎在我们很小的时候，父母就会告诫我们不要和陌生人说话，不要轻易相信别人的话，当有人来敲门的时候，不要被对方的话所迷惑，等等。这些告诫体现了我们在人际交往中一贯的谨慎态度。

不过，在朋友之间，很多人可能会放松警惕，无论对方说些什么，自己都会照单全收，都会一字不漏地听完。却不知道如果这个朋友别有用心和企图，如果这个朋友心怀不轨，那么你的信任将会为自己招来祸患。

明朝的开国皇帝朱元璋原本是穷苦人出身，他在起义军中依靠朋友们的帮助才不断壮大起来，最终在群雄逐鹿中称王称帝。登基之后，朱元璋为了保住自己的江山，开始大肆诛杀那些有功之臣。而这些有功之臣原先大都是他的朋友和伙伴，都是陪他一路拼杀过来的兄弟，但即便是这样，朱元璋还是非常怀疑他们，也处处防备他们。在这些人当中，有一个人是个例外，他就是徐达。

徐达之所以没有被朱元璋杀掉，原因就在于他并不是一味相信朱元璋

的，他知道朱元璋为人多疑，说话的时候总是一半真一半假，所以他在倾听的时候，也是听一半。正因为这样，他总是能够了解朱元璋的心思，而且说话的时候非常小心，并没有让朱元璋察觉到异样，或者心生怀疑。所以朱元璋并没有将其列入黑名单中。而那些忠心耿耿的人，最终都被口是心非的朱元璋找借口除掉了。

生活中总是会有一些口是心非的人，他们并非总是真心实意地对待你，并非总是想方设法在帮助你，而是想着如何利用你。他们常常会对你说假话，会对你许下各种各样的承诺，会故意亲近你，赢得你的信任，但是私底下却总是想办法来打击和伤害你。

防备之心是不能轻易放弃的，做人无论如何都要有所保留，不该说的话不要去说，私密的话不要说，不该听的话就不要去相信。逢人只说三分话，逢人也只需听三分话，不能义无反顾地将别人的话奉为圭臬。轻信于人的人，往往会被别人利用，即便是朋友，你也不能掉以轻心，否则你只会被那些伪装后的友情伤得很深。

希尔顿酒店的创始人希尔顿先生早年曾经和朋友一起创业，当时朋友对于创业前景说得头头是道，并且极力让希尔顿加盟进去。希尔顿认为朋友自然不会对自己说谎，于是毫不犹豫地将自己的积蓄投入进去。当时很多人认为希尔顿太傻，仅凭朋友的话，就毫不犹豫地进行投资，这样未免太过草率，可是重情重义的希尔顿认为自己的朋友是绝对信得过的。几个月之后，两个人的生意并没有什么起色，朋友也并没有按照当初的规划来行事，两个人的创业步履维艰，最终以失败告终。而朋友为了减少损失竟然偷偷带着剩余的钱逃走了，希尔顿这个时候才意识到自己上当受骗，于是悔恨不已。

其实，我们出于忠诚而信任朋友的想法可以理解，但即便是最要好的朋友，他们的话并不完全是正确的，朋友的话也不完全就是真理，你在倾听的时候没有必要完全相信，更没有必要完全去照办。这是一种最基本的生活常识，也是为人处世的一种基本原则，这个原则在朋友之间也是成立的，也应该去遵守。

著名作家雨果说过：“我对于朋友的信任是理性的，而不是盲目的，我愿意朋友所做的一切都是正确的，我愿相信对方所说的一切都是正确，我愿意相信他们，可实际上他们本身也做不到那样完美，所以我们的信任必须也要适当打折，那些无条件的信任只会让我们抹黑‘朋友’这两个字。”在雨果看来，一个真正懂得交朋友的人是不会毫无顾忌地相信朋友的话的，他应该有自己的辨别能力和自我保护能力，如果连这些也做不到的话，那么反而会对自己、对友情造成伤害。

有人说：“和陌生人说话的最高境界就是三分真话，三分假话，三分空话，一分闲话。”而当你作为一个倾听者的时候，对于别人的话则要“听三分、想三分、去三分、忘一分”，这样你才不会被朋友伤害，才不会成为友情的牺牲品。做人要对朋友真诚，但是也要注意防备那些坏朋友，需要懂得自我保护，这样才是与人交往的不二法则，你要是全部相信了，就可能落入朋友的陷阱。

2

如果不保持沉默，你会惹上不必要的麻烦

春秋末期的儒家名师曾子，是一个很有名望和才学的人。同时，他平时做人非常谨慎，说话也从不乱说，有时候明明自己有什么想法，他也不会轻易表露出来。不仅如此，他为人总是“战战兢兢，如临深渊，如履薄冰”，以至于每次说话之后，都要深深自省，害怕自己说错了什么话，即便到了临死前，他还在担心自己曾经是不是说了什么不该说的话，甚至非

常不放心地问弟子们自己的手和脚是不是还在。

做人诚惶诚恐到如此地步，曾子也算是一个奇葩，在曾子那个年代，虽然也有一定的言论自由，但还是有很多人因为言论不当而招来杀身之祸的，因此你可以体谅为什么曾子会如此小心谨慎，为什么他总是保持沉默，即便在朋友面前，他也小心翼翼。

法国思想家蒙田说："世界是由一大堆的废话和语言构成的。"在日常生活中，我们喜欢表现自己，喜欢抢夺话语权，喜欢用更多的语言来装饰自己的博学，来装饰自己的身份。但事实上话说得越多，也错得越多，我们很有可能会在说话的时候得罪别人，或者被人抓住把柄。所以叙利亚作家帕布利乌斯·塞勒斯自嘲道："我经常懊悔自己多说话，却很少懊悔自己的缄默。"

很显然，少说话是减少犯错并保持交流优势的一种技巧，而适当保持沉默是确保我们落入语言陷阱中的一个重要方法，正因为如此，我们每个人都应该珍惜自己的话语权。老子说"知者不言，言者不知"，老子认为真正明智的人是不会多嘴多舌，借以显示自己高明和博学的，他们也不会口无遮拦地泄露自己的秘密。而那些多嘴多舌的人喜欢表现自己，往往非常愚笨，他们想方设法地通过交谈来表现自己的才智，来展示自己的观点，可结果常常说出一些不该说的话，最后为自己招惹上不必要的麻烦。

中国向来就有"言多必失"的千古明训和金玉良言，一般来说，话不在多而在精，多说往往无益，很多人该说的时候不说，不该说的时候却像机关枪一样怎么也止不住，结果常常祸从口出。俗话说"天不言自高，地不言自厚"，有时候说多了反而会贻笑大方，会被人抓住把柄，成为祸患的根源。

魏晋南北朝堪称中国历史上政治最黑暗的时期，那时候诸侯割据，各股政治势力互相对抗，常常弄得民不聊生，而为了增加自己的政治筹码，很多当权者都会选择拉拢当时的名人和世族，可是这些心高气傲、有话直说的名人往往会因为“口不择言”而惹上麻烦，最终成为政治斗争的牺牲品。

“竹林七贤”之一的嵇康就是其中一个受害者，而且他的遇害也和朋友有关。当时嵇康有一个好朋友叫吕巽，他弟弟吕安也是嵇康的好友，这三个人的关系非常铁。不过吕巽是一个人面兽心的家伙，他看到弟弟吕安的妻子貌美如花，于是心生歹意，指使妻子用酒灌醉弟媳，然后将其奸污。吕安知道这件事情后怒火中烧，于是准备报官。当时吕巽非常害怕和弟弟的关系闹僵，更害怕自己身败名裂，于是就让嵇康从中调停，最后嵇康违心地将这件事按了下来，毕竟他也觉得吕巽可能只是酒后犯错而已。

可是事情不算完，当吕安放弃告状的时候，吕巽竟然诬告弟弟对老母亲不敬，甚至掌掴老母亲。而当时的统治者司马昭非常注重孝义，他听说这件事后就将吕安判处了死刑。而嵇康知道后非常不满，于是当场辱骂吕巽，而且还写下了一封绝交书，在书信中他认为吕巽人面兽心、猪狗不如。不仅如此，嵇康还多嘴多舌地妄论朝政，认为朝廷冤枉好人。

正因为如此，司马昭开始对嵇康怀恨在心，何况嵇康是曹操的孙女婿，对自己总是采取不合作的态度，因此这一次他准备以此为借口来向嵇康开刀，并最终杀害了嵇康。而作为嵇康的好友之一阮籍，他生性狂傲，性格乖张，所作所为比嵇康还要过分，对于礼法的轻视也还要严重一些，可司马昭对他却异常宽容，很大一个原因就是阮籍喜欢保持沉默，从不胡乱议论朝政，即便是嵇康被人冤死，他也没有说过一句话。也正是因为这样，在当时的“竹林七贤”中，他是唯一一位能够避开政治风波的名士。

我们常常说沉默是金，就是因为沉默在多数时候比开口说话更加显得难能可贵，要做到沉默往往更加不容易，而且沉默的力量和效果有时候要比多说多做来得更好一些。正因为如此，我们要懂得及时禁言，即便是在朋友面前，我们也要懂得保持沉默，一旦说得太多，一旦说了不该说的话，泄露了不该泄露的东西，那么自己很有可能会因此而受到坏朋友的伤害。

3

卷入朋友的纷争，你将成为那个最受伤的人

在动物世界中，当动物群体内部发生争斗时，其他成员往往不会插手，比如说狼，当狼群中的两匹狼发生斗争时，其他的狼都会选择在一旁围观，从来不会去干涉，也不会刻意同情和帮助弱者。对它们来说，这种内部斗争并不适合参与进去，因为一旦有狼想要参与进去，那么很可能会受到双方的攻击。可以说，无论是出于公平，还是内部的团结，狼群的其他成员都会恪守这样的规则，不会轻易卷入这些纷争的。

在人类社会，我们也需要遵循这样的原则，有人说最棘手的事情不是朋友和自己发生了矛盾冲突，而是你的朋友和另外的朋友产生矛盾，你却不知所措。因为当自己和朋友发生矛盾的时候，你也许可以适当退让一步，以此来确保对方的利益不受影响，这样就可以尽可能地减少冲突。可是如果是朋友之间发生冲突，而作为局外人的你往往不能轻易插手。

因为首先你可能会无处下手，毕竟作为局外人，你对于内情可能并不知道，而且你也不知道该从哪一方打开缺口，无论你先和哪一方说话，另一个朋友都可能会认为你偏向别人。即便你觉得自己按照原则办事，即便你认为自己是本着良心说话的，可是别人未必会相信，他一定会觉得你联合另一方来针对自己，到时候你只会变得里外不是人。

英国心理学家玛利亚曾经说过自己的一个故事。有一次，自己的两个好朋友因为喜欢上了同一个男人而导致关系变得很紧张，她们甚至开始相互攻击对方，看着以前同为朋友的两个人如今变成了仇敌，玛利亚的心里面也很不好受。

当时其中的一个好朋友特地找到玛利亚，向她倾诉这件事，而且还声泪俱下地控诉自己的“情敌”如何罔顾姐妹情谊，做出有损感情的事情。看着好朋友哭哭啼啼，玛利亚一下子心软了，所以答应做一个调解员，帮助这对情敌好好调解，让她们尽量消除矛盾。为了安慰她，她还表示自己一定会想办法帮助她解决问题的。

结果第二天，这个哭诉的好友找到自己的情敌谈判，结果两人再次争吵起来，这个时候，这个人对自己的情敌说玛利亚一直都站在她这一边，她还亲口听玛利亚说会支持她的。当然，此外她还添油加醋地说玛利亚如何讨厌对方，早就想和这种破坏别人感情的坏女人一刀两断之类的话。

这个朋友听了对方的话后自然很生气，她并不知道自己究竟在哪里得罪了玛利亚，以至于要遭受这样的谩骂，于是她立即决定和玛利亚绝交。当玛利亚赶到现场对二人调解的时候，突然意识到自己被人利用了，自己不仅成为朋友攻击别人的武器，而那个被攻击的对象竟然也是自己的好朋友。意识到自己无辜地卷入了这场纷争之中，玛利亚悲伤不已，她非常后悔因为自己的一时大意而使自己同时失去了两个好朋友。

其实像这样的情况非常常见，替朋友出头往往是我们的习惯，当我们看到朋友遇到困难的时候，总是想着要去施以援手，可是帮助别人也要分清场合，也要看清楚情况。有些时候，并不方便出手，那么就不要强出头，不要卷入其中。一旦我们过分掺合进朋友的矛盾之中，很有可能被卷入纷争，最后可能让自己脱不了身。

事实上，朋友之间的孰是孰非，往往说不清楚，就像清官难断家务事一样，你掺合进朋友的纷争之中并没有任何好处，毕竟手心手背都是朋友，你如果没有绝对的把握去端平这一碗水，那么你的介入只会将事态弄得更加严重，只会将水搅浑，然后引火上身。所以还是应该尽量保持中立，不偏袒谁，也不要对肇事双方有什么责备，毕竟弄不好可能会将矛盾转移到自己身上来。

正因为如此，一般都不愿意去管别人的事情，就是因为担心自己的好心好意不被人讨好，最后落得个好心当成驴肝肺的下场。所以，你最好还是当一个旁观者，让矛盾双方自己去解决分歧和纷争，让朋友自己去面对问题，俗话说解铃还须系铃人，既然这个疙瘩是他们自己系起来的，那么就要他们自己去解开这个结，你要是伸手去解，只会捆住自己的手脚，或者让这个结越来越大。

卡耐基曾经说过："当一个朋友和另一个朋友出现争执的时候，你不要强行介入，也不要过多地评价谁对谁错，因为这个时候错的只能是你，而且你需要一个人去承担这个错。"因此，我们在处理朋友纷争的时候，应该懂得让自己置身事外，一旦卷入其中，你可能会成为最受伤的那个人，而且朋友的矛盾也并不是你一个人可以调解得了的。

4

不懂得说"不"的人，往往会被人推入火坑

好朋友的定义是什么？好朋友都应该具备什么样的标准？关于这些问题，相信多数人都会有这样一个共同的认识，那就是好朋友一定是来者不拒的，你提出的任何想法和要求，他都会尽量帮你达到。这就是很多人心目中对于"好朋友"的定义，而这种定义显示出我们对于朋友、对于友情

认知上的一些误解和不足。

在多数人眼中，好朋友会主动帮自己扛起一切。可这样的人真的就是亲密无间的绝世好朋友吗？而你难道也要为了友情而如此死心塌地地为朋友服务到底吗？如果你真的如此重视这份友情，如果你真的有求必应，那么最直接的后果往往就是惹祸上身，因为当你不分青红皂白地投身到维护友谊的“伟大事业”中去时，你很有可能会被别人利用，会被那个好朋友拖入泥潭之中，甚至于被人推入到火坑之中。

哈里斯曾经是朋友圈中公认的好人，他拥有自己的公司，拥有自己的事业，而且还是波士顿富豪榜中前二十位的成员。但是无论自己的生活多么繁忙，他都会抽出时间和朋友们在一起聚会，当然每次埋单的都是他。哈里斯最为人称道的就是够义气，只要是朋友的请求，无论是什么事情，他都会尽量去做到，因为哈里斯在黑白两道中都吃得很开，在波士顿北部，几乎没有人不认识这豪爽的企业家。

正因为这样，朋友们有事都愿意找哈里斯帮忙，而哈里斯几乎来者不拒，有求必应。直到有一天，有朋友让哈里斯帮忙运送毒品，一开始哈里斯觉得有些困难，而且他本人也并不赞成毒品交易，不过碍于朋友的面子，他还是勉为其难地答应了下来，结果朋友一而再再而三地让他帮忙，就这样哈里斯成为波士顿毒品交易中的一个重要环节。

2011 年，联邦警察破获了一起毒品案件，结果哈里斯受到了牵连，让警方意想不到的是，哈里斯先后 15 次帮忙运送毒品，总价值达到了惊人的 6000 万美元。不仅如此，警方还对哈里斯进行了深入的调查，发现这位社会知名的慈善家和企业家还私藏过军火，收留过犯人，还买通了警察放走了一些罪大恶极的犯罪分子。

当哈里斯被批捕的时候，他承认自己所做的一切都是为了帮助朋友，实际上他自己一直以来都在做正经生意，无论是军火还是毒品，他从来都没有碰过，至于那些犯人，他也没有和他们一起犯过罪。可事实上他已经触犯了法律，尤其是军火和毒品的案子更是让他脱不了干系。当联邦法院判决哈里斯30年监禁的时候，这位好心人一直在审判席上哭个不停，很显然他现在后悔已经为时已晚。

做人要懂得说“不”，即便是面对最亲密的朋友，你也要有基本的分辨能力和判断能力，要有自我控制的意识。一些无关紧要的问题，你可以帮忙解决，可是对于朋友的一些无理要求，你要懂得及时拒绝，更要防止被朋友的一些“坏主意”所误导。我们不应该对朋友言听计从，更不能受到友情的蛊惑，无论做什么事情，我们都需要做到心中有数，而不是盲目地听从和照办。

在必要的时候，我们应该要勇敢地拒绝朋友，要懂得及时说“不”，我们应该坚守自己做人的底线和原则。

首先，不要做违法乱纪的事情，一个人可以犯错，但是绝对不能去挑战法律的底线，这是为人处世的一个基本原则。如果朋友的想法触犯了法律，或者需要承担一些法律上的责任，那么你最好还是断然拒绝，否则你会被对方拉下水。而像这些违法乱纪的朋友也必定不是什么好人，你最好还是敬而远之。

其次，要有道德意识，人活着都有道德感和羞耻心，都渴望受到他人的尊重和爱戴，这就要求我们具备很高的道德意识。如果你的朋友让你做的事有违道德，那么你一旦答应下来，很有可能会让自己身败名裂。与其这样，还不如尽早拒绝，防止承受道德压力。

再次，不做违反原则性的事情，也就是说，你所做的事情应该符合心目中的一个基本原则，要符合你一贯的办事风格。只要这些请求违反了原则，那么你就要坚决说“不”，如果视而不见或者网开一面的话，那么你下一次还会破坏原则，而这往往会让你滋生一些腐败思想，对个人的名誉造成很大的影响。

最后，当朋友不断地向你提出各种各样的请求时，你要懂得拒绝这种不正常的行为。很多人喜欢将朋友当成提款机来对待，有事没事就喜欢让朋友帮忙，就喜欢问朋友拿东西，这原本是证明亲密无间的朋友关系的一个重要方式，可实际上你很容易被人利用，很可能成为那个被剥削的可怜虫，等到你没有利用价值了，对方很可能一脚将你踹开。

事实上，朋友之间相互帮助、相互扶持是维护友情的一个重要方法，不过朋友的帮忙并不是无条件的，并不是没有限制和底线的，在某些特定时刻，我们需要具备一定的分辨能力，需要理智地看待友情，需要理智地看待生活中的那些“小忙”，有时候，就算是小忙我们很可能也帮不起，所以最好还是保持克制，需要懂得说“不”，以免被人推入火坑。

5

不要和朋友一起占小便宜，否则吃大亏的永远是你

我们常常会遇到一些非常喜欢贪小便宜的朋友，这些朋友还乐于同我们一起分享，希望和我们并肩作战，一起去占便宜。面对这样的好事，也许很多人都碍于朋友情面而不好意思拒绝，而且也往往抵制不了那些利益的诱惑，最终愿意和对方一起携手。

可是面对这样的朋友，我们不应该感到庆幸，而是要感到恐惧，因为一旦对方邀请你，一旦对方决定和你一起分享那些小便宜，那么很有可能会在暗地里算计你。贪小便宜的人往往比较小气，不愿意付出，因此他期待自己所做的一切最好都是无本买卖，正因为有这样的心理，在很多时候，他并不愿意和别人一起分享“战利品”。

如果对方主动提出分享的请求，无非有两种可能：第一，你也在作案现场，并且发现了他的秘密，了解了他的动机，为了降低风险，他只能同意分你一杯羹，以此来堵住你的嘴。其次，占小便宜的人一个人无法完成这项工作，他需要借助外在的力量来解决问题，因此会邀请你前往协助。

而在这出“共进退”的朋友大戏中，你更需要保持谨慎了，你要明白对方首先是一个贪婪的人，然后才是你的朋友，这一点至关重要。也就是说，对方所做的一切都是为了利益，所谓的分享，所谓的朋友之情，很多时候只是一个幌子，目的就是为了在取利的同时，尽可能降低自己的风险。可以说，这样的人在贪小便宜的时候，便开始算计你了，你可能一开始会尝到甜头，但是很快就会发现自己要吃大亏。

事实上，当对方愿意和你一起分享利益的时候，你很有可能正好中了对方的圈套，很有可能正好被对方所利用，最终成为对方的猎物。这就像猎人和猎犬的关系一样，一开始你们会精诚合作，共同捕获猎物，也许对方会许诺你一块肉，会许诺给你几块骨头。可是当猎物被彻底消灭之后，你也许会成为对方的猎物，会面临“狡兔死，走狗烹”的悲惨结局。

其实很多朋友为了拉拢你下水，常常让你一起去“分赃”，人往往都有贪欲，当你分享到一些小便宜时，很可能会激发内心的贪欲，从而容易失去最基本的判断能力，最终一步步陷入到对方设定好的陷阱之中去，会成为对方所设的局中那颗最无辜的棋子，弄不好就要替对方背黑锅。

在西方有这样一个寓言故事，冬天来了，有两只饥肠辘辘的狼一大早就外出寻找食物。可是一直到了中午，也没有看到什么猎物出现，两只狼都显得非常沮丧。其中一只灰狼对同伴说：“我知道有个地方可以抓到羊，只要我们两个联手，那么就可以好好地饱餐一顿。”另一只狼听了非常高兴：“早知道你有门路，那么我们俩何必在这里浪费时间呢，赶紧行动吧！”灰狼于是将同伴带到一片小树林里，结果两只狼远远就看见林子里的一棵树旁站着一只羊，这只羊看上去很肥很壮，像这样的猎物已经足够它们两个吃上好几顿了。

看到羊就在眼前，灰狼和同伴口水直流，就在这个时候，灰狼对同伴说：“好了，猎物就在眼前了，但是我们不能轻易让它逃走，所以我准备包抄绕到羊的后面，你就从这里直接发起攻击，这样我们就可以前后夹击，那么羊自然就成了我们的口中之物了。”同伴听了觉得很有道理，于是就让灰狼先绕过去。

等到一切就绪后，灰狼发来了进攻的指令，它的同伴立刻快速发起进攻，可是当它靠近羊的时候，不幸掉入机关陷阱之中，身负重伤。这个时候它才发现羊被系在树上，很显然这是猎人设置的用来捕狼的陷阱。而就在这个时候，它看见灰狼正非常悠闲地走向那只羊，连看也没看自己一眼。这时候它明白过来，原来灰狼早就明白这儿有陷阱，于是就骗自己来这捕猎，并且故意先让自己发起进攻，这样他就可以顺利躲过那些陷阱。想到这儿，这只受伤的狼非常后悔，最终不甘心地闭上了眼睛。

在日常生活中，那些喜欢占小便宜的人往往只见树木不见森林，最终反而失去了更多的东西。所以做人还是要心存戒备，要看得更为长远一些，千万不能因小失大。即便是面对朋友的时候，也要保持足够的冷静和理性，也要懂得看清别人的动机，不要因为一时贪图小便宜，而忽略了背后隐藏的危机和风险。平时一定要注意防备那些占小便宜的人，更不要主动和对方一起合作，因为当你与之合作的时候，往往也就埋下了被对方利用和出卖的隐患。

6

亲密也要有限度，靠得越近也就伤得越深

说起好朋友，很多时候我们都会想当然地认为，好朋友就是无不相随、无话不说、无事不谈的亲密伙伴，我们会觉得朋友之间就应该亲密无间，就应该绝对地坦诚和透明。可事实上这种绝对的透明、绝对的坦诚、绝对的亲密往往会带来很大的风险，因为过分亲密往往会让这份感情失去弹性，双方可能会失去各自的自由，而且还很容易被对方伤害。

你对朋友知无不言、言无不尽，甚至愿意分享一些非常私密的事情，可是你的朋友很可能未必这么想，他也许会将你的“秘密”公之于众，也许会抓住你的把柄要挟你。对于这样的事情，我们还是应该保持必要的谨慎，不能轻易就相信别人，更不能将自己完全暴露在朋友的目光下。为了避免自己日后被朋友伤害，那么最好还是要做到留有余地，要懂得给自己留下一些私人空间。

在心理学上，有一个著名的“刺猬效应”：当天气变得寒冷时，刺猬们往往会慢慢靠在一起相互取暖，可是由于浑身长刺，当它们彼此之间靠得太近时，身上的刺就会刺到对方，同时也被对方的刺伤到自己。这时候它们就本能地后退，接着再次慢慢靠近，被刺到后继续退后慢慢调整距离，保证能够最大限度地取暖，同时又不会让身上的刺刺到对方。

“刺猬效应”就是一种正当的自我防御机制，我们不要总是将朋友想得完美无缺，不要总是死心塌地相信别人。其实，再完美的朋友，他的身上也是会带刺的。平时可能不会察觉到，可是一旦你过分靠近对方，对方身上的缺陷很有可能被放大，你身上的缺点也同样会被放大，这个时候你

的防御能力是最脆弱的，朋友身上的那根刺完全可以轻易地刺痛你，那么很有可能会因此而受到伤害。

有关人际交往的方法一直以来都是一个重要的课题，如何与人交往，如何才能做到自我保护，这需要我们认真去摸索。中国山水画中有一种独特的技巧，叫做留白，所谓留白就是画家在作画时，通常不会将作品全部画满一整张纸，而是留下一定篇幅的空白，这样就能达到错落有致、篇幅和谐的效果，也能给人留下更多的审美想象空间。实际上，留白的目的就是为了丰富画作的韵味，留下想象的空间。人与人相处也是如此，不能为了维护关系而太过亲密，最好还是彼此都要懂得留出一段空白，这样才能使友情更丰满、更有味道，同时也可以保证友情的弹性。

至慧禅师和道引禅师都是得道之人，两人对于佛法的研究有很深的造诣，而且他们还是非常要好的朋友。不过令人疑惑的是，这对好朋友一个住在山上，一个住在山下，虽然离得不远，可是并不经常见面，更不必说经常在一起探讨佛学了。正因为这样，以至于很多人都认为他们是互不相识的陌路人。

至慧的徒弟对于两位禅师的关系也摸不着头脑，他偶尔听师父谈论起山下的道引禅师，可是却很少见到师父亲自下山去找对方。有一次他在山脚下遇到了道引禅师，于是就满腹疑惑地问对方：“听说您和家师是十世修缘而来的好友，可为什么我不曾见你上山寻过家师。”道引禅师笑着说：“难道我不曾上山，就不得与你师父结缘吗?”

小和尚摸着脑袋，非常直爽地说：“但凡朋友不都是喜欢结群、喜欢共处的吗?”道引禅师摇摇头反问：“莫非豺狼成群，也可称朋友?”小和尚想了想回答说：“人比不得豺狼，相近些总是好一些的。”道引反驳说：“豺狼集聚易相争，友朋相聚易浮沉，两者并无二致。交友诚如观山色，身临其境未知美在何处，退到远处观望，则风物浑然相宜。”小和尚听得是一头雾水，朋友怎么还需要保持距离呢，简直闻所未闻。回去后，将道引禅师的话原原本本地复述给师父听，至慧禅师听后，不禁感慨道："平生所修缘分，仅此一人。"

可见，在至慧禅师和道引禅师心中，朋友之交是没有必要保持过分亲密的关系的，因为朋友贵在交心，只要心中有朋友，只要真诚对待朋友，那么就无所谓远近亲疏。真正的朋友并不是一定要放在身边的，过分亲密的朋友不仅会束缚这段感情，而且很容易让你被一些不良的朋友所伤害。

所以，和朋友相处时，一定要懂得把握适度距离的原则，这既是对友情的一种保护，更是一种自我保护的方法。因为当你和别人靠得越近时，自己就越是容易受到别人的伤害，只有退让一步保持适度的距离，我们才会有更多缓冲的余地，才会有更多自主的空间。

第十一章

DI SHI YI ZHANG

多好的朋友都免不了发生冲突，如何化解才是关键

朋友关系往往是最亲密的，双方之间常常会相互支持、相互理解、相互帮助，可是两人之间也会出现矛盾和冲突，毕竟每个人的性格和个性不一样，生活习惯以及个人生活目标不一样，因此朋友之间难免会出现一些分歧，在生活中也会有一些摩擦。不过当朋友之间出现矛盾和冲突的时候，我们需要采取适当的措施来缓和矛盾，需要采用适当的方法来解决分歧，一旦处理不当，裂痕可能会扩大，分歧和矛盾也会容易激化，这样可能会破坏彼此之间的感情。

1
做好自我批评，你的批评才有效果

狩猎女神阿尔忒弥斯在睡梦中不小心打破了自己的一个宝贝，醒来的时候，女神将所有的仆人叫到身边，准备就此事进行调查，当然到最后也没有一个人站出来承认这事是自己干的。阿尔忒弥斯勃然大怒，于是就对全体人员进行责罚。第二天，她跑到宙斯那里去诉苦，认为下人都开始对自己不尊重，竟然公开在自己的房间里做坏事。宙斯知晓一切，所以轻轻说出了阿尔忒弥斯做梦时打破宝贝的过程。阿尔忒弥斯听后羞愧不已，主动承认错误，然后对所有的仆人进行道歉。

作家张爱玲曾经说过："有的人总是抱怨找不到好人，一两次不要紧，多了就有问题了。首先你要检讨一下你自己本身有没有问题，如果没有，那就要审视一下自己的眼光了，为什么坏人每次都让你碰到?"用一句平实的话来说，那就是在批评别人前，先看看自己是不是有什么缺点，你需要先做好自我批评，应该先找出自己身上的缺陷，这样才有资格去批评别人，才有资格去教育别人，而且批评的效果也才会更好一些。

很多时候，我们常常会犯下一个错误，那就是当我们在批评别人的时候，往往忽略了对自己的审视和批判，往往忽略自己身上的那些问题。其实当你在喋喋不休地抱怨别人，当你总是抓着别人身上的缺陷时，当你将所有的失误和责任都推给别人时，是否想过自己才是那个麻烦制造者，是否想过自己身上也存在一些问题。

尤其是在批评朋友的时候，很多时候我们自认为出于关心，自认为友情比较坚固，就可以大胆而放心地批评朋友，可以毫无顾忌地对朋友的一些错误做法提出质疑和否定。但朋友也是有自尊的，朋友也会有自己的想法，我们在批评对方的时候，也需要注意分寸，需要懂得体会对方的感受。而最好的方法就是降低姿态，就是主动作自我批评，因为你的自我批评实际上就是一种表态，就是树立一个好的榜样，当你表态之后，对方的防备之心也就会降低。

这就像父母教育子女一样，在批评子女的时候，最好能够自我检讨，应该先自我批评，这样孩子会更快地意识到父母的苦心和关心，会意识到自己的错误。朋友之间也是如此，当你想办法让朋友意识到自己的错误时，最好的办法就是先做自我批评，这样可以为自己提出的批评做好铺垫，从而引导对方进一步去改正自己的错误。

汉克斯曾经是哈佛大学的高才生，毕业后他曾经在很多大公司里上班，更重要的是他和乔布斯的私人关系很不错，而且两个人还是同乡。后来应乔布斯的邀请，汉克斯跳槽进入到苹果公司上班，汉克斯对此也感到高兴，毕竟苹果公司拥有众多的顶尖人才，而自己能和乔布斯这样的商业天才一起合作，往往会受益匪浅，更重要的是两个人还是非常要好的朋友，彼此也很信任。

当然，在苹果公司里，大家都知道乔布斯是一个难对付的人，他对于工作的要求近乎于苛刻，可以说很少有人能够一下子就让乔布斯感到满意的。正是因为这样，乔布斯常常喜欢批评别人，有时候甚至毫不留情地让对方滚蛋，据说整个总部没有被乔布斯骂过的人不超过3个。而被乔布斯当场骂哭的员工绝对超过了100个，这样的数据实在很惊人。

正因为乔布斯喜欢骂人，很多员工都很惧怕他，有的员工甚至刻意躲着他，但很多人仍旧是难以幸免。当时有个段子说，当你在电梯里遇见乔布斯后，也许被辱骂几分钟后，你就可以收拾行李滚蛋了。

有一次，有个员工无缘无故被乔布斯骂了一顿，汉克斯实在看不下去了，于是就替那个员工出头，准备去找乔布斯理论，并且决定批评一下乔布斯的臭脾气。可是当找乔布斯理论之后，乔布斯显得很生气，将汉克斯劈头盖脸骂了一顿，并且让他这样的“烂货”赶紧滚出去。汉克斯认为自己的好心被乔布斯当成了驴肝肺，认为乔布斯简直就是混账。

汉克斯离开乔布斯的办公室时，突然看到门口上的黑名单，乔布斯那时候常常会毫不留情地将那些工作不合格的人列入黑名单中，然后张贴在门口。当汉克斯看到黑名单之后，意识到自己可能在工作上犯了某些错误，想到这儿，汉克斯这才意识到为什么乔布斯会对自己发火。于是他立即返回乔布斯的办公室中，然后对自己所犯下的错误做了自我批评，而此时乔布斯也心软下来，主动承认了错误，并当场答应会向那位员工道歉。

很多时候，我们都理所当然地认为批评一个犯错者并没有什么不恰当的，尤其是对朋友进行批判，我们觉得这是关心和负责的表现，可是我们往往忽略掉一点：骂人并不能使情况变得更好，我们的批评可能会毫无用处，反而会破坏朋友之间的感情。其实想要解决问题，想要化解分歧，我们永远都不总是将矛盾指向别人，而忽略了对自己的认识和反省。

在心理学中，有一个自我批评效应，如果你想要说服别人，想要让别人接受自己的批评，那么最好的办法就是自我批评，因为人人都有自尊，没有人愿意遭受批评，如果你敢于承认自己的不足并对自己作出批评，那么别人就会顺从你的行为，接受外来的批评和惩罚。

有人说："批评者不应该站在审判者的高度上来评价别人，也不应该把自己当成一个站在正确立场上纠正错误的人，这样无疑就把双方对立起来了。"我们在批评朋友的时候不能太过直白，而应该掌握一些技巧，当我们用自我批评做引子时，不至于会使受批评的人心理失衡，相对而言，朋友在情感上就更容易接受你提出的批评。

2

大事化小，把伤害扼杀在摇篮里

中国有句话："大事化小，小事化了。"意思是当矛盾发生的时候，起冲突的双方要懂得将矛盾尽量降低，要将大问题变成小问题，要懂得缩小冲突的范围和深度，这样一来，双方才有可能将大矛盾变小，这样解决起来就比较容易，彼此之间的伤害也会减少。

“大事化小”实际上是一种非常高明的交际手段，毕竟人与人生活在一起，难免会有竞争和冲突的时候，即便是朋友，两个人之间也容易出现一些不和谐的因素，但是有矛盾并不可怕，可怕的是矛盾得不到解决。所以我们可以选择将矛盾慢慢缩小，然后将其控制在一个相对安全的范围之内，这样可以更好地解决矛盾冲突。

当然，如何大事化小，如何将大矛盾变成小矛盾，这需要一种更为高明的技巧，对个人的交际能力是一种巨大的考验。而一般来说，大事化小的方法有以下几种。

首先，做人不要太固执，不要总是用权力来说话，不要依靠实力去压制对手，这样就可以减少针尖对麦芒的机会。那么，当双方的矛盾不断扩大的时候，就可以及时收手，从而让大矛盾慢慢变小。美国的里根总统曾经购买过英文版的《道德经》，他非常喜欢里面的一句话：“是以圣人无为，故无败；无执，故无失。”意思是说圣人不妄逞权能，所以不会失败；不抗拒渐进的演变，没有执念之心，所以不会使局面失控，也不会失去什么。

其次，主动道歉，主动作自我批评。如果想要改善双方的关系，想要让问题不至于失控，那么其中一方就必须主动认错和妥协，这样才能让事情出现转机，才能有机会更好地把问题控制在有限的范围内。但你永远不要指望对方先向你道歉，最好的方式就是自己主动去认错，就是及时作自我批评，这样对方也会受到软化，从而慢慢减少摩擦。

著名的成功学大师卡耐基有一次和办公室的同事因为一点事情而发生激烈争吵，彼此闹得非常不愉快，卡耐基认为这个同事目中无人，不禁怒火中烧，于是在纸上写下了许多报复性的话，他还写下了各种辱骂性的话。下班之后，他随手将纸条放进了抽屉中，然后怒气冲冲地回家了。

第二天一大早，卡耐基显然从昨天的坏情绪中慢慢恢复过来，人也冷静了许多。而当他打开抽屉看到纸片上的字时，不禁大惊失色，他万万没有想到自己在愤怒的时候竟然会写下如此恶毒的话，要是真的纵容矛盾扩大之后，自己指不定还会做出什么更加过分的事情。想到这儿，卡耐基吓得心惊肉跳，立刻撕毁了纸片。中午的时候，他主动找到了那位同事，然后向对方道歉，承认自己昨天有些失礼了，结果两个人之间的矛盾很快降温，而且再也没有发生过什么激烈的口角之争。

再次，可以用幽默来化解危机，朋友之间有时候也会遇到困难，也会产生矛盾和冲突，当朋友对你的行为提出质疑的时候，当对方开始指责你的时候并且准备摊牌的时候，你可以用幽默的口气将这种充满火药味的气氛化解掉。

英国首相威尔逊在某次演讲之前，刚好和朋友大吵了一架，两个人互不相让，甚至差点儿就大打出手。等到威尔逊上台演讲的时候，那个朋友仍旧是怒火中烧，他坐在台下一直恶狠狠地瞪着威尔逊。由于心里的火气很大，这个朋友一时没有控制住自己，冲着威尔逊大声喊道："狗屎，狗屎。"其实这句话一说出口，他自己也开始后悔了，这时候全场的听众都不约而同地看着他，然后又转过脸看看威尔逊的表情。但这个时候，威尔逊非常从容地说："这位先生，请少安毋躁，我马上就会讲到你所提出的关于环保的问题。"这样一来，威尔逊利用自己的幽默化解了尴尬，而事后朋友也主动道歉，认为自己差一点儿就坏了大事。

最后，分解矛盾，将大问题分解成小问题，然后各个击破。很多时候朋友之间发生激烈争吵时，往往都不会是因为一件事情，而是很多件事情全都纠缠在一起，结果让两个人的关系越理越乱。面对这样的情况，你所要做的就是将这些杂糅为一体的矛盾重新拆解开来，一个个问题去解决，这样不仅减少了风险，而且也降低了解决问题的难度。比如当朋友之间发生争吵时，往往会将生活中的摩擦，工作中的摩擦，过去的摩擦，现在的摩擦一股脑儿说出来，会将对方的各个缺点全都数落一遍，既然这样，你不妨逐个解决，不能被所有的困难一次性绑架，这样才能避免受到更大的伤害。

很多时候矛盾都是有弹性的，也就是说可大可小，你可以进一步激化它，也可以想办法进行控制和缩小。因此，我们在解决矛盾纠纷的时候，应该尽量将问题往小的地方看，应该尽量将问题缩小之后再来解决。比如说当朋友之间出现经济纠纷或者准备打官司时，其实完全可以私底下进行解决，这样就尽可能地让分歧控制在小范围之内。

朋友之间的感情往往很珍贵，我们应当学会珍惜。也正因为如此，当我们面对矛盾冲突的时候，不要动不动就生气，不能动不动就争吵，我们更应该尝试着寻找一个切入点，将矛盾的伤害降低到最低水平，这样才能够确保友情不会受到矛盾的影响和破坏。

3 凡事退让一步，矛盾自然迎刃而解

韩愈位列唐宋八大家之首，受到了很多文化人的敬重。但在年轻的时候，韩愈为人恃才傲物、目空一切，而且常常和朋友发生口角，朋友们也开始刻意疏远他，不愿意和他在一起交往。韩愈变得越来越孤单，于是开始显得很苦恼，并且终日长吁短叹。韩愈的妻子卢氏也是个读书人，她非常了解丈夫的为人，看到丈夫终日苦闷，于是写诗劝谏他："火求心虚，人求言实。欲成大器，必先退之。"

妻子的话简直就是醍醐灌顶，一语惊醒梦里人。韩愈这时才猛然意识到自己平时过于骄横，看不起别人，而且遇事还不喜欢退让和妥协，因此难免要和朋友发生不快。而且正因为恃才傲物，自己才无法在仕途上有什么建树。找出症结之后，韩愈将妻子的诗好好珍藏起来，然后干脆用诗中最后二字为自己取名"退之"。自此之后，韩愈性情大变，和人相处时非常低调，非常友好，哪怕有什么冲突，他也会处处让人一步，这时候很多人都开始主动和韩愈结交，而他的人生也开始一帆风顺。

在生活中，我们常常会和朋友发生冲突，结果由于"公说公有理，婆

说婆有理”，两人互不相让，以至于冲突被激化，引起了更为严重的矛盾。面对这种情况时，很多人往往就会将矛头指向对方，认为朋友不能顾及自己的想法，认为朋友没有将自己放在心上，这样一来相互之间的争执只会越来越大，最终双方会产生怨恨，弄得两败俱伤。

正因为矛盾冲突可能会被激化，可能会伤害朋友，我们平时在处理这类问题时也应该像韩愈一样，遇到冲突时，不妨主动退让一步。主动退让的人往往可以给对方一个台阶，这样对方一般也不会对你发动凌厉的攻势，转而会想办法做出妥协和退让，这样一来，相互之间的矛盾往往就能够消除。

曹植曾经写过一首七步诗：“两肉齐道行，头上带凹骨。相遇块山下，欻起相搪突。二敌不俱刚，一肉卧土窟。非是力不如，盛气不泄毕。”曹植认为两牛相争往往会不顾一切地相互进攻，除非战败，否则从来不知后退。其实人也是一样，我们在面对竞争的时候，常常也是表现出一副勇往直前绝不退缩的劲头，可是当我们和朋友相争时，我们更应该静下心来想一想，自己这样做是不是值得？这样做又可能会带来什么样的风险？有时候后退一步，我们就不会在冲撞中受伤。

清朝康熙年间，安徽的两个毗邻而居的大户人家张家和吴家因为扩建宅邸而发生了冲突，其实两家人平时的关系还不错，而且两家人的儿子在朝中同朝为官。可是因为宅邸的原因，原有的好朋友开始反目成仇，两家人互不相让。眼看着矛盾越闹越大，张家老太太写信给在朝中担任礼部尚书的儿子张英，让他出面施压来解决问题，可是张英担心这样做会伤害自己和同乡官场数年的情义，伤害两家人的和气，于是写了封回信：“一纸书来只为墙，让他三尺又何妨。万里长城今犹在，不见当年秦始皇。”张家人只好按照信上的指示，主动退让出三尺地盘。吴家人见到邻居退后，觉得过意不去，于是也主动退让三尺，这样两家中间一下子空出了六尺，这就是著名的“六尺巷”。

五代十国的布袋和尚有一首偈语：“手把青苗插稻田，低头便见水中天。六根清净方为道，退步原来是向前。”对于一个聪明的人来说，有时候后退一步反而能够为自己的前进道路做好铺垫。在朋友之间也是如此，如果两个人互不相让，那么最终的结局就可能是两败俱伤，如果你可以率先做出退步，那么对方也会妥协，这样矛盾就迎刃而解，那么你往往就能够更加轻松地获得自己想要的东西，能够达到自己想要达到的目的。

《菜根谭》上说："路径窄处，留一步与人行；滋味浓时，减三分让人尝。"做人不应该一味看重争，而应该懂得看重让，应该主动去让，应该让出自己的风度和态度，这并不是怯懦，而恰恰是本着对朋友负责的态度。

哈佛大学公共政策学教授凯玛克说："做自己感情的奴隶比做暴君的奴仆更为不幸。"有心理学家曾经做过调查研究，发现75%的犯罪者都是因为在争执和冲突中一时冲动，才酿成大祸，其实只要他们能够忍气吞声，暂时退让一步，那么就根本不可能会发生这些大的冲突，矛盾双方也能够及时化解矛盾，而不至于受到伤害。

退让是一种美德，更是一种智慧，懂得退让的人往往更善于把握人际关系，在经营友情的时候一定能够把握好一个度，尤其是在处理矛盾冲突时，更是不会轻易伤害朋友之间的感情和关系。因此，退让是化解朋友矛盾的第一法则，也是最稳妥的方法之一。

4 今天的问题今天解决，生活才不会有后遗症

从小我们就知道"今日事"应该"今日毕"，不能将问题推到明天去解决，因为明日还有明日，这样日复一日地拖延下去，就容易滋生我们的惰性，到最后最受伤的只会是自己。尤其是一些冲突和矛盾，更是不能拖延，一定要及时得到解决，时间拖得久了就会留下后遗症，矛盾双方往往会爆发更为激烈的冲突。

很多朋友之间也会存在矛盾和分歧，多数时候我们也许并不急着去解决，都认为在时机成熟之前不妨先暂时搁置。有的人甚至根本不将这些矛盾当成一回事，完全忽视了这些矛盾冲突。结果随着时间的推移，这些矛盾慢慢发酵，最终越来越难以解决，等到矛盾爆发的时候，很可能会成为朋友之间的灾难。

比如很多朋友早年的时候一起创业，对于经济上面的一些分歧不太在意，对于工作上的一些不同想法也没有想过及时解决，可是等到后来，这些问题会被放大，最终成为隐患。此后，只要涉及利益分配问题，只要涉及工作问题，朋友之间就会拿这些小问题说事，并且容易发生激烈的冲突，这样就会对双方的合作以及感情产生不良影响。

其实，亲兄弟都明算账，更何况是朋友，我们在和自己的朋友一起相处的时候，无论是大问题还是小问题都需要及时解决掉，都需要及时处理干净，这样才能消除隐患。酒越陈越香，但是矛盾如果拖得越久，往往只会越来越严重，我们不能去忽视它，更不能放纵它，因为它最终还是会爆发出来，而等到它爆发的那一天，往往会变得一发不可收拾。

钢铁大王安德鲁·卡内基早年生活贫困，干过各种各样的活，不过他一直以来都梦想着创办自己的钢铁公司，为此他不断努力奋斗，并且终于在1881年，和弟弟汤姆一起成立卡内基兄弟公司。当时他还找了自己的另外一个朋友进行投资，不过随着企业的壮大，在股权分配上出现了一些分歧，当时朋友觉得自己应该多拿一些股份，可是卡内基兄弟却认为公司是他们两个人的，他们俩为朋友提供了投资的机会，因此股权分配上不能太多。

当然，这些只是一些口头上的谈判，而且双方并没有对此发表什么更深的看法，所以卡内基当时也没有太在意这件事，而且他觉得朋友之间谈论这些股权可能会伤害彼此的感情，与其这样不如留到日后去说。结果几年之后，卡内基兄弟公司的生意越做越大，这个时候股权问题再次凸显出来，朋友再一次找到卡内基兄弟商量这件事。

因为挣钱真的多了，朋友要分的利益也在水涨船高，而以往没有明确的问题现在必须要做个了结，否则很可能会让朋友觉得自己受到了欺骗。可是由于拖得太久了，股权问题变得越来越复杂，相互之间开始谁也不肯退让半步，这个时候，卡内基兄弟和朋友之间爆发了激烈的冲突，双方甚至对簿公堂。为了减少事件的不良影响，卡内基只能忍痛花大价钱买下朋友的股权。

这件事对卡内基的影响很大，毕竟这个朋友曾经是自己最在意、最信任的人，不过因为自己一时疏忽，拖延了问题的解决时间，导致矛盾越来越大，最终埋下了隐患。不仅对自己的经济造成了影响，对自己的友情也产生了很大的冲击。正因为如此，此后卡内基非常注重时效性，只要出现了什么问题，他一定会在第一时间内解决掉，绝对不会轻易拖延。

社会学家库尔特·卢因曾经提出一个概念，叫做“力量分析”，他描述了两种力量：阻力和动力。拖延、害怕，以及其他一些消极的想法都是阻力，这种阻力在个人发展以及人际关系中都存在。尤其是拖延，往往是人际交往中的弊端。当朋友之间出现矛盾时，你可能会认为这是一种保护措施，殊不知这种保护往往容易毁掉友情。

拖延的人一般意志力比较薄弱，不敢直面问题，一旦出现问题往往会选择暂时逃避，认为暂时把问题掩盖住就行了，却不知道这种逃避只会让问题变得更加严重。这样的人缺乏应变能力，缺乏解决问题的能力，对于朋友之间的一些矛盾往往手足无措。

另外，习惯了拖延的人往往缺乏责任感，总觉得这些矛盾和问题没有什么大不了的，这种态度往往会让一些小问题越变越糟糕，会让一些小矛盾越来越容易被激化，最终埋下隐患。比如说有的人经常从朋友那儿借钱，每次都不及时还上，也从不放在心上，结果到最后可能会搞不清楚具体的账目，这样就容易引发大矛盾。

有时候解决矛盾就和治病一样，身体存在疾病的话，千万不可拖延，疾病越是往后拖延，那么就越是容易变严重，越是容易给治疗带来困难，弄不好甚至会引发后遗症。就像青光眼的患者一样，心理学家认为70%的人因为青光眼而存在失明的危险，其实这些人原本每天只要滴几滴眼药水，就可以避免这样的情况发生，只是因为他们习惯了拖延，以至于眼疾越来越严重。

当你和朋友之间出现问题时，也容易因为“治疗”不及时而引发更大的伤害，给双方的感情埋下一颗定时炸弹。正因为如此，我们需要认真对待这些事情，需要端正自己的态度，及时消除那些不良影响，以免双方受到更大的伤害。

5 对朋友的伤害装作无知，冲突自然消于无形

美国有一家叫《朋友之家》杂志社，曾经采访了12000个路人，询问他们是如何处理朋友之间的矛盾关系的，结果半数人认为自己应该退让一步。可现实情况并不如意，因为仍旧有高达55%的朋友因为争吵和矛盾而相互攻击，在短时间内甚至爆发了更激烈的冲突，而有18%的人表示自己和朋友因为冲突而直接绝交，更多的人则认为自己和朋友在经过冲突之后，感情明显下降了。

从这样的数据中可以得知，我们在处理朋友矛盾的时候，实际效果并不那么理想。当你认为自己能够妥善处理这些纠纷的时候，往往过于自信和麻木了。你可能没有意识到很多时候自己的忍耐是有条件的，你的妥协也不那么纯粹，而这显然让双方都心存戒备。结果矛盾很容易复发，甚至可能会在短暂的潜伏期后迅速爆发，这样一来，你很难避免受到更大的伤害。

老子说“上善若水”，做人应该像水一样，你用鞭子抽打它，你用斧子去砍，结果也是一样，你用石头去击打，用不了一分钟，水面就会归于平静。所以无论朋友如何对待你，无论朋友如何去伤害你。你也要大而化之，要以水的柔弱去面对对方的打击，就像什么事情也没有发生一样。

《圣经》中说："当别人用手打你的左脸时，你要将右脸迎上去给他打。"我们不一定要真的做到这样的境界，但是我们可以对朋友的伤害装作不知，可以将这些伤害和冲突消于无形之中。这种做法往往有助于消除彼此之间的矛盾，毕竟当你装作无所谓或者无知的时候，对方很可能也会放下抵触和敌对的情绪。

世界闻名的大画家毕加索是少有的在世的时候就将作品拍出高价的画家，在他活着的时候，就有很多人希望得到他的画作。因为一画难求，许多不法分子开始打起了贩卖假画的主意，骗子们开始频繁冒充毕加索的名字画画。当别人将市面上有人冒充他画画的消息告诉毕加索时，他倒是丝毫不生气，反而淡定地说："作假画的人不是穷人就是老朋友，我是西班牙人，不能让老朋友为难，而且那些鉴定真伪的专家也要吃饭，而我实际上也并没有吃什么亏。"

比起那些靠贩卖假画的人来说，毕加索的一些朋友则要幸运得多，因为他们常常可以接近毕加索，能够自由出入他的家里，因此往往就能轻易弄到毕加索的真画，而且他们相信哪怕是央求对方给自己即兴画上一幅，相信重感情的毕加索也是万万不会推辞的。当然，要是将朋友送给自己的画拿出去卖钱，那终究不是一件体面的事情，而且传到毕加索的耳朵里，那就太尴尬了。

不过还是有一位朋友因为没能抵挡住高价的诱惑，趁着毕加索外出的时候，悄悄从毕加索的画室里取走了一幅看上去不那么起眼的画，并且很快就卖给了别人。当毕加索回到画室后，一眼就发现了那幅画丢失了，当时他立即意识到家里出了贼，由于平时有人守着大门，想要进屋拿走这幅画，要么就是家里的仆人，要么就是朋友，因为只有他们才有机会进入自己的画室。而仆人料想不会这么大胆，毕竟他已经在这干了十几年了，要是想要拿走这些画，早就动手了。何况仆人平时也不怎么出门，而家里也没有什么地方可以藏住这幅画。

毕加索仔细询问了家里守大门的人，结果守门人说毕加索的一个朋友前几天来过一次，而且走的时候，好像带了点什么东西。毕加索立即明白过来，偷画的人应该就是那位朋友无疑了。但是他没有声张出去，也没有和朋友说起这件事，他想画既然已经丢失了，那么也没有把事情闹大的必要，省得让自己的朋友感到难堪。况且对方一定是急着用钱了，才会做出这样的事情，所以他干脆装作不知道。

几天后，毕加索偶然在市面上发现了自己丢失的这幅画，于是就花高价购买回来。几天之后，朋友来家里串门，突然在画室里发现了这幅画，朋友觉得很羞愧，于是非常坦诚地说出了自己偷画的事，然后当面进行道歉。毕加索却笑着说："不用道歉，这幅画本来就是要送给你的，你完全有权利去任意处置它。"朋友听了这番话更是感激不已。

毕加索并没有因为偷画的事而直接责备朋友，而是装作什么事情也没有发生，然后又给予了对方一点暗示，这样一来，对方不仅能够意识到自己的错误，同时也不至于因此而心生嫌隙，甚至产生报复心理。其实，我们在处理这些矛盾的时候，也需要具备毕加索的那一份"钝感"和从容，需要淡化甚至忽略朋友的伤害，针锋相对只会引发斗争和仇恨。

有位作家说："爱产生爱，恨产生恨，若以怨报怨，以恶待恶，将会形成恶性循环。和气致祥、诚心和气比疾言厉色、怒发冲冠的效果好，若能人人诚心和气，势必乾坤朗俪，霁日光和，祥瑞普降。"因此，在对待那些犯错的朋友时，在对待那些伤害了自己的朋友时，我们一定要拿出自己的真心和爱心去包容对方，要适当地过滤和遗忘这些伤害，要装作什么事情也没有发生一样，这样一来，往往就能够将原有的矛盾消于无形。

∠6

争吵之后，只有主动道歉才能解决问题

朋友之间发生争吵和冲突是很常见的事情，而最重要的是尽快消除这些矛盾和分歧，尽量将所有的问题解决掉。不过在处理这种问题的时候，

一般会出现三种情况。

第一种是双方都意识到自己的错误，所以都打算主动道歉求和，在这样的情况下，矛盾双方很容易达成和解，从而有效将冲突遏制住。

第二种是其中一方主动求和，双方也许会就此坐下来心平气和地达成和解。这样的情况虽然比第一种稍微复杂一些，但是只要有人率先道歉，只要有人主动低头，那么事情就还有回转的余地，双方在争吵之后还是有可能重归于好的，这为和解提供了一个机会。

第三种就是双方都死不认错，彼此都不打算妥协退让，甚至不惜再吵上一架，也要维护自己之前的意见和原则。在这种情况下，双方之间的矛盾免不了会升级，最终严重到难以调和的地步。

纵观这三种结局，我们可以明确一点，那就是争吵之后，主动道歉才是硬道理。因为主动道歉，主动妥协，才能够降低冲突的可能性，才有机会心平气和地坐下来好好谈一谈。虽然道歉是一种示弱的表现，但是只有道歉才能够更好地去重新赢得对方的信任和理解，你才能在这场友情博弈中占据更多的主动权。如果你被动地等待别人来道歉，或者双方都互不相让，那么很可能就错过了最佳的调解时机，那么最后等待你的只有纷争，而且绝对不会是小纷争。

当然，在争吵之后，很少有人愿意主动道歉，因为我们常常觉得自己处于优势地位，常常觉得自己的话才是真理，因此没有必要去道歉，而且妥协和道歉绝对是认怂的表现。当两个人都拥有这样的想法时，矛盾就会变得不可调和，而且争吵很有可能会成为新一轮矛盾的导火索，会将彼此的矛盾和冲突进一步放大。而只有主动去示弱，才能为自己创造更多的机会。

在美国政坛上，尼克松总统和基辛格堪称是一对完美搭档。严格说起来，这两个人看上去并不像上下级的关系，而更像是朋友关系，而且他们确实也将对方当成最好的朋友来对待。在20世纪六七十年代，风云变幻的国际形势下，尼克松之所以能够引导美国在国际事务中做到游刃有余，很大一部分原因在于他有一个好助手基辛格先生。

两个人之前是政敌，但是尼克松竞选成功后，他大度地将基辛格吸纳进自己的智囊团队中来，并且让他担任国务卿，两人也很快冰释前嫌，成为好朋友。不过朋友归朋友，两人在政治理念上还是有一些分歧，何况这两人都是非常固执的人，似乎从来就不肯轻易妥协或者迁就对方，所以两人常常会吵得面红耳赤。

有一次，尼克松准备向国会提交一份决议。这是一份针对中东问题的草案，但是基辛格却坚决否定尼克松的观点和做法，他认为尼克松的这项草案欠缺考虑，一旦通过就会给美国在中东地区长远的战略意义造成影响。当然，尼克松认为自己的草案非常符合美国现在的利益需求，一方面可以制约苏联的发展，一方面还能够维持美国在中东地区的主导地位。

结果这一次两个人依然各执己见、互不认同，说着说着两人很快就大吵起来，尼克松觉得基辛格太自以为是，自以为什么都懂，其实缺乏最基本的务实能力。而基辛格也毫不示弱，干脆当面辱骂尼克松是个没脑子的乡巴佬。很明显，两个人的这一次交谈没能达成统一，并且不欢而散。

晚上的时候，尼克松觉得有些不妥，他开始怀疑自己白天是不是说得太过分了，而且基辛格一直以来都是自己的好助手、好朋友，为自己分担了很多压力，也帮助自己解决了很多困难。辗转反侧的他最终起来主动打了个电话给基辛格，在电话中，他向基辛格道歉，并且承认自己的态度有些无礼。听到总统给自己道歉，基辛格的心也很快软了下来，接着他非常坦然接受了尼克松的道歉。

第二天，两个人心平气和地坐在一起讨论这个草案，当然基辛格首先认可了这个草案中的可取之处，但同时也做了恰当的修改，尼克松也认同了这些修改。之后，这项草案很快在国会上通过。

朋友之间出现矛盾和争吵很正常，每个人都有自己的想法，也都有权利去说出自己的想法，有权利去质疑朋友的立场和观点，但争吵通常解决不了任何问题，只会让问题变得更加复杂，只会让分歧和矛盾变得更大，到最后甚至超出双方的控制范围。

其实任何问题都可以得到解决，任何矛盾也都可以得到缓和，关键看你是如何处理这些矛盾冲突的，关键看你对待朋友的态度是怎样的。俗话说“解铃还须系铃人”，当矛盾出现的时候，我们总得想办法尽早解决，误会产生了也要及时设法消除，我们不能总是固执地等待着对方做出让步和妥协，不能总是期待着对方来迎合自己的想法，其实只要你主动去道歉，那么问题就等于已经解决了一半，矛盾也等于消除了一半。

第十二章

DI SHI ER ZHANG

保持清醒，及时消灭问题友情

与朋友相交，最大的问题就是遇到一些问题朋友，遇到一些心术不正的朋友，遇到这样的人，我们常常会受到不良影响，甚至误入歧途。在日常生活中，因为交友不慎而做出错事的人不在少数，这些人不是被这些坏朋友误导，就是被对方利用，从而让自己的生活遭遇风险，可以说这样的友情往往是不正常的。而在面对这种情况时，我们需要保持清醒，要懂得远离不良朋友，需要及时去消灭那些问题友情从而减少自己受到误导和伤害的可能性。

⊻1

保持洁身自好的品质，才可以让自己更加独立

千百年来，“出淤泥而不染，濯清涟而不妖”这句话一直都是很多文化人和正人君子的座右铭，很多人都希望自己能够在恶劣的环境最好能够保持自己的高贵品质和人格上的独立，不被他人所影响，更不会同流合污。这种高尚的品格以及自律精神非常难能可贵，毕竟这个花花世界中的利诱实在太多，稍不留心就可能会落入陷阱之中。

事实上，几乎谁也无法阻挡环境对自己的影响，每个人都受到了周边生活环境潜移默化的影响，周围的人也时时刻刻会影响和干扰我们，尤其是在朋友圈中，朋友们的一举一动、一言一行往往会对我们产生作用。所以如果你的身边有很多问题朋友，有很多品行不端的朋友，那么你误入歧途的可能性很高。

为了避免受到伤害，为了避免受到朋友的误导和诱导，在面对这些坏朋友时，我们需要克制自己，需要约束自己，需要始终都坚持正确的价值观，始终保持洁身自好的品质。那么，我们该如何保持人格上的独立，如何确保自己能够洁身自好呢？毕竟，想要在朋友圈中不受任何影响往往很困难，因为朋友之间交往比较频繁，自己很容易接触那些不良信息。因此为了确保让自己能够远离那些不良因素的干扰，我们需要严格要求和约束自己的行为。

第一，按照原则办事，绝对不给朋友开绿灯。其实在现实生活中，朋友之间搞特殊，朋友之间相互通融的现象几乎无处不在。在不影响大局的情况下，多数人都愿意睁一只眼闭一只眼，都愿意为朋友行一些方便。作为人情世故的必修课之一，这种违反原则的举动往往会被我们当成交际技巧来看待。可事实上这种没有原则性的做法往往也是滋生腐败的根源，你

所谓的原则性会一次次地在朋友面前土崩瓦解，最后你只会被友情、被人情世故所绑架，你的独立的人格和高贵品质也终将荡然无存。

1986年，哈佛大学举办了350周年的庆祝典礼，当时哈佛大学校长准备请自己的老朋友里根总统前来参加典礼，因为早在哈佛庆祝300周年的时候，校方就请了当时的罗斯福总统来参加典礼，这一次，学校依然希望能够延续这种传统。

其实哈佛大学校长原本诚心邀请里根总统前来参加典礼，这是皆大欢喜的事情，不过里根总统却提出了一个不情之请，那就是希望哈佛可以授予他荣誉博士的学位。其实对于校长来说，这根本就不算什么大事，毕竟在世界上有很多学校都会授予一些社会名人博士学位，以此来增加学校的名气。对于一个超级大国的国家领导人而言，只要他金口一开说想要得到一个荣誉学位，恐怕全世界会有几百家名校争着抢着把握这样的机会，但是哈佛大学校长却拒绝了，他的理由很简单：学校一直以来都是按照学术水平来授予荣誉学位的，这是一个维持了几百年的传统，而里根总统显然不达标。

校长的回绝，让里根总统很没有面子，所以他也没有给这位老朋友面子，之后并没有前来参加哈佛大学的典礼。校长并不后悔，毕竟是为了保证大学学术的重要性。哈佛大学一直拒绝过度政治化和商业化，校长也要求学校要和政治以及商业划清界限，要保持自己的纯粹性和独立性，正是因为这样，哈佛大学才能够成为世界第一。事后，哈佛大学的校长赢得了媒体的交口称赞，而里根总统的滑稽表现却成为他人生中的一个污点。

第二，不要和坏朋友一起干坏事。想要维持好的个人形象，想要保持独立的人格，想要确保洁身自好的品质，我们不一定要和那些心术不正或者品行不端的人直接绝交，但至少应该做到不同流合污。当他们邀请你一起入伙的时候，你要当面拒绝，这是你交朋友的一个底线，一旦你超过了这个底线，一旦你响应了对方的“号召”，那么你最终很有可能会被同伙们拉下水。

在美国，黑人社区通常都是最贫困、最混乱而且犯罪率最高的地方，然而并不是所有的黑人朋友都喜欢犯罪，之所以会出现很多恶性犯罪事件，就在于环境的不良影响。实际上，当一个人去贩毒的时候，他身边的朋友很可能就会跟着去贩毒；当一个人加入黑社会之后，他身边的朋友可能很快就会加入黑社会。这就是朋友之间的帮带效应，也是黑人社区中最普遍也最难以根治的问题。

对于我们来说，朋友归朋友，但是自己的人格还是应该得到保证的。像达·芬奇，作为一个世界闻名的大画家，他的朋友圈中有很多是市井之徒，有些是小偷和窃贼，可是达·芬奇丝毫没有受到他们的影响，就是因为他能够在维持友谊的时候，洁身自爱，不参与朋友的不良行为。而“战国四君子”之一的孟尝君，家中收留了很多鸡鸣狗盗之辈，但是这些人并没有让孟尝君变成一个小人。

所以归根结底来说，还是个人的觉悟以及自制力问题，而且我们可能也没有那种警惕心。如果你的朋友心术不正，那么你应该意识到对方的危害，应该及时和对方保持距离，你要明确划分界限，不要轻易参与到对方的生活当中去，更不要被对方误导。当然，更重要的一点是，你需要保持谨慎的态度，需要拥有强大的自制力，坚持不同流合污，坚持做自己，这样你才能够真正确保持独立。

2

躲避对方，感情就会慢慢被淡化

当自己身边拥有一个坏朋友时，多数人的第一反应肯定是紧张，很显然每个人都不希望被这样的朋友染黑，都不希望和这样的朋友有什么过多的交往，有时候我们还想急于撇清和他们的关系，尽量让自己置身事外。当然，直接和对方绝交绝对不是一个明智的选择，这样未免太过残忍，而且很容易引发矛盾，更容易招致对方的报复。

为了斩断这些不正常的友情，为了远离这些问题朋友，有一种最简单的断交方法，就是躲避对方。因为人与人之间的感情往往和相处的频率、时间有关，频率越高，时间越长，证明了两个人越亲密，而只要降低频率，减少时间，甚至是再也不接触，那么两个人之间的感情肯定会降温。换句话说，只要你躲得越久、越远，那么对方对你的好感度会越低，你越是有机会摆脱对方的干扰。

当你再也不想和某个朋友有什么关系的时候，躲避对方常常是一种非常好的策略。比如当你不想理某个朋友时，不妨躲得远远的；当对方前来登门拜访，你可以假装不在家；当对方邀请自己参加社会活动时，你完全可以找一个借口推脱掉；当对方想要和你交流时候，你可以故意装作不知道。这样一来，对方就往往不会再来纠缠你，当你刻意躲避和冷落对方的时候，对方也会慢慢死心。

林肯当上总统之后，很多以前的朋友都开始来找他，其实一开始他们都经常嘲笑林肯是个穷鬼，平时也不肯给予什么帮助，就连林肯参加竞选的时候，那些朋友也非常吝啬，不肯资助和帮助他，更可气的是有些人还给林肯的竞争对手打气，因为他们觉得像林肯这样的穷鬼注定了一事无成。

而等到林肯成功之后，这些势利的朋友蜂拥而来，希望能够接近总统，从而捞得一些好处，林肯早就看穿了这些人的势利嘴脸，所以也感到很讨厌，在很久之前，他就决定和这些人绝交了。可是现在对方上门来找他，来故意接近他、奉承他，这让他觉得更加反感。正因为如此，林肯总是想办法拒绝这些人，总是想着躲避这些人。

那时候，林肯非常喜欢看喜剧演出，于是有些朋友就经常打听林肯的所在之处，并且千方百计接近他，可是每当这些人混进剧院之后，就会发现林肯根本不在他们所打听到的那个剧院里。实际上，林肯并不是因为害怕有人伺机对自己不利，而是不想让别人来打扰自己的雅兴，而且还可以摆脱那些势利眼和拍马屁的朋友。正因为林肯常常拒人于千里之外，渐渐地那些人也就失去了信心，此后再也没有找过林肯。

在人际交往中，如果你不想和其他人有什么纠葛，那么躲避是一种非常简单有效，也非常安全的方法，而且这种躲避方式往往能够起到多重功效。

首先，躲避暗示了你对他的不满，证明了你对朋友有异议，证明你讨厌他，这样的方式所传达的绝交意思很明显，一般人都能够轻易领会。

其次，躲避往往会造成人与人之间的疏离，这种疏离往往会淡化彼此的交流，从而影响相互之间的感情，就像很多朋友一样，当他们多年不曾走动，也不曾有什么交流时，彼此之间的感情往往会越来越淡，最后往往会沦为普通朋友，甚至是陌路人。这样就可以在无形中达到分手的效果。

再次，躲避可以有效防止正面接触，从而能够尽可能地降低分手所带来的伤害，这种方法能够在保护自己不受到伤害的情况下，慢慢脱离对方。毕竟当面提出绝交也许太过伤人，弄不好还会引起更大的纷争，最好的方法就是相忘于江湖，老死不相往来，这样可以让矛盾双方能够在冷静中慢慢忘却。

有个作家说："如果你不想伤害一个你不想见到的人，那么最好的方法就是让彼此分开来消磨这段感情，因为在彼此空白的时间里，遗忘一个人往往是自然而然的。"心理学家早就做过实验，他们发现朋友之间在正常情况下一旦一整年没有联系，那么感情的亲密度会下降30%～50%，而两年不曾联系的朋友，亲密度会折损一半以上，在正常情况下数年不联系或者不见面的朋友，基本上已经成为普通人，朋友关系已经可有可无了。由此可见，当你想要回绝或者和那些问题朋友绝交的话，最好的方式就是躲避对方，就是躲起来不和对方相见，而且断绝一切可能的联系方式，那么一段时间之后，对方的积极性就会被打消。

王羲之早年和一些狐朋狗友经常出入酒肆，几个人成天在一起不学无术，后来当王羲之意识到自己必须勤学苦练才能成才，于是刻意和那些朋友保持距离，到了后来，他甚至两年未曾走出家门，也没有再见到那些狐朋狗友，最终成为一代书法大家。

有人说："在任何年龄，甩掉一个朋友都是件非常微妙的事情，而且应该善意地处理。”如果一个人不想宣告你们的友情在衰退，或者结束了，你不必非得说些什么。如果被人问到为什么你们很久不见对方了，你就得说得模糊些。“我只是太忙了”或“我最近经常出差”。因此，我们在和那些问题朋友相处的时候，当我们拥有一段不健康的友情时，为了及时能够了断这段感情，最安稳的方法就是让双方保持疏离的状态，而当你躲避对方、远离对方之后，这种感情会慢慢被淡化，最后消于无形。

3

勇敢划清界限，才能够及时脱离对方的干扰

富兰克林年轻的时候当过印刷工人，有一次，朋友发现了一个挣钱的方法，那就是将自己的印书内容透露给其他的竞争对手，这样一来自己就能够从中捞取一些好处。一开始，富兰克林觉得这样做不太好，毕竟瞒着自己的老板，将印刷资料透露给别人，这样做不太合理，要是被老板发现了还会被开除，而且对于自己的名声恐怕也会有一些恶劣的影响。可是这个朋友拍着胸脯向他保证这事绝对不会被老板知道，实际上很多工人都在这么干，而他自己更是干了好几次了。

富兰克林犹豫不决，不好意思当面拒绝对方，毕竟这个朋友一直以来对自己不错，而且还将拿到的一些回扣和好处分给自己一部分，所以他慢慢也认可了这种做法。拿过两次回扣之后，富兰克林始终惴惴不安，于是他就委婉地对朋友说：“下一次，你还是找别人吧，我觉得自己不适合干这种事。”其实他早就不想和对方干这事了，但是他始终没有明确表现出来。

结果几天之后，朋友让他一起干，并且苦口婆心地劝说了一番，富兰克林很不情愿地再次和对方同流合污，偷偷摸摸将印刷资料拿出印刷厂。

下班回家之后，富兰克林后悔不已，晚上他找到朋友直接摊牌，义正辞严地对朋友说："我再也不干这事了，你最好也别干这种蠢事了。"朋友听说后，明白了一切，于是生气地离开了，此后这个朋友再也没有让富兰克林和他一起偷运资料出去，而且也不再和富兰克林说话，富兰克林没过多久干脆离开了这家印刷厂，然后自己成立了一家印刷公司。

和不良朋友保持距离是明哲保身的第一要义，不过当我们脱离和断绝朋友关系的时候，很有可能因为力度不够而仍旧和朋友之间存在千丝万缕的关系，这样一来，对方可能依然会对你纠缠不休。比如当你刻意疏远朋友的时候，对方反而常常主动靠近，主动和你套近乎，甚至常常邀请你一起参加聚会。

之所以会出现这种情况的原因往往在于你的表达不够明确，你的立场不够坚定，你没有明白无误地告诉对方你们两个人不适合当朋友，没有明白无误地让对方了解你的不满，你常常犹豫不决，态度也模棱两可，这样可能会让对方心存侥幸，让对方觉得自己可能还有机会继续这段友情。

这种模糊不清、似断非断的友情实际上依然会给我们带来困扰，那些问题朋友还会接二连三地接近你，并且肆无忌惮地干扰你的生活，双方之间很可能会纠缠不休。出现这样的情况，完全就是我们自己一手造成的，因为你不够果断，因为你缺乏那种魄力，到最后，你可能会遭遇严重的伤害。

有个赌徒一直以来都喜欢和朋友在一起聚众赌博，结果弄得妻离子散，痛定思痛之后，赌徒决定远离这些朋友，以便开始新的生活。于是他直接对朋友说自己想要改变一下生活方式，不希望自己以后再去参与赌博了。可是朋友并没有理解到这番话背后的深层含义，他们觉得这个人也许只是输怕了，也许只是暂时没有想明白而已，所以也就没有多问什么。

几天之后，赌徒决定去工地上打工挣钱，这时候朋友们又来找他了，赌徒一开始很生气，毕竟自己已经把话说清楚了，这些人怎么还来烦自己。可是朋友们可不管那么多，苦口婆心地引诱赌徒一起出去玩玩，而且大家还同意借钱给他。赌徒原本想直接说绝交之类的话，可是一遇到朋友们的“热心”，他的心就软了，最后也就莫名其妙地跟着他们一起走了。

经历过几天快活日子的赌徒很显然又有些上瘾了，而他自己显然也意识到了这一点，他一直以来都想要戒赌，最近好不容易下定了决心，绝对不能再次重蹈覆辙。想到这儿，赌徒狠了狠心，直接找到那些朋友，然后一字一句地告诉对方：自己再也不想和他们一起赌博了，他们和自己是属于不同世界的人。这番话说出口后，朋友们都哑口无言，几个人识趣地离开了。在那之后，这帮人再也没有找过赌徒，而赌徒也很快养成了良好的生活习惯，不再参与赌博。

俗话说“当断不断，其后必乱”，做人应该果断一些，不能犹豫不决，只要你认为不值得去做，那么就不要去做；只要你认为不值得深交，那么就不妨坚决地划清界限，不妨勇敢地表明心迹。

管宁不希望和华歆这种不专一的人在一起，于是割席而坐，表明了两个人志向不同，人生的理想也不同；嵇康因为山涛前来当司马昭的说客而认为山涛这个人重名利而轻朋友，最终明确与之绝交，划清了界限，此后，对方再也没有游说他当官的事情；乐毅在朋友燕惠王不信任自己的情况下逃离燕国，转而投靠了赵王，这样一来就摆明了自己不再和燕惠王有任何瓜葛，从而逃离了对方的魔掌。

生活中，那些聪明的人都懂得和问题朋友及时断交，懂得及时划分界限，越早和对方脱离关系，自己所受到的伤害就越轻，所遭遇的麻烦也就越少，模棱两可、含糊其词只会让双方都遭遇痛苦。

所以，做人一定要保持头脑清醒，只要你不想和对方有什么联系，只要你明确想要和对方保持距离，那么一定要准确无误地传达这种想法，一定要向对方传递这种想法，划分清楚界限，这样双方都可以在交往的时候明确自己的职责，防止横生枝节，防止纠缠不休。

4

拒绝混在一起，你的冷漠会迅速冷却这段感情

为什么很多赌徒难以金盆洗手？为什么有些窃贼总是改正不了自己的不良习惯？为什么很多犯罪分子总是被江湖义气所绑架？原因并不总是因为贪婪和虚荣，并不总是因为难以抵制利益的诱惑。很多时候，这些人只是被“义气兄弟”或者是朋友束缚住了而已，因为他们所做的一切也许都是和周边的朋友同步进行的，他们长时间和别人混在一起，而若是没有足够的独立性和毅力，往往是难以摆脱出来的。

其实很多犯罪者都会意识到自己的行为有着很大的社会危害性，也都想过要退出，可是“人在江湖，身不由己”，多数人都因为和其他朋友有着紧密的联系和交往，以至于难以独善其身，难以脱离出来。如果一开始就能够辨别那些不良朋友，就能够疏远那些朋友，并且拒绝和对方一起行动、一起生活，那么就不会受到别人的影响，更不会因此而跟着那些朋友犯错。

比如当朋友们让你一起去吃喝玩乐的时候，你应该直接予以拒绝；当朋友们请你去一些声色场所消费的时候，你要直接拒绝；当朋友们邀请你一起去参与赌博、偷盗等不法社会活动时，你要严词拒绝对方。你没有办法去约束别人的想法和行为，但是一定要严格要求和束缚自己，一定要懂得将自己的生活和别人的生活彻底隔离开来，这样不仅是对自己的人生负责、对社会负责，也是自我保护的一种手段。

所以，当那些问题朋友邀请你入伙的时候，你应该坦然拒绝，应该拒绝和对方混在一起。当你始终将自己隔离在别人的生活圈之外，那么就能够明哲保身，不会受到任何影响，而且由于你的坚持，对方往往会放弃拉你入伙的打算，双方之间的感情也会越来越淡，甚至出现冷冻状况，这对

你而言是摆脱坏朋友的最佳时机。

奥普拉·温弗瑞是美国著名的脱口秀女王，更是近几十年来美国乃至世界最著名的主持人之一，她是美国娱乐圈和主持界最炙手可热的明星，她所带来的效应也影响了整个美国社会。奥普拉已经成为美国大众文化的符号，更是无数女人心目中最励志的超级偶像。不过，在成名之前，奥普拉的生活简直可以用一塌糊涂来形容。

和其他黑人社区的孩子一样，由于父母很早就离异，奥普拉从小就失去了正常的家庭和正常的教育，再加上她童年被人数次强奸的悲惨经历，导致奥普拉成为一个自暴自弃的问题少女。据她回忆说，自己在十几岁开始就和一帮同龄的混混在一起混日子，他们都有抽烟、酗酒、吸毒、滥交的恶习，奥普拉甚至还数次堕胎。

面对女儿的堕落，奥普拉的父亲不禁为之感到痛心。有一次，父亲和奥普拉谈话，他语重心长地告诉奥普拉说："有些人让事情发生，有些人看着事情发生，有些人却连发生了什么事情都不知道。"这次谈话或多或少影响了奥普拉的人生，在那时候，奥普拉开始重新来思考和规划自己的人生。有一次，她大胆报名参加了选美比赛，而在比赛中，语言能力出色的她最终俘获评委的心。这个时候奥普拉开始意识到自己身上的发光点，那就是语言天赋，可以说这是与生俱来的能力。

正因为如此，奥普拉开始寻求机会进入传媒界。不过很快她的朋友找到她，希望大家能够继续以前那种荒唐的生活，可是这一次，奥普拉大胆拒绝了朋友的建议，而且她明确地和朋友们说自己再也不会重新回到社区去过那种堕落的日子了。朋友们感到很失望，狠狠嘲讽了奥拉普，不过看到奥普拉意志坚决，最终几个人愤然离去。

摆脱不良朋友的奥普拉开始努力练习自己的语言技巧，并且依靠选美大赛积攒的人气和机会，顺利进入了电视台，成为一个业余的新闻播音员。而在此之后，奥普拉开启了属于自己的篇章，并且打造出了属于自己的一个传媒商业帝国。

《时代》周刊曾经这样评价奥普拉："她是一个从黑人社区的混乱生活

中超脱出来的天使，一个摆脱了生活阴影的伟大人物。当奥普拉勇敢地和过去的生活、朋友一一告别的时候，她已经注定了要成就无可比拟的伟大。”

其实世界上没有什么事情是你做不到的，只要心够坚定，只要你能够下定决心去做，如果犹豫不决，那么自然会半途而废。所以当你想要摆脱不良生活的困扰时，也要懂得保持这种决心，也要懂得拒绝和对方混在一起，因为只要你还和对方混在一起，还是和对方生活在同一圈子内，做着同样的事情，有着同样的想法，那么很有可能会继续被朋友所影响，会继续受到对方的干扰，就可能会被带坏。

社会行为学家认为：“人类的团体意识非常强，尤其是随着社会竞争以及合作的不断深入，人们对于团体的重视程度越来越高，要求也越来越高，因此一旦有人想要退出这个团队，一旦团队的成员觉得你不合群，就会将你赶出来。”所以我们如果拒绝“合作”，拒绝和对方待在一起，那么就会慢慢被对方所冷落和疏离。

心理学家也认为：“人们从某一时刻起变得成熟、自觉，从而意识到他们是谁、他们的余生想获得什么，而且一定程度上明确了哪些朋友值得全力关注，而哪些只是在消耗精力。”这种想法会使他们逐渐想办法远离对方，会使他们退出对方的生活圈，并坚决地取消对对方的关注，这种冷漠的表态能够迅速冷却彼此之间的感情。

5

答非所问，一定能够让对方知难而退

朋友分离或者绝交是生活中的常事，但是毕竟双方有过比较深的交往，或这样有了一定的感情基础，因此当你想办法和朋友绝交的时候，能够明显感觉到当面拒绝别人往往显得有些残忍，毕竟这样做很有可能会伤害对方。为了委婉表达彼此之间的感情结束了，你需要确保自己的观点更加隐晦一些，要让对方心领神会的同时不至于内心受到太大的冲击，不至于会显得不知所措，甚至是自尊心受到伤害。

那么，我们应该如何告知朋友“是时候终结这段感情了”？这的确是一个很有技巧性的交际方式，很多时候我们会选择用沉默来表达不满，还有一种方法就是答非所问。当对方和你谈论一个他非常重视的问题时，你可以故意转移话题，用其他的方法来回答，用其他的内容和话题来作答。这种近乎于嘲谑的方法实际上也能够表明心迹，证明了你不想和对方说话，证明了你对于对方的话题压根不感兴趣。引申来说，你或许根本就不想和对方有什么瓜葛，更不想成为什么朋友。

事实上，答非所问恰恰能够起到一种表达冷漠且偏于嘲弄的效果，这种略带不尊重的表现折射出你内心的一些满不在乎，而对方很有可能会意识到你并不看重他，会意识到你并没有将其放在心中。这样一来，他对你的兴趣会慢慢减弱，对你的好感也会降低甚至可能会讨厌你，而这个时候常常碰壁的他很有可能会知难而退，不再干扰你。

就像孩子一样，如果他们对于父母的话不感兴趣，对父母的唠叨表示反感，那么往往会答非所问，无论父母说些什么、问些什么，他们永远只会顾左右而言他，只会聊一些毫不相干的事情。这样的表现显示了出孩子的叛逆，同时也让父母感受到难堪，那么父母很可能会知难而退，改变交谈的方式。

在朋友的交谈中，我们也可以采用这样的方式，当你不想和朋友说话的时候，不妨错开对方的提问，自说自话。实际上，这种不尊重的行为往往会给对方的自尊心造成打击，对方很有可能会因为自讨没趣而远离你。

马克·吐温有一次遇到一个非常势利眼的朋友，其实他早就想要远离这个搞建筑产业的朋友了，但是如今对方远远看见自己，并事先打了招呼，这样一来马克·吐温实在是避无可避了，只能硬着头皮迎上去。那个朋友一见面就表现得非常亲密，主动询问马克·吐温的小说写得怎么样了，马克·吐温往四周看了看，很随意地回答说：“我看今天天气很不错，所以出来走走。”

这个朋友碰了钉子后，只好附和着说道：“是啊，是啊，今天天气很不错……你还记得上次答应我的那件事吗？有关承包建设图书馆的事情。”马克·吐温就像装作没听见一样，微笑着说：“哎呀，我今天才发现过两天是自己的生日，差不多都忘了，真是该死。”朋友没办法把谈话继续下去，只能赔着笑脸认真听着马克·吐温拉家常，可是每次自己一说话，对方就立刻转换话题。

几分钟之后，这个朋友终于忍耐不住了，他非常不悦地说：“我们的小说家看来今天没有什么雅致啊，是不是有什么窝火的事情？否则这可不像一个小说家该有的风度。”马克·吐温笑着回答：“我晚上还不知道该吃些什么呢，现在可真是一团乱呢！”话一说出口，这个朋友只好扫兴地离开了，之后他再也没有找马克·吐温询问过承建图书馆的事情。

答非所问往往透露着荒唐和讽刺，对于提问的人来说往往显得不够尊重，当然这种伤害相对比敌对情绪是比较委婉柔和的，一般情况下并不会对人产生多大的伤害，但是也能够起到一定的排斥作用，你能够明白无误地告知对方你不想和他说话，这往往也会让对方知难而退。

著名的语言学家洛克博士曾经说过：“当你讨厌和某个人交流的时候，往往有三种做法：第一种是看人不说话，也就是俗称的沉默；第二种是不看人说话，双方眼神没有过多交流的话，实际上是一种不尊重对方的表现；第三种是不接着对方的话来说话。”所谓不接着对方的话来说话就是一种答非所问的形式，无论对方说了些什么，你都装作没有听见，都装作毫不在意，或者故意曲解对方的意思，回答一些莫名其妙的话题。

对于那些你不想再去结交的朋友，对于那些可能会给自己惹上麻烦的问题朋友，你需要及时疏远他们，当然如果你觉得直接拒人于千里之外的行为太过草率，如果你不想把关系弄得更僵，那么不妨通过一些“不负责任”的回答来转移对方的提问，这样一来，你就能够很顺利摆脱对方。

6

用对方的方法来对付他，人为制造一点小矛盾

“以其人之道，还治其人之身”是人际交往中常见的一种方法，比如当我们想要报复别人的时候，常常就会使用这种策略，而且实际上对于报复者来说，这样的方法多少带一点侮辱性，毕竟这种报复显示了极强的针对性，一般来说敌对的意味非常浓烈，你的对手通常一看便知其中的缘由。

在一般情况下，很少有人会这样对待别人，除非是势不两立的对手，才会使用这种明确而带有侮辱性的方法。比如犯罪心理学认为很多犯人在犯罪的时候往往会留下一些比较明显的印记，出于报复心理，很多犯罪者会将自己受到过的伤害原原本本甚至是连本带利地作用到对方身上。在所有复仇类型的犯罪案件中，基本上有85%的犯罪者都会有这样的动机和表现，而这也往往成为案情的突破口。

在朋友之间，这种报复心理同样存在。比如很多时候，我们会遭到一些不良朋友的伤害，为了和对方划清界限，为了和朋友撇清关系，我们可以选择“以其人之道，还治其人之身”的方法，也就是说，我们可以用对方伤害我们的那一套手段反过来对付朋友。这种表现能够表达你的敌意和不满，而且针对性比较强，对方往往一下子就能够领悟到你的想法和用意，因此这种方法在对付那些问题朋友，或者用来结束那些问题友情的时候，往往会非常有效。

举一个最简单的例子，如果你的朋友总是喜欢占小便宜，要么就经常从你这拿走一些东西，要么就是经常吃饭的时候不付钱。在和这样的人打交道时，你往往会感到很苦恼，因为几顿饭或者一点钱，对朋友当面提出批评显然很不妥，而且你还很容易贻人口实，被人反咬成小气鬼。当然，

如果你装作不闻不问的话，对方可能会得寸进尺，可能会一而再再而三地在你身上占便宜，这样你只会更加吃亏。

面对这样的人，这个时候你不妨保持冷静，然后找机会从对方身上占点小便宜，平时也经常从对方手里拿走一点东西，或者吃饭的时候故意不带钱，死皮赖脸地要让对方请客。只要你用这样的方法回敬对方几次，那么相信朋友一定会意识到你对他的不满，会意识到彼此之间的矛盾冲突，在这种情况下，对方很可能会慢慢改正恶习，或者从此主动疏远你，不再给你制造麻烦。

苏联领导人戈尔巴乔夫年轻的时候喜欢结交朋友，当然他的朋友也是良莠不齐，各种各样、各行各业的人都有，这些人对戈尔巴乔夫都很好，而且都有着高加索男人的豪迈气概。不过有个叫盖尔列夫的朋友却很小气，他从来不会为一位朋友付出，反而总是想着从朋友那儿得到一些好处。用戈尔巴乔夫的话说，“盖尔列夫是一个不肯站在人家茅坑里撒尿的小气鬼”。可以说，盖尔列夫完全就是一个吝啬鬼，哪怕是问他借一点东西，他也会推三阻四。

正因为如此，戈尔巴乔夫非常讨厌盖尔列夫，因为他曾经问对方结过一点钱，可是盖尔列夫像个女人一样找了一大堆的借口，最后还非常不情愿地对这笔钱打了折。因此，戈尔巴乔夫非常不情愿和这样的人有什么深交，双方也没有什么非常深入的往来。

后来戈尔巴乔夫成为苏共中的积极分子，并且不断得到提拔。这个时候，盖尔列夫找到了戈尔巴乔夫，希望他能够帮助自己的儿子谋一份差事，戈尔巴乔夫故作为难，然后找了很多借口，他说这样的事情可不是他一个人说了算的。最后盖尔列夫一连求了好几天，戈尔巴乔夫才勉强同意下来，这个时候，戈尔巴乔夫对盖尔列夫说：“你孩子的事情，我会努力想办法的，不过你也知道现在的政府管得很严，我一个人没有那么大的权力，这样吧，你儿子的工作我会帮忙找的，但是得打个折，所找的工作可能没你要求得那么好。”

盖尔列夫一听就傻眼了，他知道这是自己平时用来应付朋友的那一套把戏，而且自己也曾这样对付过戈尔巴乔夫。想到这里，盖尔列夫显然领悟到了戈尔巴乔夫的潜台词，他可不想继续自找没趣，所以干脆灰溜溜地离开，再也没和戈尔巴乔夫谈论过此事，他甚至再也没有和戈尔巴乔夫往来。

在金庸小说《天龙八部》中，有一门功夫叫做“斗转星移”，其基本原理就是“以彼之道还施彼身”，说白了就是将你对付我的那一套反过来作用到你身上。这门功夫多少带着一点邪性，用现代的话来说其实就是“损”，如果你有一个经常伤害自己的损友，那么你不妨也用对方惯用的损招去对付他。对于你的朋友来说，这么做多少带着一点侮辱和挑衅的意味，无疑会破坏彼此之间的感情，会让你们变得更加疏远，此时你就可以名正言顺地和对方脱离关系。

生活中总会出现一些厚脸皮的朋友，这些人常常让你感到头疼，常常会让你感到很无奈。其实，在对付这种朋友的时候，不妨也选择使用一些小人的技巧，当一回小人，因为小人的方法往往更加有效，而且总是一针见血，往往更容易让人印象深刻。用别人用过的方法对付别人，这就是一种高明的计谋，它比较隐晦地表达了你对朋友的不满，表达了对朋友的疏远。通过这种办法，相信对方下一次再也不会轻易打你的主意了，再也不会将你当成欺负的对象了。

第十三章

DI SHI SAN ZHANG

做好友情规划大师，让朋友都能成为真心朋友

常常有人会说：“一生得一知己足矣！”好朋友生活中总是不可或缺的，但是好朋友同样可遇不可求，想要获得一个能够体谅自己、关心自己、爱护自己、信任自己、尊重自己的朋友，往往很困难。正因为如此，我们需要懂得及时去做好友情规划，需要掌握一些人际交往的技巧和方式，从而打造出最纯粹、最值得信任的朋友。

↙1

坦诚相见的朋友，这份感情才经得起考验

心理学家认为每个人身上都具有保护色，每个人都在渴望获得外界认可的时候保持着谨慎和防备，这种防备心越重，那么人与人之间的隔阂也就越大，人与人之间的交流也就会越困难。因为这种隔阂的存在，我们在和别人交流的时候，常常会遮遮掩掩，有意隐藏自己甚至会因此而撒谎。在这样的情况下，我们和别人之间的感情肯定会显得很脆弱、很单薄，而且也难以长久地继续下去。

这种防备之心和隔阂在朋友之间也存在，很多人虽然和周围的人结交了朋友关系，可是内心仍旧很保守，非常害怕自己会受到伤害，所以常常会刻意防备别人，防备对方伤害自己。为此，他们往往不会主动和对方透露心事，不会和对方分享自己的想法，不会真心实意地为朋友付出一切，不会始终保持坦率和真诚。正因为这样，这些人常常会和朋友闹矛盾，常常会伤害朋友，会破坏之间的友情。

有家调研机构曾经对人际关系做过研究，发现在所有绝交的朋友之中，大约有73%的朋友都是因为彼此不够透明而导致关系破裂的，这是一个非常严重的数字，在社会化日益加强的环境下，人与人之间更需要坦诚相对，更需要做到心与心的交流。不过，由于现实利益或者性格原因，很多人都选择遮遮掩掩，而这直接导致朋友之情的基础不够牢固。正因为如此，很多人都感叹人心不古，都感叹现在想要和别人说真话太难，尤其是想要听到真话更是难上加难，因为弄不好你就可能会被别人利用，弄不好你就会被人伤害。在这样人人自危的前提下，人与人之间也缺乏信任和理解，纯粹的友情几乎很少能够见到。

其实，与朋友相交根本就没有想象中的那么复杂，对方也未必真如我

们所想的那么坏、那么精明，人与人之间的关系毕竟都是相互作用的，你认为对方很坏，所以处处提防，那么对方同样会这样对待你。而当你坦诚相见，用自己的诚意和坦率来打动对方的时候，对方也可能会因此而信任你，会对你打开天窗说亮话，会愿意对你保持坦诚。

“哥哥”张国荣是娱乐圈中大哥级的人物，但是他对于每一个人都很友善，都能够和对方坦诚相见，因此张国荣堪称是娱乐圈中的老好人，几乎没有任何一个人对他抱有成见，也不会有人肆意攻击他，就连当时的最大竞争对手谭咏麟也认为张国荣是难得的老好人，对于自己的歌迷攻击张国荣一事，他也表达了歉意，甚至主动退出各大颁奖礼，防止给张国荣带来不便。在娱乐圈中，尔虞我诈的现象非常常见，为了各自的发展，明星们常常相互倾轧和陷害，总是互相防备着，而像张国荣这种能够坦诚相对的人实在是屈指可数。

张国荣曾经说过：“名和利是可以自己争取的，但一个人的‘心’是无价的。我是个很容易交心的人，就算是第一次见面，我也可以跟人讲心事。”当然，张国荣本身也很脆弱，他坦诚：“我很害怕被人出卖，尤其是当我真心对人的时候，这比失去了名和利来得更痛苦……我只和我喜欢的人交朋友。”

对于那些被张国荣当成交心朋友的人而言，他们的确是幸福的，当然他们在承接张国荣的真挚友情时，也被对方的感情所打动，所以他们也愿意真心实意地对待张国荣，也愿意和张国荣坦诚相见。很多明星都承认自己曾经和张国荣谈心，双方常常聊得很投机，完全是老朋友之间才会有的信任和理解。

正是因为如此，张国荣一生有很多的朋友，而且这些朋友基本上都是交心朋友，感情完全经得起时间的考验。这也是为什么张国荣逝世十余年，依然有无数的歌迷，依然有无数的艺人会凭吊他，会一直将他放在心里。像这样的情形，在全世界恐怕也是很少见的。

坦诚相对是与人密切交往的一个前提条件，一个人越是坦诚，对方往往越是容易接受你，也越是愿意与你相交。美国总统罗斯福在小时候谨遵母亲的教诲，结交的朋友都是一些老实可靠的人，这种人虽然不善言辞，可是却愿意坦诚相对，几乎没有什么害人之心。已故的流行音乐之王迈克尔·杰克逊也是如此，尽管他是一个非常孤僻的人，但是他也渴望结交朋友，渴望能够和正常人一样和朋友在一起畅谈心事。了解杰克逊的人都知道他是一个非常单纯的人，只要你能够真诚地对待他，那么他也一定会真诚地对你敞开心扉。杰克逊曾经说过自己最喜欢动画片中的米老鼠，从这一个方面其实就可以看出他的内心真诚透明得像一个孩子，只不过多数时候很多人不愿意放下戒备走近他，所以才觉得和他会有距离感。

当然，想要做到坦诚往往很困难，这需要我们彼此信任和理解，需要我们放下一些戒备之心，需要用心去打动别人。

首先，你要真诚面对自己的朋友，不要欺骗对方，也不要刻意去隐瞒什么。谎言换来的只会是谎言，欺骗带来的也会是无止境的欺骗。你今天对朋友撒谎，那么明天对方也会编造故事糊弄你，如此一来，你永远都无法取得对方的信任和理解。

其次，适度分享秘密。能够分享秘密的一定都是好朋友，所以为了让对方看到你的诚意，有时候你应该主动敞开心扉，和对方说出自己心中的秘密，这样就能够有效打通相互之间的隔阂，为双方关系的增强打下坚实的基础。

再次，倾诉，朋友有时候充当精神寄托和心灵港湾的作用，如果你有什么心事，有什么烦恼和委屈，那么不妨坦然地告诉朋友，这样就表现了你对对方的信任和亲近，相信对方也一定会有更加友好的表示。

最后，不要轻易怀疑朋友，当你发生什么不好的事情时，不要草率地将问题归结到朋友身上，不要怀疑朋友是不是对自己不忠，是不是暗中做了什么手脚。如果你总是过度敏感地看待自己的朋友，那么这种防备之心注定会成为彼此之间相互联系的障碍，很显然你也不要指望对方会对你无条件地信任，不要指望对方会对你放松警惕。

如果你想要赢得朋友的信任和尊重，想要让彼此成为无话不谈的密友，那么你就不要太过自私，也不要处处设防，更不要刻意对朋友撒谎。只有拿出你的诚意和真心，只有坦诚面对朋友，对方才愿意更加接近你、信任你，才愿意放下戒备和你有更深入的交流和沟通。想要成为一个出色的友情规划者，你需要开放自己的胸怀，需要消除内心的隔阂，毕竟一个封闭和怀疑的人往往会让友情过早地夭折。

2 寻找共同爱好，让友情变得更加坚固

俗话说："物以类聚，人以群分。"志趣相同、拥有共同兴趣爱好的人，往往更容易亲近，关系也会变得更为紧密，毕竟志同则道合，拥有共同爱好等于为双方的感情上了一道保险杠。正因为如此，为了确保友情能够更加巩固，我们应该寻找一些共同爱好，这样可以为友情锦上添花，确保友情的稳固。

孔子说："无友不如己者。"人们在交朋友的时候，最好还是不要去结交那些和自己并不像的人，不要去结交那些兴趣爱好不同也不相投机的人。"道不同不相为谋"，兴趣爱好、人生志向都不相同的人通常都会存在隔阂，会出现一些相互抵触的情况。而那些爱好相同或相近的人基本上都能够找到更多的话题，能够找到更多的共同点，这样一来就可以进行更深入的交流。

可以说，趣味相投是情感交流的桥梁，相同的兴趣爱好往往更容易引起朋友之间情感上的共鸣，这对于友情的巩固和提升往往会有很大的帮助。古人结交朋友大都会寻找志向相同的人，有些人甚至会坚持"非同类朋友不结交"的原则。由此可见，兴趣相同是交友的一个基本条件，是交友的一个助力，毕竟很多人因为共同的兴趣爱好走到了一起，又因为共同的兴趣爱好而加深了联系。

唐代大诗人李白曾经四处干谒和结交社会名流，也和很多名人结下了深厚的友谊，贺知章将李白介绍给了朝中大臣以及玉真公主，而吴筠甚至冒着声誉受损的危险将李白举荐给唐玄宗，最终李白官拜供奉翰林。

李白之所以能够得到朋友的鼎力支持和帮助，最大的原因就是他总是

能够和朋友寻找到共同的兴趣爱好，比如他在江陵遇到了深受皇帝恩宠的道士司马承祯，司马承祯见李白器宇轩昂，才气过人，是生平难得一见的人才，于是两个人结为朋友。李白知道对方喜欢书法，而且具有仙风道骨，所以他主动和对方谈论道家学术，这样一来两个人成了非常要好的朋友。而在和其他诗人结交的时候，诗歌和酒成为促进友情的关键，这两样几乎是这些朋友之间共同的爱好。正因为如此，这位和杜甫相处时间短暂的谪仙人，竟然能让杜甫始终牵挂和思念。

可以说，李白善于投其所好，善于寻找共同的兴趣爱好，才能够使他始终交友广泛，而且获得了朋友的信任和支持。很多朋友一生都对这位大诗人推崇备至，将其写入自己的诗文当中，而彼此之间的友情更是光耀千古。

很多时候，我们常常会提到一个词——“保鲜”，比如感情保鲜、爱情保鲜，其实友情也需要保鲜。毕竟当朋友长时间相处之后，容易出现审美疲劳，那个时候，你会感到自己的朋友会出现很多缺点，会发现朋友开始不那么关心和在乎自己，会发现朋友不那么亲切。这种情况其实往往和“友情变质”有关，当友情过了保质期后，就会失去原先的亲密度，而为了维护友情，为了让友情更加坚固，那么我们就要懂得给友情保鲜，就需要寻找增进感情的切入点。很显然，寻找共同的爱好恰恰是一种非常有效的方式，能够为感情注入新的活力。

心理学家认为人与人之间具有趋同性，也就是说两个人接触的时间越长，那么相互影响、相互作用的情况就越严重，慢慢地，两个人就会相互趋同。比如说我们常常觉得男女结婚之后，会越来越有夫妻相，原因就在于两个人结婚后由于长时间的接触，开始相互影响，相互磨合和妥协，最终两个人会慢慢趋于一致。朋友之间其实也是这样，当朋友相处的时间越长，这种趋同性也会增多。这个时候，如果更容易寻找到共同爱好，这样就可以和朋友产生更多的共鸣，更有助于巩固双方的友情，甚至能够增强相互之间的联系。

数学家高斯是一个天才，而这样的人也注定了会是寂寞的。不过高斯尽管很孤僻，还是拥有非常好的朋友，这个人是和他从小一块长大的人。

这个朋友对高斯非常关心，常常抽空来探望他，有时候看到高斯在做研究，他就默默地坐在一旁，什么话也不说，等到高斯做完研究之后，他才和对方说话。

后来，他因为无聊而经常坐在一旁翻阅高斯的书籍，他甚至有兴趣来学习这些知识，并慢慢地掌握了很多高深的数学知识。在这之后，他开始不断向高斯请教，两个人慢慢从普通的朋友关系发展成为学术上的交流者，这下双方有了共同的语言，而高斯也更加乐于和这个朋友聊天，两个人很快变得形影不离，以至于有人怀疑高斯的性取向有问题。实际上，高斯只是找到了一个能够了解自己的知己而已。为此，高斯经常将自己的钱财交给这个朋友保管，而朋友也从来都是尽心尽力地帮忙。

生活中，我们也应该懂得去寻找一些共同点，去寻找更多的共同语言，这样我们就等于为朋友关系安装上更多的保险杠，而且朋友关系一定会变得更加亲密。当然，想要寻找共同爱好，首先一定要充分了解你的朋友，比如美国总统罗斯福一直以来都是一个很健谈的人，他的朋友们都愿意和他多做交流。原因就在于罗斯福在每次交谈或者会面之前，一定会想办法弄到朋友最近的资料，会对朋友进行深入的分析，这样就能在谈话中抓住对方的兴趣点，能够寻找到让对方和自己都感兴趣的话题，这样一来，朋友自然会对这些谈话印象深刻。如果我们也能够事先做好准备，能够努力去寻找一些共同的特点，能够寻找一些双方感兴趣的话题，那么朋友之情就会越来越浓厚。

3

做到信任和理解，朋友才会为你挺身而出

著名社会行为学家麦克说：“从现在开始，把心交给每一个值得交往的朋友。”做人需要相互信任和理解，做朋友更是需要如此，那么你是否

相信你的朋友？你是否愿意相信朋友会真心对待你，你是否愿意去理解朋友的行为和想法，是否理解他们内在的苦衷？

很多时候，我们总是抱怨朋友不帮助自己，总是抱怨为什么朋友总是对自己的事情满不在乎，甚至非常冷漠，你可能会因此而怀疑对方是不是和自己有什么矛盾冲突。其实，就在你怀疑朋友的时候，在你抱怨和指责朋友的时候，你有没有想过一个问题，为什么朋友不愿意帮助你，为什么对方不那么信任你。原因也许就在于平时你对于朋友其实也不够信任，你不能理解他们，这样就导致了他们对你总是保持距离，总是不敢轻易靠近你。

如果你平时就不信任对方，认为对方没有能力，认为对方什么事情也干不了，那么当你遇到困难的时候，对方就会感到疑惑，他不知道自己是否应该站出来帮助你，万一把事情搞砸了，不仅不能够替你分担压力，不能帮你解决困难，反而有可能会受到你的指责和谩骂。在这样的情形下，朋友宁可选择不插手，也不会做那些可能出力不讨好的事情。

法兰西帝国的缔造者拿破仑曾经和惠灵顿带领的欧洲盟军在滑铁卢进行大战，当时两军打得难分难解，战况十分胶着，可以说此时最重要的就是看谁的援军能够最先到达，因为最先到达的人一定能够取得最终的胜利。在此之前，拿破仑打败了普鲁士军队，而且他也委派格鲁希元帅一边追击普鲁士的残余部队，防止他们和惠灵顿会合，同时还要留下部分军力原地待命，尽量和拿破仑保持联系。

实际上，任命格鲁希为元帅也是迫不得已的，这位元帅一生并没有什么特殊的功业，也没有什么能力，很多时候他只是一个平庸的人。可是在当时的情况下，拿破仑并没有什么合适的人选，尽管对方中庸无能，但还是一个兢兢业业、忠心耿耿的人。还有一点，格鲁希元帅和拿破仑也算得上是老朋友了，拿破仑深知对方带兵打仗的能力很有限，所以只安排了他负责追击，然后尽可能和大本营保持联系。

结果当战争进入白热化阶段后，拿破仑一直希望不远处的格鲁希元帅能够尽早前来支援自己，而另一方的格鲁希元帅却始终按兵不动，原因很简单，他认为自己并不适合带兵打仗，他所能做的就是执行拿破仑原地待命的命令。正因为如此，拿破仑最后也没能等到老朋友格鲁希元帅，而惠灵顿却迎来了救兵，最终打败拿破仑，而这也直接宣告了法兰西第一帝国的覆灭。

在生活中，我们常常会遇到类似于格鲁希元帅这样的人，这种朋友常常会在你危难的时候选择隐身，常常会成为你生命中的隐形人。这种隐形有时候恰恰源于你对他的不信任，源于你没有给予他足够的理解，这种信任缺失或多或少都会让对方在行动中有所迟疑，从而直接影响对方的表现。这就不难理解，为什么他总是在你遭遇困难的时候袖手旁观，很显然你不愿意相信他拥有这样的才能，也不愿意给予他这样的机会，你剥夺了他的自信。

此外，每个人都是有自尊心的，如果你不信任对方，也不能够理解对方，那么对方肯定也不会信任和理解你，他在帮助你的时候同样会感到为难，同样会觉得很矛盾，甚至对你也会产生误解。如此一来，当你遭遇危险或者困难的时候，对方往往难以站出来为你解决困难，因为在这样一份残缺的友情中，他并没有什么必要来帮助你，为一个不值得信任的人去付出，这显然不是友情上所规定的义务。

信任和理解是朋友交往中最基本的一个原则，毕竟所有的交往都是建立在信任和理解的基础上的，如果连这些最基本的要求也做不到的话，朋友关系肯定会大打折扣，互帮互助也就无从谈起。可以说，信任是相互交往的基础，缺乏信任的话，朋友之间就会相互防备，甚至是相互攻击，到最后，朋友就只会成为一个空壳。

而理解是一种促进感情的方式，很多朋友之间非常坦诚，平时也是有什么说什么，可是即便如此，友情还是会出现问题，两个人还是难以成为真正的交心朋友。原因就在于彼此缺乏了解，彼此都不能够理解对方，看人看事总是带着有色眼光，总是带着强烈的主观性，总是带着非理性的感情色彩。我们对于朋友的认知甚至会发生偏差和误差，这种误会往往会成为破坏友情的因素，到最后，朋友很可能会与你反目成仇。如果你能够主动去理解别人，主动去体谅别人，那么朋友没有任何理由弃你不顾。

管仲和鲍叔牙是中国历史上非常典型的好朋友，这两个人原先各为其主，管仲侍奉齐国公子纠，而鲍叔牙则辅佐公子白。当这两位公子在争权夺利的时候，为了维护公子纠的利益和地位，管仲曾经射了公子白一箭。幸运的是白并没有受伤，白当上齐国国君之后，称为齐桓公，而齐桓公很快处死了公子纠，并且准备处死管仲，但是鲍叔牙却替管仲求情，他认为齐桓公不仅不能够杀害他，还要给予优厚的待遇，要重用管仲。

正因为如此，他强烈建议齐桓公封管仲为上卿，而这个职位原本是齐桓公封给鲍叔牙自己的，齐桓公听了鲍叔牙的话非常疑惑，鲍叔牙回答说："治理国家，我不如管仲。管仲宽厚仁慈，忠实诚信，能制定规范的国家制度，还善于指挥军队。这都是我不具备的，所以陛下要想治理好国家，就只能请管仲当上卿。"齐桓公最后听从了鲍叔牙的建议。

作为管仲的朋友，鲍叔牙并没有因为各为其主而打击对方，相反，他对管仲的为人非常了解，也非常信任他。年轻的时候，管仲生活条件不好，家庭负担比较大，那时候他就和鲍叔牙一起投资做生意，可是从来不出本钱的管仲最后分钱的时候竟然比鲍叔牙要多，鲍叔牙从不计较，他知道管仲的生活负担更大，更需要钱，而且管仲也并不是贪图小利益的人。有时候，管仲帮鲍叔牙办事，结果把事情搞砸了，这时候鲍叔牙认为管仲的做法并没有错，并不是认为管仲能力不够，只是时机不成熟而已。管仲还数次当官，但是每次都被罢免，很多人都认为管仲没有真才实学，鲍叔牙则说管仲只是怀才不遇而已。即便管仲在战场上临阵脱逃，鲍叔牙也坚定地维护他的声誉，觉得管仲逃跑只是因为惦记家中的老母亲而已。

有这样一个真心、知心的朋友，有这样一个时时站在身后信任自己、理解自己并支持自己的朋友，管仲无疑是幸运的。当鲍叔牙去世之后，管仲曾经在坟前大哭，他感慨说："当初，我辅佐的王子纠失败了，别的大臣都以死誓忠，我却甘愿被囚困，鲍叔牙没有耻笑我没有气节，他知道我是为了图谋大业而不在乎一时之间的名声。生养我的是父母，但是真正了解我的是鲍叔牙啊!”

好朋友往往不是觥筹交错的玩伴，也不是利益捆绑的兄弟，而是真正能够交心的知己，是懂得彼此信任和理解的同伴。信任和理解是你把握友情的基础，连信任和理解也做不到的话，那么好朋友也就名存实亡。千金易得，知己难求，想要获得一个真正了解自己、体谅自己的知心朋友，那么首先就应该主动信任和理解别人，就应该懂得给予对方足够的精神支持，这样才能换回朋友对我们的认可和信任，那么当你遇到困难的时候，对方自然会毫不犹豫地挺身而出。

4

经常换位思考，对方也会体谅你的良苦用心

庄子在《秋水》篇中记载了他与惠子的一次经典论辩，当庄子看到水中的游鱼悠闲自得时，忍不住感叹水里的鱼一定很快乐，他的朋友惠子听完之后立刻质疑：“子非鱼，安知鱼之乐?”庄子则反驳道：“子非我，安知我不知鱼之乐?”这一问一答就是对于换位思考的思考。惠子认为庄子没有站在鱼的立场上去考虑问题，所以不能妄下结论就觉得鱼会很快乐。而庄子刚好以此为突破口，认为惠子同样不是自己，没有站在自己的立场上想问题，自然也不知道自己是否清楚鱼会不会很快乐。

由于个性、生活方式、受教育程度、世界观、生活习惯、兴趣爱好的不同，人与人之间往往会出现分歧，对于事情的看法往往会出现巨大的差距，这也是引发争论和矛盾的主要原因。因此，朋友如果想要实现更好的沟通和交流，那么就要懂得去为对方多做考虑，要懂得换到对方的立场去思考问题。其实惠子之所以会误解庄子，就是因为没有真正站在庄子的立场上来想问题，而在生活中，这种不为朋友考虑，没有站在朋友立场上看问题的现象非常普遍。

比如很多时候，我们会和朋友之间发生分歧和矛盾。有时候即便是对方做对了，也会引起我们的误解和不满，也会被我们骂得狗血淋头。原因就在于两个人没有站在同一个立场看问题，从而制造了矛盾。如果我们愿意为对方考虑，愿意站在对方的角度想问题，那么这些分歧就会尽可能地减少。著名的人际关系学专家张晓涵曾经说过："朋友之间也不可能是完全心心相印的，没有任何一个朋友会完全支持你，完全认同你的看法，我们只能让彼此的观点靠得更近一些，只能想办法让彼此之间走得更近一些，而这显然需要彼此都为对方多做考虑。"

朋友之间就应该相互谅解、换位思考，当我们在做某个决定时，当我们在做某件事时，应该多去想一想"如果我是他的话，我会怎么做，如果是我面临这样的情况，我会拿出怎样的措施来解决问题""我这样做，他们会怎么看，会怎么去想，会有何种反应"，如果你能够经常多为朋友们考虑一下，那么很显然他们也会反过来为你多做考虑，这种良性的互动进一步拉近了彼此的关系，进一步消除了彼此的隔阂。

换位思考是一种人本主义的体现，更强调满足人的心理需求，强调"我为人人，人人为我"的观念，毕竟我们每个人的看法不一样，而且个人的主观性通常都比较强烈，都对自己的思维和想法比较自信，而这种自信往往会伤害别人。所以有人说最好的沟通方式就是站在对方的立场想问题，就是选择多从对方的角度出发去分析问题，因为经常换位思考，我们就可以准确地把握朋友的想法，从而有效消除分歧和矛盾。并且我们往往能够做出准确的预判，不仅能够投其所好，还可以事先替朋友完成想要做的事情，如此周到细心的做法，自然能够得到朋友的认可和信任，对方也会主动体谅你的良苦用心。

1971 年，博克成为哈佛大学的新校长，但是在上任之前，很多人都对他进行质疑和抨击，原因很简单：博克曾经就读于斯坦福大学。众所周知，斯坦福是哈佛的死对头，而且因为哈佛自身所犯下的愚蠢错误，才导致了斯坦福的诞生，哈佛人都知道斯坦福大学似乎总是在千方百计地针对自己，从这一个层面来说，哈佛人对斯坦福大学抱有成见和敌意是非常自然的事情，但是在1971年，这种敌意却集中爆发出来，谁能够容忍一个对手的学生来自己这儿当校长呢？这不仅隐藏着巨大的阴谋，而且还表现了斯坦福大学对哈佛大学的侮辱，难道哈佛大学的校长还需要让别人的学生来担当吗？

这种阴谋论越传越盛，大家担心这个人会就此毁掉哈佛大学的数百年清誉和名声，以至于博克也觉得自己如果不辞职的话，似乎难以平息众怒。可就在这个时候，哈佛的前一任校长普西忙着劝说众人，他也找到了博克，让他安心留下来，因为他相信博克会是一个出色的校长。与此同时，他也劝说博克应该主动去化解这段恩怨，要懂得体谅那些质疑者的用心，如果不是出于对哈佛热烈的爱，谁会关心谁是校长、谁是叛徒。

几个月之后，博克发表了演说，当时很多学生和老师都公开反对他，可是在会场上，博克非常坦率而真诚地说："我很理解你们对我的厌恶，正如同我当年在斯坦福厌恶你们一样，但当我来到这儿之后，发现情况并不是这样，你们热爱自己的学校，关心其他的学生，你们的内心充满了爱。我渴望和你们一样，成为一个正宗的哈佛人。今天我们拥有共同的目标，拥有共同的爱，这份爱将让我们紧紧抱在一起，共同走下去。"

这次的演讲或多或少改变了人们对于博克的坏印象，他们也愿意理解和体谅博克，愿意给他一些机会。很快，他们的信任就收到了回报，博克提出了哈佛的"核心课程计划"，这样就使得哈佛的办学理念从单纯的注重知识培养转移为注重教养的培养。毫无疑问，这种教育新模式提升了学生的整体素质。

在不断的接触中，他们发现博克是一个非常善于换位思考的人，无论做什么总是先替别人考虑，总是能够先满足别人的心理需求，正因为如此，大家开始将博克当成自己的老朋友。博克成为在位时间仅次于艾略特的哈佛校长，他直到1991年才正式卸任，而在这20年中，他对于哈佛走向现代化也起了重要的作用。

曾经有人问卡耐基："为什么你总是能够很好地和人相处，为什么大家都愿意成为你的朋友？"卡耐基幽默地回应说："这是因为我每次去钓鱼的时候，不会想我所喜欢吃的东西，而是想这些鱼儿喜欢吃什么。”卡耐基的话实际上就证实了一点，那就是他总是会站到别人的立场上想问题，总是会设身处地为别人着想，这样一来，朋友们自然都愿意信任和理解他，都愿意和他有更深的交流。

儒家有一种说法：“已欲立而立人，已欲达而达人。”意思是说一个人在通达道理之前，首先要使别人也通达事理。其实这也是换位思考的一种方式，也就是说无论你做什么，都要懂得设身处地地为别人着想。如果我们每个人都能够换位思考，都懂得为别人多考虑一些，那么就可以更好地提升朋友关系，双方会更加信任、更加亲密。

5

平时经常串门，朋友才会越走越近

鲁迅说：“世界上本没有路，走的人多了自然也就有了路。”我们也可以说：“朋友之间本没有路，走动的次数多了自然也就有了路。”结交朋友或者是维护朋友之间的情谊，最简单、最直接的方法就是增加往来的次数，就是想办法增加接触的时间和频率。中国有句古话：“远亲不如近邻。”就是因为远方的亲戚很少走动，彼此的感情反而会冲淡，而邻居靠得非常近，平时常常相互串门，走动的次数多了，接触的频率多了，那么感情自然有了质的发展和飞跃。

其实朋友之间也是这样，尽管我们常常说“海内存知已，天涯若比邻”，尽管我们常常说“君子之交淡如水”，我们坚信感情好的人哪怕是没什么来往，也会成为最好的朋友。不过在现实生活中，这样的好朋友毕竟很少，你走动的次数越少，你的友情越是不巩固，实际上多数人还是要依靠平时的打交道来维持关系，来增强彼此之间的感情。简单来说，朋友之间应该多走动，平时多聚餐，多在一起参加社会活动，在一起聊聊天，或者经常相互串门，这些小细节也许看起来不太重要，很多朋友甚至并不在乎，可是这些小细节恰恰显示出我们对于友情的重视程度。

朋友之间常常串门并不是无意义的，也不是多此一举的行为，而是一种提升友情的方法，毕竟任何感情的存在和继续都需要我们在日常生活中进行精心的维护，而维护的常用方法就是多交流、多交往，通过交往可以进一步巩固感情，可以加深彼此的了解。经常相互串门，才会有更多的话题，才会有更多的倾诉和倾听，才会有分担和分享，才会有支持和帮助。串门往往能够将朋友紧紧结成一个团队，能够让双方的感情紧紧维系在一起。

耶鲁大学的社会行为学家发现人与人之间的联系其实会产生一些热区，在这些热区之内，可以看出相互之间的交往比较频繁，而热区之外则显得比较冷清。经常相互串门的人，热区的能量会很充足，而宅男宅女们基本上都很冷清，社会交际能力偏弱，朋友不多，而且朋友之间的感情也不很深，基本属于泛泛之交。当然，我们不能千篇一律地认为喜欢串门的人都会是好朋友，但不可否认的是串门应该是拉近彼此关系、加深朋友交流的好方法，尤其是你如果想要进一步促进朋友之间的交流，想要巩固和提升朋友的感情，那么更需要懂得经常串门。

美国第一任总统乔治·华盛顿在结束第一任的任期后，回到了老家的庄园里，当时很多农民都想要和华盛顿交朋友，不过却不知道该如何和华盛顿打交道。而华盛顿也明显感觉到了一些农民对自己有些敬畏，似乎不敢靠近自己，尽管他一再重申自己只是一个普通人，但是对其他人来说，华盛顿就是美国的领袖，他们可不敢靠近华盛顿，也不指望华盛顿真的会愿意和自己交朋友。

有个叫乔治的农家小伙子早就想要见到华盛顿了，不过他并不像其他人那么矜持，而是非常大胆地给华盛顿带去一棵苹果树，他想要将这棵树送给“国父”，华盛顿很快收下了这个特殊的礼物，而且回赠给了年轻人一本书，在书的扉页，华盛顿写上了这样一行字：“献给亲爱的小乔治。”他还表示愿意和小乔治交朋友。

乔治显然因此而受到了鼓舞，此后他每周都会去拜访华盛顿，当然他都会带上一些特产，两个人每次只是聊一聊天气，聊一聊收成，聊一聊生活中的琐事。华盛顿显然也慢慢喜欢上了这个小伙子，他也尽可能地将这位小兄弟招待好。几个月之后，两个人就成为很要好的朋友，华盛顿甚至将自己的房门钥匙交给乔治，以便让他随时随地都可以去他的书房看书。而在人前，他也以“我的朋友小乔治先生”来称呼对方，这让乔治倍感骄傲。

后来，华盛顿在国会和民众的请愿中再次担任国家总统一职，被迫离开了故乡，而乔治显得非常伤心，华盛顿也对这个小兄弟恋恋不舍，他承诺过几年后一定会回到故乡，而乔治要是有空还可以帮他打理一下院子。华盛顿走后没过多久，乔治就因为心脏病而去世，华盛顿听到这个消息后心痛不已。

一般来说，每个人具有比较强的社会性，而保持社会性的关键就在于交际，而交际不一定非得是公共场合的交流，不一定非得是聚会，不一定非得是在一起参加各种应酬。有时候串门反而更能够拉近感情，因为相比于那些应酬活动来说，经常串门更加人情化、生活化，更能够拉近彼此之间的关系。串门是一个小团体内部的社交活动，也几乎是最小单位内的社交活动之一，但是单从联络感情的角度来说，串门的效果比参加那些应酬要好得多，比在酒桌上吃吃喝喝来得更加踏实，那些在酒桌上觥筹交错的朋友也许私底下并没有什么私交，你若是相信了他们，那么最终吃亏的肯定也会是你。

毕竟那些应酬或者社会活动太过形式主义了，各种各样的虚伪感情更是容易让你受伤，而串门更能够显示出彼此之间的亲密互动。如果你想要结交好朋友，想要真正地提升彼此之间的感情，那么就应该懂得和朋友经常串门，就应该勤走动，这会在潜移默化中强化彼此之间的感情。

其实，生活往往如此，一些看似平凡而琐碎的生活细节非常适合充当情感交流的载体和媒介，能够成为巩固和提升友情的重要方法。平时多串门，多去朋友家聊一聊家常，说一说心事，多和朋友的家人打好关系，这样就可以全面提升朋友关系，而相互之间自然会越走越近。

6
包容别人的缺点，才会赢得对方的尊重

善道禅师早年与好朋友论道谈禅，结果两人意见产生很大分歧，对方认为善道禅师根本就没有领悟到什么是佛，什么是禅，于是毫不客气地指着善道的鼻子讥笑说："你这样的人，根本就不配谈论佛法。"这当然只是朋友之间的一句气话，何况这位朋友向来就没有什么好脾气，说话有些冲。但是善道却很生气，他觉得这样的朋友太没有教养，于是决定与对方断交，然后深深记下了自己所受的"耻辱"，决定日后修行归来一定要当面羞辱对方。

后来，善道禅师四处云游，且一路参禅讲佛，佛学修为有了很大的精进，但是仍然有人会对他提出不同的意见。有些同行甚至进行人身攻击，污蔑善道只不过是一个胡说八道的野和尚而已，一些地方的寺庙僧人甚至联合起来排斥善道讲学。受尽非议和折磨的善道这才明白自己早年所受到的那点屈辱根本算不了什么，他不由得感慨说："今朝如是大观，往事当真如尘土般渺小。"

他后悔自己当初一怒之下与朋友决裂，实在显得心胸狭隘。如果自己当时能够包容对方的这些小缺点，那么根本就不会与人绝交。想到这儿，他更加坦然地接受别人的批评和打击，对于他们的一些不正确的观点，一些明显的缺点也懂得包容，最终成为闻名于世的得道僧人。

每个人身上都会有缺陷，你的朋友也自然不能幸免，而且我们都有过这样的生活经验，当两个人频繁接触并且相互熟识之后，彼此之间的缺点往往会显现出来，而且会不断被放大，这就是所谓的审美疲劳。生活往往就是这样，当两个人长时间相处后，吸引力不再，矛盾则越来越多，缺点自然也会不断被拿出来说事。在这样的情况下，朋友之间往往会出现一些

“情感危机”，双方也因此会出现相互厌恶、相互攻击的情况。

其实，我们没有必要要求朋友做到十全十美，没有必要总是抓着朋友的缺点不放，当你把别人的错误和缺陷当成一件卑微的小事看待时，对方也会因此而感激你的宽容和大度，如果你总是拿对方的缺点说事，那么很有可能会因此而失去对方的信任和尊重。

你的朋友也许总是喜欢开玩笑；也许不够体贴你、关心你；也许常常会和你争吵；也许常常会在你面前炫耀；也许他能力不高，没有办法帮助你；也许常常会干一些蠢事，甚至给你带来麻烦；也许好管闲事，常常对你的生活指手画脚，也许常常会想从你身上占一些小便宜；也许动不动就向你唠唠叨叨，没完没了……也许你的朋友会有一些小缺陷，会有一些比较明显的缺点，但是只要朋友对你真诚，只要朋友没有真正想过要去伤害你，只要朋友一直以来都将你当成最牵挂的朋友，那么你就要懂得去体谅对方，包容对方，要懂得忽视对方的那些缺陷。

据说能言善辩的成功学大师拿破仑·希尔曾经请过一个朋友当秘书，这个秘书是个结巴，但是拿破仑每次都愿意耐心地听对方把话讲完，从来没有因此而责怪过对方。“喜剧之王”卓别林的朋友总喜欢在酒桌上骂人，但卓别林仍然愿意和对方一起喝酒，一起分享心事；生物学家达尔文在发表《进化论》之后，遭到了朋友的否定和攻击，对方甚至在报纸上公开反对他，达尔文却显得很平静，他说：“我朋友是一个喜欢否定和质疑的人，无论对谁都是一样，我喜欢这一点。”这些伟人也许都有一些不那么“靠谱”的朋友，他们的这些朋友有明显的缺陷，而且还经常制造麻烦，但是他们仍然包容和接纳了朋友，因此最终也赢得了朋友的信任和尊重。

阿拉伯作家阿里有两个好朋友吉柏和马沙，吉柏是一个脾气火暴的人，而马沙则善于宽容别人。有一次三个人去山中旅行，马沙不幸滑倒，幸而被吉柏伸手抓住，才没有跌入万丈深渊。马沙非常感激对方，于是在石头上刻下：“某年某月某日，吉柏救了我一命。”后来两人因为一件小事而争吵，结果怒火中烧的吉柏顺手给了马沙一个耳光，马沙于是跑到海边的沙滩上，写下一句话：“某年某月某日，吉柏打了我一个耳光。”

事后，阿里问马沙为什么一件事要刻在石头上，另一件事则写在沙滩上。马沙非常坦诚地说：“我永远都感激吉柏的救命之恩，所以要刻在石头上，永生不忘。至于他打了我一个耳光，这件事不值得再去提起，因为我知道吉柏就是那样的人，所以随着沙滩上的字迹被海水冲刷后，我也会将这件事情忘得一干二净。”正因为这样，吉柏始终都将马沙当成弟弟一样来看待。

都说责人之心勿严，尤其是面对朋友，我们更应该懂得包容，更需要用宽容之心来面对朋友。“人非圣贤，孰能无过”，我们不应该只看到对方的缺点，更不应该嘲笑和排斥这些缺点，攻击别人的缺陷，或者拿朋友的缺点说事，只会制造很多不必要的矛盾。作为朋友，你要做的是包容，是帮助对方改正缺点，这才是朋友最应该去做的事情，才是朋友应该承担的责任。

哲学家康德经常会和朋友在一起探讨哲学，而朋友在谈话的时候则喜欢吃苹果。当然，康德对于朋友的吃相实在不敢恭维，因为朋友每次吃苹果的时候，总是将果皮一口口咬下来，然后吐得满地都是，这让康德看着有些别扭，尽管他自己没有因此而责备朋友，但是当其他人看到这一幕时，常常摇头。康德曾经隐晦地劝告朋友改掉这个不良习惯，毕竟在别人面前这样邋遢显得不够礼貌，对个人的形象也会有影响，不过朋友似乎没有听进去。后来，康德干脆每次都帮朋友削好苹果，放在托盘里，这样对方就再也不会随地吐果皮了。

佛说：“朋友是十世修行而来的缘分。”好的友情往往非常珍贵，好朋友固然也是非常难找的，正因为这样，我们需要好好维护和珍惜这段友情。好朋友显然不会是十全十美的，但我们对待朋友的心应该十全十美。对于相互之间的一些小分歧小矛盾，我们应该懂得及时化解掉；对于朋友身上的一些小缺点，对于朋友所犯下的错误，我们则要尽量给予包容和宽恕，这样我们才能够赢得朋友更多的信任和赞誉。如果我们总是严苛地要求朋友，总是对朋友的缺点感到头疼，那么这份友情只会被你的狭隘心胸破坏掉。